JN271065

倒産・再生のリスクマネジメント

■企業の持続型再生条件を探る

太田三郎 *Ota Saburo*

同文舘出版

はしがき

　クライスラーやゼネラル・モーター（GM）が2009年4月・6月に倒産法を申請する今日，倒産・再生に直面する企業が，持続可能な成長，発展に必要なリスク対応（条件）とは何か。本書の目的は，リスクマネジメントの視点から企業の持続型再生条件を探ることにある。

　サブプライム・ローン問題から端を発し，2008年9月，米国大手証券会社リーマン・ブラザーズの経営破綻を契機として一気に広がった世界同時不況は，クライスラー・GMの米国連邦倒産法第11章（以下，チャプター・イレブンと称す）の適用申請にまで至り，わが国経済にも大きな影響を及ぼしている。

　『企業倒産白書（2008年版）』（株式会社東京商工リサーチ，2009年）によれば，倒産件数は1万5,000件を超え，負債総額も12兆円をはるかに上回った。上場企業の倒産も戦後最多の33件に及び，中小企業倒産も増大した。08年に会社更生法，民事再生法を申請した企業数は，それぞれ30件，763件を数え，合計倒産件数は03年以来の規模となった。今回の世界経済危機は，100年に1度という報道もなされ，企業の行方はますます混迷の度を深めた。

　企業がかかえるリスクの中で，倒産は企業存亡を決定する最も重要な問題であり，企業継続にとって重大なリスクである。一方，再生は，一時的にその状態を果たしても，継続できるとは限らない。再生を持続的に維持・発展させるには，多くのリスクを常に回避，もしくは取り込んでいく必要がある。この2つの問題は，企業最大のリスクであるにもかかわらず，その理論と実証によるリスク対応について，ほとんど論じられてこなかった。

　倒産・再生のリスクマネジメントは，リスクを予測してリスクを回避，低減すれば事足りることではない。今日では，リスクを取り込み，それを企業の活性化や成長に結びつけ，持続可能な企業再生をめざすことがリスクマネジメン

トの重要な課題となった。

　リスクを回避・抑制して「企業価値を維持させること」、また事業利益を高めるためにリスクを積極的に取り込んで「企業価値を高めること」が要求されるようになった。エンタープライズ・リスクマネジメント（enterprise risk management = ERM）とは，この「守り」と「攻め」の両側面に対処し，あらゆるリスクを統合的に管理するリスクマネジメントを意味する。

　この ERM の考え方を起点にすると，本書の特徴は次の3点に絞ることができる。

---

1. 前著『企業の倒産と再生』（同文舘出版，2004年）をもとに，ERM の視点で倒産・再生の理論を再構築したこと。
2. 4つの持続型再生モデルを形成し，千代田化工，マックスバリュ東海（ヤオハンジャパン），メーシーズ，マンビルの事例分析を通じて，当該再生モデルの検証を行ったこと。
3. 2つの実態調査，すなわち「連鎖倒産防止マニュアル」・「経営再建，事業活性化マニュアル」の原データを用いて，倒産・再生のリスク対応を時系列で捉えた2次分析，クロス分析を行い，企業の持続型再生条件を実証的に見い出したこと。

　本書の特徴3.を詳述すると，1つめの実態調査，『連鎖倒産防止マニュアル』（財団法人企業共済協会，2002年）では，連鎖倒産に直面したが，リスクを回避し，生き残った企業，すなわちアンケート回答企業3,040社による「連鎖倒産を防止するための実態調査」の原データの2次分析を中心に行った。本調査は，対象企業が連鎖倒産リスクに直面した際，主に当該リスク対応を倒産の「事前」，「倒産前後」，「事後」という時系列であらわし，企業価値の維持・保全に有効なリスク対応を追究した実証分析である。

　2つめの実態調査，『経営再建・事業活性化マニュアル』（財団法人企業共済協会，2005年）では，3期連続営業赤字や債務超過などから復活した企業（アンケート回答企業数541社）の実態調査に基づくものである。アンケート調査の

回答企業が経営リスクに直面し，どのようなリスク対応を図ったのか。リスク対応を「応急再生」，「本格再生」，「安定再生」の3つに時系列で区分し，分析結果から企業の持続型再生に有効な条件を探った。

この2つの実態調査は，いずれも中小企業を対象としている。しかし，リスク対応の本質は規模の大小や業種には左右せず，一般性，普遍性をもつものである。ERM は倒産・再生という大きなリスクに直面した企業をいかにして企業価値の維持，向上を図り，持続型再生へと導くのかという命題をもつ。本書の理論と実証の到達点も，まさに持続型再生条件の追究にある。

そこで本書は，この目的に沿って次の章立てを行っている。第1章は，倒産リスクの概念と定義，倒産の捉え方を検討する。また倒産の態様をいくつかの基準で整理，体系化した。加えて，再生リスクの概念と定義，再生の捉え方を検討した。第2章は，持続型再生の理論構築を試みている。その形成過程，多様なリスク対応による持続型再生モデルを構築し，次章以降で扱う事例分析の基礎を築いた。

第3章・4章・5章・6章は，第2章で理論構築した持続型再生モデルを，日米の再生事例分析で検証した。第7章では，「連鎖倒産防止にかかわる実態調査」のデータから2次分析を行い，経済合理性，健全性を維持（企業価値を維持）するためのリスク対応について追究した。

最後の第8章では，「経営再建，事業活性化に関する実態調査」の2次分析，クロス分析により，企業価値の維持と向上に必要なリスク対応の実態を明らかにした。そして結論（あとがき）では，全章の要約と，持続型再生条件の共通項となる基本条件に言及した。

本書の執筆にあたって，株式会社東京商工リサーチならびに財団法人企業共済協会には，日頃，実践的な調査・研究事業に筆者を加えていただくとともに，貴重なデータの提供等，たいへんお世話になっている。ここに深甚なる謝意を表したい。また本書の出版にあたっては，前著と同様，同文舘出版株式会社取締役・編集局長　市川良之氏には，様々なご配慮をいただいた。記して深く感謝を申し上げたい。

最後に，本書が千葉商科大学　学術図書出版助成制度による出版物であることを記し，学長　島田晴雄先生をはじめ大学当局にお礼を申し上げる次第である。

　2009 年 7 月

太田　三郎

目　　次

はしがき ──────────────────────── (1)

第1章　倒産・再生・リスクマネジメント ──────── 3
1. 概　　要……………………………………………………… 3
2. リスクとリスクマネジメント……………………………… 3
3. 企業リスクの分類………………………………………… 5
4. 倒産・再生のリスクマネジメント…………………………10
5. 倒産リスクの概念と定義…………………………………12
6. 倒産に共通したリスク要因………………………………18
7. 再生リスクの概念と定義…………………………………30

第2章　持続型再生の理論 ──────────────── 33
1. 概　　要……………………………………………………33
2. 企業再生の形成過程………………………………………33
3. 経営基本機能からみた再生プロセス……………………34
4. 環境の変化に対するリスク対応…………………………37
5. 企業再生パターンの態様…………………………………38
6. 持続型再生モデル…………………………………………40

第3章　競争激化リスク型再生モデル〈千代田化工建設〉 ―――― 43
　　　　　―受注競争激化による衰退からの脱却―

1. 概　　要 ···43
2. 業績悪化期における財務内容 ···44
3. 「初期段階における企業再生Ⅰ」のリスク対応 ···························51
4. 「初期段階における企業再生Ⅱ」のリスク対応 ···························58
5. 初期段階におけるリスク対応のまとめ ·····································59
6. 「本格再生」後のリスク対応 ···60
7. 「持続型再生」前後のリスク対応 ···63
8. 要　　約 ···65

第4章　多角化リスク型再生モデル〈ヤオハンジャパン〉 ―――― 69
　　　　　―多角化・多店舗化からコア事業への特化―

1. 概　　要 ···69
2. ヤオハンの経営行動の歴史 ···70
3. 倒産前後の財務内容 ···72
4. 再生後，マックスバリュ東海の経緯と財務内容 ·······················77
5. 要　　約 ···82

第5章　販売不振リスク型再生モデル〈メーシーズ社〉 ―――― 85
　　　　　―ライバル企業フェデレート社とのM＆Aによる再生―

1. 概　　要 ···85
2. 経営の歴史 ···86
3. 倒産の軌跡 ···88
4. 倒産前後の経営と組織 ···90
5. 倒産前後の財務内容 ···94

	6. 経営基本機能の回復へ	101
	7. 単独再生から合併	103
	8. 要　約	104

第6章　訴訟リスク型再生モデル〈米国マンビル社〉── 109
—アスベスト訴訟からの脱却—

	1. 概　要	109
	2. マンビル社の歴史	110
	3. 倒産前後の経営と財務	115
	4. 倒産後の経営と財務	121
	5. 倒産前後と再生後の財務比較	127
	6. 要　約	128

第7章　連鎖倒産リスクマネジメントの実態 ── 133
—『連鎖倒産防止マニュアル』に関する調査結果の2次分析を中心として—

	1. 概　要	133
	2. 実態調査の目的と内容	134
	3. 事前のリスク対応	139
	4. 倒産前後のリスク対応	143
	5. 事後のリスク対応	152
	6. 全般的リスク対応	155
	7. 公的支援によるリスク対応	156
	8. リスク対応の評価	159
	9. 要　約	178

第8章　経営再建・事業活性化リスクマネジメントの実態 —— 183
　　　　―『経営再建・事業活性化マニュアル』の2次分析を中心として―

　1. 概　　要 …………………………………………………………… 183
　2. 実証分析の接近方法 ……………………………………………… 184
　3. 経営再建・事業活性化に関するアンケート実態調査の概要 … 184
　4. リスク要因の実態 ………………………………………………… 185
　5. リスク対応と評価 ………………………………………………… 193
　6. リスク対応の基本統計量と相関分析 …………………………… 207
　7. 要　　約 …………………………………………………………… 220

あとがき ——————————————————————— 225

索　引 ———————————————————————— 233

倒産・再生のリスクマネジメント
―― 企業の持続型再生条件を探る ――

第1章
倒産・再生・リスクマネジメント

1. 概　　要

　本章は，倒産・再生のリスクマネジメント（risk management ; RM）の枠組みを明らかにする。そのために以下の点をここでとりあげた。
- (1)　リスクとリスクマネジメントの概念と定義
- (2)　企業リスクの分類
- (3)　倒産と再生にかかわるリスクマネジメントの領域を確定すること
- (4)　リスクに関する見解を政府・研究者・信用情報調査機関・裁判所・金融機関などから考察すること
- (5)　倒産と再生のとらえ方を明確にすること
- (6)　再生にかかわる見方・考え方を明らかにすること

2. リスクとリスクマネジメント

　倒産・再生のリスクマネジメントを語るには，まずリスクとリスクマネジメントの概念と定義，そしてフレームワークについて共通認識をもつことが前提となる。リスクおよびリスクマネジメントの見方，考え方が違えば，それによって出される結論は異なったものとなってしまうからである。
　本書では，リスクとリスクマネジメントについて『先進企業から学ぶ事業リスクマネジメント―実践テキスト―企業価値の向上をめざして』（経済産業省，

2005年)ならびに経済産業省『リスク新時代の内部統制リスクマネジメントと一体となって機能する内部統制の指針』(「リスク管理・内部統制に関する研究会」2003年)における定義を参考にして,リスクとリスクマネジメントの概念,定義,フレームワークを構築した。

『前書』(2005年)では,リスクとは「組織の収益や損失に影響を与える不確実性[1]」と定義している。したがって,リスクは損失に影響を与える不確実性だけでなく,収益に影響を与える不確実性も含まれている。この考え方の根底には,リスクとは,損失が見込まれる事象を予知し,回避する目的だけの損失発生の不確実性(危険性)だけでなく,リスクを取り込み,収益に結びつける不確実性(機会創出)もリスクの範疇に含めている。これが特筆すべき点であり,エンタープライズ・リスクマネジメント(enterprise risk management:ERMと略す)の基本となる考え方とみなすことができる。それでは,リスクマネジメントとは何を意味するのか。同書によれば,リスクマネジメントとは,「収益の源泉としてリスクを捉え,リスクのマイナスの影響を抑えつつ,リターンの最大化を追究する活動」ととらえている。さらに,経済産業省『リスク管理・内部統制に関する研究会』における定義によれば,「企業の価値を維持・増大していくために,企業が経営を行っていく上で事業に関連する内外の様々なリスクを適切に管理する活動」と定義している。

本書では,この2つの定義を融合して,リスクマネジメントとは「企業価値

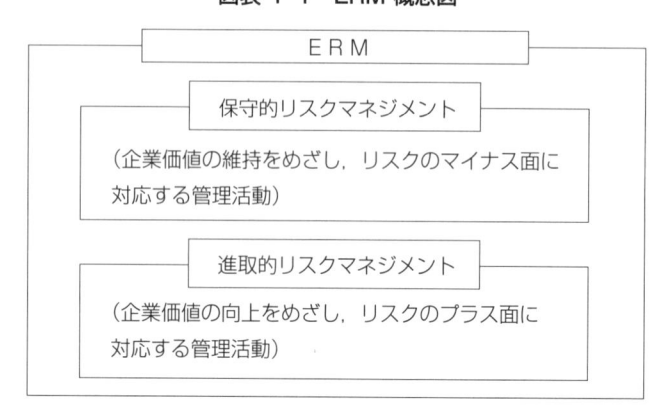

図表 1-1　ERM 概念図

```
┌─────────────────────────────────────┐
│                ERM                   │
│  ┌───────────────────────────────┐  │
│  │      保守的リスクマネジメント      │  │
│  │ (企業価値の維持をめざし,リスクのマイナス面に │
│  │  対応する管理活動)               │  │
│  └───────────────────────────────┘  │
│  ┌───────────────────────────────┐  │
│  │      進取的リスクマネジメント      │  │
│  │ (企業価値の向上をめざし,リスクのプラス面に  │
│  │  対応する管理活動)               │  │
│  └───────────────────────────────┘  │
└─────────────────────────────────────┘
```

の維持と向上をめざし，リスクのマイナス面とプラス面に対応する管理活動」と定義した。したがって，リスクのマイナス側面に対応するリスクマネジメントを「保守的リスクマネジメント」，リスクのプラス側面に対応するマネジメントを「進取的リスクマネジメント」と称することができる。この2つの領域を含むリスクマネジメントを総称して統合的リスクマネジメント（ERM）と呼ぶことにする（図表1-1）[2]。

3. 企業リスクの分類

　リスクを「組織の収益や損失に影響を与える不確実性」と定義し，リスクマネジメントを「企業価値の維持と向上をめざし，リスクのマイナス面とプラス面に対応する管理活動」と定義し，それを企業の経営活動で発生するリスクにあてはめると，『前掲書』（2003年）では，以下の2つに企業リスクを分類している[3]。

　1つは，事業機会に関連するリスクで，リスクテイクすることにより，損失もありうるが，利益獲得をめざすリスクで，経営上の戦略的意思決定にかかわるリスクをいう。もう1つは，事業活動の遂行に関連するリスクで，適正かつ効率的な業務の遂行にかかわるリスク群を意味する。

　具体的には，図表1-2のようにあらわすことができる。

　なお，2つのリスク群にはこれ以外のリスクも含まれる。たとえば，事業活動遂行に関連するリスク群には，販売不振，売上債権回収不能，在庫回転率の低迷，赤字累積，過小な資本構造なども範疇に含まれると思われる。

　企業リスクを経営機能の視点から分類すると，それは組織，生産・流通，金融という3つの機能側面から生じるリスクで大別できる。企業経営そのものが組織機能，生産・流通機能，金融機能の3つの経営基盤から構成されているので，リスクも機能別に分類できる。したがって，リスクマネジメントの視点では，組織リスクへの対応，生産・流通リスクへの対応，金融リスクへの対応のリスクマネジメントが必要となる（図表1-3）。

図表 1-2　企業リスクの分類 I

事業機会に関連するリスク群	事　例
新規事業分野への進出にかかわるリスク	新たな事業分野への進出の成否等
商品開発戦略にかかわるリスク	新機種開発の成否等
資金調達戦略にかかわるリスク	増資又は社債,借入等の成否や調達コスト等
設備投資にかかわるリスク	投資規模の適否等

事業活動の遂行に関連するリスク群	事　例
コンプライアンスに関するリスク	法令違反等
財務報告に関するリスク	粉飾決算等
商品の品質に関するリスク	不良品の発生・流通等
情報システムに関するリスク	ネットワークセキュリティの不具合等
事務手続きに関するリスク	認証ミス,連絡不十分等
モノ,環境等に関するハザードリスク	不適切な工場廃液処理,地震等

図表 1-3　企業リスクの分類 II

＊組織リスク	組織としてのチームワークの脆弱性,経営者のリーダーシップの欠如,従業員のモラールの欠如
＊生産・流通リスク	技術や設備の陳腐化,商品や技術の企画力,開発力の脆弱性,納期の遅れ,有力な新商品やサービスの欠如
＊金融リスク	売掛債権,棚卸資産の増加,支払約定日の変更,借入金の急増,決済期限の延長,手形決済銀行の度重なる変更,前渡金,立替金,貸付金,仮払金の急増,子会社への貸付金や債務保証が増加など

　この3つのリスクへの対応がなされれば,財務健全性(企業価値)を維持すること,さらに企業価値の向上をめざすことになればERMの目的に帰結する。その関係をあらわしたものが図表1-4となる。

図表 1-4　ERM と企業リスク

企業価値の維持
(財務健全性等の維持)

金融リスクへの対応　金融機能
経営基盤
生産・流通リスクへの対応　生産流通機能
組織機能
組織リスクへの対応

企業価値の向上

　『経営再建・事業活性化マニュアル』(2005年)では，企業再生のための全般的なリスクから経営機能別のリスクを想定し，それらに対するリスク対応についてアンケート調査を行っている。

　経営環境と市場の変化にかかわるリスク(外部環境リスク)については，12個のリスクを想定し，アンケート調査を通じて実証分析を試みた(図表1-5)。

図表 1-5　外部環境リスク

① 金額的な市場規模の縮小
② 数量的な市場規模の縮小
③ 同業種のライバル企業の勢力関係の変化
④ 輸入品の攻勢
⑤ 海外への生産移転と製品輸入の急増
⑥ 製品寿命の短縮化
⑦ 市場の国際化による競争条件の激化
⑧ 情報化，ネット化の進展による市場戦略の急激な変化
⑨ 新規市場の欠乏
⑩ 規制緩和による新規参入の急増
⑪ 有力な競合企業，競合製品，サービスの登場
⑫ 環境問題等で在来型製品・サービスの退出

出典:『経営再建・事業活性化マニュアル』(2005年) より筆者作成。

　さらに組織リスクの側面からは13個のリスクを想定し，上記と同様のアンケート調査による実証分析を行っている(図表1-6)。

図表1-6　組織リスク

① 雇用の過剰化
② 中核的な人材の不足
③ 幹部の人材不足
④ 管理体制の弱体化
⑤ 販売費・一般管理費の増大化
⑥ 従業員の高齢化
⑦ 経営改善の難航
⑧ 経営環境の変化への対応の遅れ
⑨ 利益管理の弱体化
⑩ 技術導入の遅れ
⑪ 情報化の遅れ
⑫ 後継者の不足
⑬ 従業員の不足

出典：図表1-5と同じ。

図表1-7　生産・流通リスク

① 売上高の減少
② 2期連続の減収
③ 価格の低落
④ 取引条件の悪化
⑤ 新規市場開拓の難航
⑥ 価格競争力の低下による販売先の減少
⑦ 債権回収優先による取引縮小・停止
⑧ 3期連続の営業赤字
⑨ 売上原価の増大
⑩ 事業設備の過剰
⑪ 事業の整理縮小
⑫ 在庫の増大
⑬ 商品・サービスの品質・機能の低下による販売先の減少
⑭ 納期や決済条件が厳しくなり取引を停止

出典：図表1-5と同じ。

加えて，生産・流通リスクの側面から14個のリスクを選出した。これらのリスクについてもアンケート調査を試みて実証分析を行った（図表1-7）。

金融リスクの側面からは12個のリスクを想定して同様のアンケート調査を行い，実証分析を行っている（図表1-8）。

図表1-8　金融リスク

① 貸倒れの発生
② 銀行の貸し渋り
③ 経営者の個人資産で資金の調達を行う
④ デフレ経済の進行で含み益の縮小
⑤ 取引先の回収条件の悪化
⑥ 販売先の支払い遅延の頻繁化
⑦ 一時的な債務超過
⑧ 営業赤字への転落
⑨ 銀行の貸しはがし
⑩ 事業資産の一部売却
⑪ 支払い条件の悪化
⑫ 希望退職などのリストラによる損失

出典：図表1-5と同じ。

最後に，経営危機をもたらすリスク要因として8個を上記リスクから選定して，アンケート調査による実証分析を行っている（図表1-9）。

図表1-9　経営危機の主たるリスク

① 市場の競争激化と価格競争力の後退による有力な顧客の減少
② 売上数量減・販売・受注価格の低下による営業赤字への転落
③ 債権回収遅延や貸倒れの続発による売掛金の回収難
④ 主力商品市場の成熟ないし収縮による長期にわたる業績の低迷
⑤ 金融機関の貸し渋り・貸しはがしによる資金繰りの窮迫
⑥ 取引・決済条件の悪化による収益力の中期的な低下の進行
⑦ 3期連続営業赤字など業績不振による債務超過
⑧ 代表者の高齢化・適格な後継者不在など経営体制の弱体化

出典：図表1-5と同じ。

4. 倒産・再生のリスクマネジメント

　事業機会に関連するリスクにしても，事業遂行に関連するリスクにしても，リスクに対応できなければ，結果は時間差があるが財務健全性の低下となってあらわれる。経営上の戦略意思決定，たとえば新規事業への進出が成功しなければ，あるいは設備投資が失敗すれば，その結果はタイムラグがあるにしても財務状態の悪化としてあらわれる。また粉飾や法令違反が世間に発覚すれば，営業活動に支障をきたし，業績悪化に反映する。したがって，いずれの範疇にあるリスクでも，それに対応できなければ，業績の低迷か，最悪の場合には倒産となる。倒産企業が再生を果たすには，財務健全性を取り戻すためのリスク対応をまず講じなければならない。

　ERMがリスクをマイナス面とプラス面のいずれにでも対応する管理活動であるとすれば，倒産と再生にかかわるERMの枠組みはどのようになるのか。

　倒産は企業活動の究極的な局面をあらわすものであり，再生はその局面からの脱却をあらわす。倒産とは，経営活動の持続が困難か不可能な状態，もしくは経営機能の崩壊状態を示す。経営機能とは組織，生産・流通，金融という3つの機能の側面をもち，企業の経営基盤を構成している。当該企業が事業機会もしくは，事業遂行に関連するリスク，特に倒産にかかわるプラス面かマイナス面のリスクに対応できなかったことにより，これらの3つの機能のすべてか，もしくは，いくつかが不全となった時に倒産という事態が生じる。

　時間軸でとらえた場合（図表1-10），倒産局面（A zone）を脱却するには，まず財務健全性（縦軸）をマイナスの位置からプラスの位置に移行させるためのリスク対応が要求される。リスク対応が成功したとき，これを応急再生（= Emergency Turnaround = B zone）を果たせたという。次に応急再生が形成できれば，企業価値（横軸）を倒産前の状態（維持）にまで戻すためのリスク対応が要求される。企業価値が倒産前の状態にまで戻すことができた状態を本格再生（Full-Scale Turnaround = C zone）と呼ぶことにする。この本格再生の状態を

図表 1-10　倒産・再生のERM

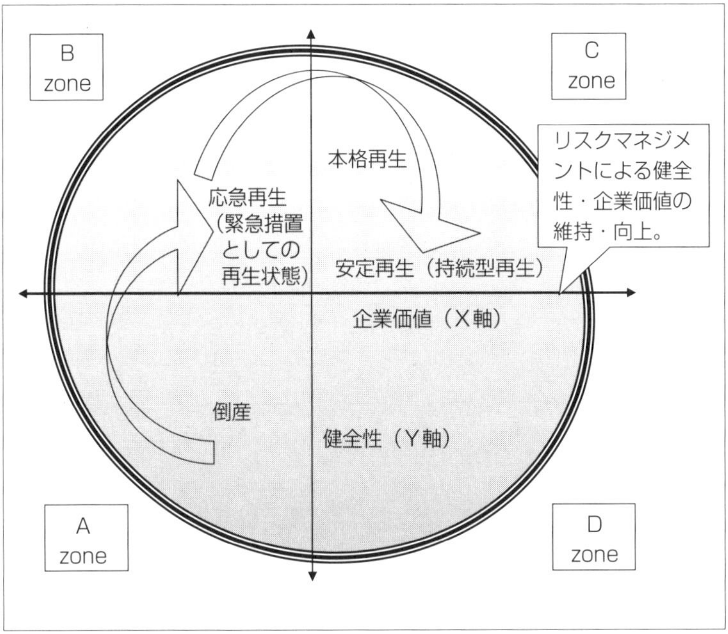
B zone
C zone
A zone
D zone
本格再生
応急再生（緊急措置としての再生状態）
安定再生（持続型再生）
リスクマネジメントによる健全性・企業価値の維持・向上。
企業価値（X軸）
倒産
健全性（Y軸）

出典：筆者作成。

長期にわたり維持，向上できれば，持続型再生（Sustainable Turaround）の状態といえる。

「D zone」の領域は，財務健全性を維持できないで，再び倒産へと近づく状態を示している。この財務健全性が極度に悪化した状態（Recurrence to the minus）が長期にわたると再び倒産状態の「A zone」へと陥る。

企業活動における倒産と再生は，別個の事象でなく，連鎖の関係にもなる。再生状態が長期にわたり持続的なものであれば，持続型再生となるが，ひとたびリスクを回避できずに財務健全性が極度に落ち，企業価値が下がれば，再び倒産の状態に戻ることもありうる。したがって，企業経営は常に環境をとりまくリスクに適切に対処できることが，経営を安定させるポイントとなる。

5. 倒産リスクの概念と定義

(1) 倒産リスクの概念

　マクロ面からの企業倒産は，資本主義経済下では必要悪の側面をもつ。たとえば，企業の提供する商品やサービスが顧客のニーズと合致し，コストを上回る収益が得られれば，企業は維持・存続し，成長も可能となる。反対に，商品やサービスの提供が顧客のニーズを喚起するものでなく，コストばかりが嵩むようであれば，企業は維持・存続が困難となり，ましてや成長はおぼつかない状態となる。

　企業の提供する商品・製品，サービスが顧客の需要を喚起しなければ，当然，企業自体も消滅せざるをえない。ただし，倒産は商品・製品およびサービスの需要と供給の関係だけで生じるのではなく，他の様々な理由によっても生じ，黒字倒産も起こりうる[5]。

　経済社会を俯瞰すれば，弱者は滅び，強者が生き残るのは，資本主義の社会ではごく当然の理である。資本主義経済下において，経済合理性から判断すれば，倒産は必要悪の面を有するという考え方も成り立つ。しかし，倒産をミクロでとらえれば，個々の企業にとっては深刻かつ悲惨な事態である。潜在的な経済合理性があるにもかかわらず，経営管理機能の一時的な不備で倒産する場合もある。運営の仕方によっては競争力があるにもかかわらず，力を出しきれずに倒産する企業も存在する。

　2009年，サブプライム・ローン問題から生じた世界同時不況は，わが国でも大型倒産の多発や雇用問題などに大きな影を落とし始めている。

　リスクの形態は時代によって異なるようにみえても，リスクの本質は変わらない。企業はリスクをかかえながら経営活動を続けなければならない。企業経営そのものがリスクとの戦いともいえる。

　企業がリスクに対応しきれないと業績の低迷か，究極的には倒産となる。こ

こでいう倒産リスクとは，当該企業に対して決定的なダメージを与えるリスクをいう。倒産リスクの高さは，リスクの深刻度とリスク対応・時間に比例するという関係をあらわしたものが，図表1-11である。リスクの深刻度とは，リスクの当該企業の存否に与えるダメージの大きさをあらわす。リスク対応時間とは，当該リスクに対応し，適切な処理にあたる時間の長さをいう。リスクの深刻度が大でも，当該リスクへの対応時間が迅速で，かつ適切であれば倒産リスクは小さくて済む場合もある。反対に，リスクの深刻度が小さくても，当該リスクへの対応時間が，やみくもに遅れれば，倒産リスクは高まる。

仮に，軽度のコンプライアンス違反というリスクの対応を放置して，リスクへの適切な対応を長引かせれば，たとえリスクの深刻度が，それほど高くなくても，倒産リスクは高まる。リスク対応の適切さ，迅速さが欠けていれば，たとえリスクの深刻度が小さくても，倒産リスクは高まる。

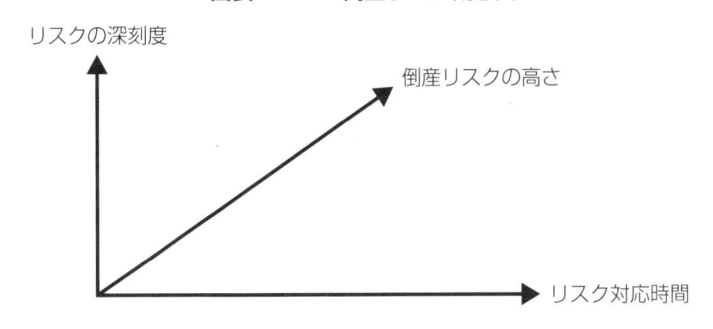

図表 1-11　倒産リスク概念図

(2) 倒産リスクの定義

倒産リスクの高さは，リスクの深刻度とリスク対応時間で決定するが，倒産事象をどのようにとらえることができるのか。ここでは公的機関，民間調査機関，裁判所，金融機関，研究者の考え方を考察する。

① 経済企画庁（現，内閣府）

倒産とは何を意味するのか，倒産に一般性のある意味づけを行うことが必要

である。ここでは，内閣府，旧経済企画庁が提言する倒産の意味づけを検討したい。

　経済企画庁によれば，倒産とは，経済活動を行っている法人もしくは個人企業が，何らかの理由により，その営業活動の持続が不可能となり，休業から廃業への過程を経て，死滅する状態をいう[6]。では，企業の死滅とは，いかなる状態を意味するのか。倒産は生物学的な意味での死とは異なる。生物は死の状態ですべてが終了するが，倒産はその後も企業の存続が可能な場合もある。

②　民間信用調査機関

　(株)東京商工リサーチは，倒産リスクを債務者の決定的な経済的破綻と定義づけている。弁済期が到来したにもかかわらず，債務の弁済が不可能になり，ひいては経済活動を続行することが困難になった事態を倒産リスクとみなしている[7]。

　The Dun & Bradstreet Corporation（以下 D & B 社と略称する）は，倒産（business failure）を次のように定義づけている[8]。同社は，「資産の一括譲渡（assignment），あるいは破産（bankruptcy）のために業務を停止した企業，強制執行（execution），担保物件受戻し権を喪失（foreclosure）した企業，または，差押え（attachment）のような法的な手続きを受けた後に，債権者に損失を与えて業務停止を受けた企業，未払い債務を残して自発的に廃業した企業，管財人による管理（receivership），更生（reorganization），示談（arrangement）などのような裁判所で処理がなされた企業，自発的に債権者と協議の上，合意（voluntarily compromise）が得られた企業」を倒産とみなしている。但し，D & B 統計には，任意清算による営業活動を廃止した企業は含んでいないこと，資本の喪失，不適切な利益，病気，退職など，様々な理由で営業活動を廃止するが，債権者に対して支払能力があれば，統計上は倒産としてカウントしない。

③　裁　判　所

　わが国における裁判所は，①会社更生法，②民事再生法，③会社法による特別清算，④破産法，すなわちこれらの倒産法によって企業にかかわる法的な措

置を講じている。[9]

　これらの法規は，その立法趣旨から判断すると，更生・再建型と解体・清算型法規とに分かれる。いずれの法規にせよ，倒産法の適用を申請する企業は，何らかの原因で経営的，経済的な支障をきたし，現状では，経営活動の持続が危機的な状態にある企業である。

　会社更生法は，主として大企業を対象としている。経営困難に直面しているが，法的な措置を講じれば再建可能な株式会社について適用する更生・再建型の法規である。会社更生法の適用を申請する企業は，そのまま経営を存続させれば経営活動の持続が困難になるか，あるいは不可能になり，その段階で倒産を確認できる。なお，2002年12月6日，現状に即した改正会社更生法が成立し，2003年4月より施行された。[10]

　民事再生法は，和議法に代わる更生・再建型倒産法として，2000年4月1日に施行された。和議法では，破産となりうる原因が生じたときのみ，手続きが開始されたのに対して，民事再生法は経済的に窮境であれば，手続きが開始される。

　会社法による特別清算は，解体・清算型の倒産で，清算中の株式会社が適用対象となる。特別清算を適用できる株式会社の状況は，債務超過の疑いがある場合と，清算の遂行に著しい支障をきたす理由があるとき，裁判所によって特別清算の開始を命じられる。現実的に考えれば，特別清算手続きを申立人が希望することは，その企業の経営活動が債務超過の兆しをもち，すでに正常とは考えにくい。したがって，その時点で倒産と判断し，その後，同法の適用を申請した時点で，当該企業が倒産にあると認識する。

　破産法も特別清算と同様，解体・清算型の倒産法である。破産法は，債務者が経済的に破綻し，その資力をもってしては，すべての債権者に債務を返済できない法人（法人格をもたない個人および社団，公団，民法上の組合も該当）を同法の適用対象にしている。

　私的整理（任意整理・内整理）は，比較的中小企業に多くみられ，法的な根拠も強制力ももたないが，債権者会議を開き，債務の棚上げなどの整理を行い，企業の維持・存続を趣旨とする私的な整理である。[11]任意整理を望む企業

は，支払不能，債務超過に陥った，あるいは陥る可能性が高い企業であり，経営活動に決定的な経済的支障が生じているので，経営活動の持続が困難と認識できる。

④　金融機関（全国銀行協会連合会＝現，全国銀行協会）[12]

銀行取引停止処分制度は，全国の182の手形交換所（法務大臣指定）に加盟している金融機関が，不渡りを出した約束手形や小切手の振出人または為替手形の引受人との当座勘定取引および貸出取引を2年間禁止する制度である[13]。この制度は，手形交換所規則という私的な自主規制に基づいて行われ，その趣旨は，不良手形，不良小切手を排除して，信用秩序の維持を図り，支払期日決済励行を促進するために実施される。

全国銀行協会連合会は，倒産の状況やその社会的影響などを観測する資料として，取引処分者のうち，資本金100万円以上の法人について，その状況を昭和40年5月から全国規模で調査を実施している[14]。前述の通り，銀行取引停止処分は企業が約束手形や小切手を6カ月以内に，2度の不渡り届を提出したときに加盟金融機関に通知を行う。不渡りを出さざるを得ない企業の財務状態は，著しく経済的制約を受けた状況にあり，支払不能を予測できるので，倒産とみなすことができる。

⑤　研究者の見解

a）　ビーバー

倒産予測に関する研究の草分けの1人，ビーバー（Beaver, W. H.）によれば，倒産（failure）は次のように解釈される。すなわち，倒産とは，債務弁済時期が到来しているにもかかわらず，債務の支払いが不可能である企業の状態を意味する[15]。彼の実証研究では，社債償還不履行，預金借越，優先株配当金の支払不能の状態にある企業も倒産に含まれている。このようにビーバーは，企業の支払不能の状態をかなり拡大解釈し，倒産を定義づけている。

b) アルトマン

アルトマン（Altman, E. I.）によれば，倒産（failure）とは，経済的な基準に従えば，リスクを考慮しつつ，投下資本に対する利益の割合が著しく，かつ長期にわたって低い状態にある企業をいう[16]。また，若干，経済基準の観点を変えれば，投下した資本に対する利益率が，資本コストを下回る状態を意味する。

債権者が債務者に対し，法的な手段で裁判所に債権取立の執行を申し出た場合，それを彼は，法的倒産（legal failure）と呼び，倒産に関連する用語としての支払不能（insolvency）については，流動性の欠如により当座の債務の支払いができない状態を意味するとしている。この場合，支払不能の時期が一時的であれば，「技術的支払不能」（technical insolvency）であり，それ以外の支払不能は，破産的意味合いの支払不能（insolvency in a bankruptcy sense）である。

破産的意味合いの支払不能とは，一時的な支払不能状態ではなく，慢性的な支払不能状態で，その企業の総負債額が，総資産の適正評価額を上回る状態をさす。換言すれば，それは債務超過の状態を意味する。したがって，この場合，当該企業の純資産はマイナスとなる。なお，アルトマンの倒産の予測に関する実証分析では，連邦倒産法第10章により，連邦地方裁判所に倒産申告を行った製造業に属する企業を研究の対象にしている[17]。

c) ビボルト

ビボルト（Bibeault, D. B.）は，倒産（business failure）を，社会的側面，経済的側面，法的側面，経営的側面という4つの側面から定義づけている[18]。

社会的インパクト（social impact）は，経済実体と社会の両側面から，ネガティブな経済事象として企業倒産（business failure）をとらえており，生産量・売上高，従業員に対するコスト，債権者，債務者のオーナーなどへの影響は，二次的な社会側面であるとする。さらに供給者が需要減で困窮したり，増税のために全体の倒産コストの負荷を強要されたりした場合にも，社会的側面の倒産は生じるとする。

経済的側面の倒産は，実際の投資収益率が同業他社の投資収益率よりも，低位の水準にあり，継続的に下回る状態をいう。ビボルトはこれを経済的倒産

(economic failure）と名づけている。ここでいう経済的倒産とは，法的な強制力を受けず，まだ支払義務を果たせる状態をいう。当該業種全体の衰退は，経済的倒産の最適な判断となるが，どんな不健全な業種でも2，3の成功事例は存在するし，不健全業種と健全業種との企業格差は大きい。

　法的側面の倒産は，Ｄ＆Ｂ社により集計されているが，その統計には，任意清算による活動廃止企業は含んでいないことを認識しておかなければならない。企業家は資本の喪失，不適切な利益，病気，退職など，様々な理由で営業活動を廃止するが，債権者に対して支払能力があれば，統計上に倒産はあらわれないので注意すべきである。また経営的側面から生じるある種の倒産は衰退を意味する。企業は，経済的倒産や法的倒産を宣告されるかなり以前から，この経営的側面の倒産，すなわち衰退を経験していることになる。

6. 倒産に共通したリスク要因

(1) スラッターの所説

　スラッター（Slatter, S.）は，再生可能性の判断基準となる要素を7つ挙げ，倒産に共通した企業リスクをクリアすることが企業再生には必要だとしている。

　スラッターは，再生戦略（Turnaround Strategy）で重要なことは，会社の危機的状況が，なぜ，如何にして起きるのか，倒産リスクの兆候および原因について明らかにすることであると説いている。スラッターが唱える倒産リスクの兆候は，企業がもつ倒産原因の手がかりを示唆している。人体であらわせば，頭痛や発熱が身体のいずれかの疾患に対する兆候であれば，その後，精密検査を受けることにより，真の疾患部を見つけることも可能となり，治療もできる。同様に，倒産の兆候の発生に際して，早期に検査を行い，真の原因が究明できれば，その対応策を講じることができる。頭痛や発熱は，病気の根源的な原因ではなく，どこかに疾患があることを知らせる兆候ともいえる。その兆候

図表1-12 衰退に共通した兆候

観察者	経営面からの兆候	資本市場面からの兆候	財務面からの兆候
一般市民	＊株式公開買付の話題 ＊CEOの優柔不断 ＊重大惨事（火災，洪水，地震等） ＊流行遅れ・売れ行きの見込みのない製品	＊頻繁な借換え	＊極端に低水準の財務成果 ＊劣悪な収益状況
知識人・株主	＊シニアマネジメントの早過ぎる交替 ＊新製品出荷の失敗の繰り返し ＊役員間の戦略についての公然の不一致 ＊買収後の利益獲得で失敗	＊新規資金集め負債か自己資本─損失への資金提供 ＊債務におけるハゲタカファンド取引	＊衰退化 　株価 　利益 　市場占有率 　信用スコア 　流動性 　配当金 　売上高 　（通常価格での） 　負債・自己資本比率 ＊買掛金の支払い遅延 ＊監査人による会計操作
アナリスト	＊実行能力と戦略の欠如 ＊重要スタッフの欠員 ＊隠された主要会議・衝突・その可能性 ＊新技術・人材・資産への投資の欠如 ＊明確に失敗とわかるプロジェクトの推進 ＊重要な顧客・契約の喪失 ＊低いモラールの蔓延 ＊新情報技術システムの問題の発生	＊銀行契約条項の不履行 ＊財務リストラ計画の討議	＊株主価値の喪失 ＊株価が業界平均より著しく低下
仕入先・顧客	＊取引期間の延長 ＊支払いの遅延 ＊売上債権の売却 ＊顧客サービスの衰退 ＊仕入をストップさせる問題が増える ＊年度末後掛売りが増える ＊スタッフのモラール低下 ＊新情報技術システムの初期問題	＊困難なリストラ計画を支援するために会社，銀行と仕入先による交渉	
会計士	＊リーダーシップ欠如 ＊シニアマネジメントへの信頼性欠如 ＊不適当な運転資本管理 ＊営業上の目標が戦略と実行の中で整備されていない ＊分析力の無さ ＊緊急事態への認識欠如 ＊訴訟問題の未解決	＊会社の増大する借り入れ要求に銀行の安全性が悪化	＊会計上の粉飾 ＊管理会計上の業績低下─予算に対する実績が大きくマイナスに変化
従業員	＊経営問題の発生の兆候 　緊急事態に対処する取締役会開催 　大きな社内不安の発生 　マネジメントの無能力，非難，問題の多発 　職務間の孤立・相互乖離		

出典：Slatter, S. & D. Lovett, *Corporate Turnaround*, Penguin Books, 1999, pp. 16-18.

に対する対処療法だけでは，時間が経過すればするほど，疾患部はさらに悪化し，患者の生命は保証されない。そこで兆候をとらえたならば直ちにその真の原因を突き止めなければならない。

スラッターは，一般市民，株主，アナリスト，顧客・仕入先といった立場の違う観察者が，倒産（衰退）のリスクについて経営面，資本市場，財務情報の側面からどのような問題点があるのかを観察して整理している（図表1-12）。

スラッターは，さらに，衰退リスク要因の分析について，内部的リスク要因として，①不適切な経営，②不適切な財務管理，③不適切な運転資本管理，④高コスト，⑤市場努力の欠如，⑥資金超過取引・過大取引，⑦ビッグプロジェクト，⑧株式買収，⑨財務政策，⑩組織的な惰性・不統一を，外部的リスク要因としては，⑪市場需要の変化，⑫競争，⑬商品価格の反転を列挙している[20]。

図表1-13　衰退原因に関する見解一覧表

	Schendel et al.	Bibeault	Slatter	Thain & Goldthorpe	Grinyer et al.	Gopal	Gethihg
研究年次	1976	1982	1984	1989	1990	1991	1997
《内部的要因》							
不適切な経営	×	×	73%	×	×	×	84%
不適切な財務統制		×	75%	×	×	×	60%
高コスト構造	×		35%	×	×		56%
不適切なマーケティング	×		22%	×	×		20%
ビッグプロジェクト	×		17%	×	×		20%
買　収			15%				72%
財務政策			20%	×		×	84%
《外部的要因》							
市場需要の変化	×	×	33%	×	×	×	68%
競争の影響	×	×	40%	×	×		44%
商品価格の下落	×	×	30%	×		×	20%
政府規制	×	×				×	
ストライキ	×						
不　運		×				×	

出典：Slatter & Lovett, *op. cit.*, p. 49.

さらに彼は，衰退リスク要因を内部的要因と外部的要因に整理し，分類している（図表1-13）。なお，×印は当該研究者が重要視したリスク要因を示し，スラッターおよびゲシング（Gething）の欄の各要因に関するパーセンテージは，各リスク要因の重要度を示すものと思われる。

(2) ビボルトの所説

ビボルト（Bibeault, D. B.）は，企業倒産の原因を外部的原因と内部的原因に大別している[21]。外部的原因とは，経営管理活動によってはコントロールが不可能な原因であり，内部的原因とは，コントロールが可能な原因を意味する。ビボルトのヒアリング調査では，企業衰退の根源的な各原因の比率を表にすると以下の通りとなる（図表1-14）。

図表1-14　会社衰退の根源的原因

根源的原因	比率（%）
まったくの不運	1
経営管理能力を超えた外部的要因	8
外部的要因と内部的要因の共存	24
外部的要因の発生が引き金となって生じた内部的要因	15
経営管理の範囲内で生じた内部問題	52
合計	100

出典：Bibeault, *op. cit,* p. 25.

また彼は外部的要因を2つのタイプに分けている。1つは外部的変化（external changes）と，もう1つは外部的制約（external constraints）である[22]。さらにビボルトは，外部的要因を5つのカテゴリー，すなわち①経済的変化，②競争条件の変化，③政治的制約（government constraints），④社会的変化，⑤技術的変化に分ける。

① 経済的変化：需要減退，平価切下げ，国際的な通貨危機，利子率引き上げ，金融引締めなどで，インフレは，最も厳しい倒産原因の1つであるとしている。

② 競争条件の変化：海外生産者，低コスト生産者，競争企業の合併，競争

企業の新製品，新規参入者の出現などをあげている。仮に，緻密な経営戦略を立て，それを実行に移すだけの力がなければ，競争上の地位を確実に失うであろうとする。再生経営者（turnaround executives）は競争的変化が外部的倒産・衰退原因の4分の1を占めると述べている。

③　政治的制約：企業問題に密接に関係している。国の政策は国内・国外で生産資源に影響を与えるであろうし，原材料，マーケット，ファイナンスにも影響を及ぼす。国の政策は世界中のビジネスに影響力を与えている。政府機関は企業の生産・販売・輸出・輸入の割当量・租税に関して当該国の経済状態に応じて柔軟に対応する。政府は租税，従業員問題，厚生規制，公害規制，製品安全・消費者保護規制に影響を与える。ビジネスにおける規制の増加は，コンサルタント，監査人，弁護士，税理士，広告代理店，公的関係機関のような外部的サービス組織の運用を必要とする。さらに企業の内部的な業務は，これらの外部的な機関と対応していかなければならない。

④　社会的変化：長期的にみて，当該企業が社会における多くの変化に適応できるかどうかを意味する。たとえば，従業員の意識の変化の兆しが今から10年以上前からあったが，多くの企業は，従業員が賃金そのものよりも参画や仕事の満足度に重要な関心を向けていることを認識していなかった。ライフスタイルの変化，人口構成における年齢別の好み，環境問題や顧客衰退への動向を考慮しなければ，大多数の企業はマーケットや顧客を失うことになるとしている。

⑤　技術的変化：技術的進歩を意味するが，近年では，それは数多くの新しい原材料，プロセス，製造技術を生み出した。顧客は製品のカラー，形態，スタイル，信頼性，サービスの形態，価格，品質，材質など，数多くのオプションの中から選択できるようになっていることに注意したい。

ビボルトによると，衰退は約70％が内部的原因で生じるとしている。幅広く考えれば，衰退は80％が内部的原因で生じ，その主要な原因は不適切なマネジメントであるとしている。不適切なマネジメントの問題は，次の3つのキーセンテンスを解くことで理解できるとしている。1つは不適切なマネジメ

ントがなぜ起こるのか，2つは不適切なマネジメントの明確な兆候は何か，3つは不適切なマネジメントが衰退もしくは倒産を起こす，あるいはそうなる共通の失敗は何かである。

不適切なマネジメントはなぜ起こるのか，に対する解答には，①経営者の無能力，②視野の狭い経営で，販売，ファイナンス，生産，在庫管理，配送，エンジニアリングなど，狭い分野で成功を収めた経験に基づいており，全体をコントロールするためのオールラウンドの経営行動ができない，③転位行動（displacement activity）などがある。

経験や研究から不適切なマネジメントの基本的な兆候は，①ワンマン・ルール，②マネジメント層の欠如，③マネジメント連携問題，④伝統的な官僚的マネジメント，⑤脆弱な財務管理執行者，⑥アンバランスなトップ・マネジメント・チーム，⑦取締役会の監視機能の不在などが該当するとしている。ここでワンマン・ルールが成功するか失敗するかは，会社の規模，組織の複雑さ，業界が抱える問題，1970年代における組織の新しい要求である「人間性の尊重」を取り入れているかどうかによるとしている。企業家段階では必要であるが，既存企業の継続的経営においては問題を引き起こす原因ともなるとして不適切なマネジメントの一要素としている。またトップ・マネジメント・チームの重要性については後述する。

(3) プラットの所説

プラット（Platt, Harlan D.）は，企業の盛衰を財務状態と製品・産業における経営状態の良否を基準に4つに分類して特徴づけている。彼は生物を例えとして，企業をイーグル（eagle），トータス（tortoise），コンドル（condor），ダイナソー（dinosaur）に区分して説明する。図表1-15は，それを表にしたものである。

イーグルは財務も良好で製品・産業も発展が約束されている企業をさす。コンドルは，製品・産業が良好だが，財務が脆弱な企業で，生存の可能性がある企業をさす。トータスは財務が健全であるが，製品・産業があまり将来性がなく，ありきたりの生き残りに甘んじる企業をいう。ダイナソーは財務も製品・

図表1-15 企業の盛衰マトリックス

	製品・産業の状態（縦の区分）	
	健　全	脆　弱
財務の状態（横の区分）　健　全	イーグル eagle	トータス tortoise
脆　弱	コンドル condor	ダイナソー dinosaur

出典：Platt, *op. cit.*, p. 3.

産業の全体も低迷状態にあり，いつかは倒産へと移行する企業をさす。

　健全な産業は利益を生じるレベルに価格設定ができるので，製品もしくは産業の健全性が現在と将来においても安定的であるとみなされる。しかし，企業の将来は永遠でもないし，保証もされていないことに留意しなければならない。一度のミスや計算違いによってイーグルからダイナソーへと移行するというのがプラットの考え方である。

　イーグルは成長・発展企業で，健全な製品・産業と強力な財務体質を備え，圧倒的な金融財務を備えている。当時のIBMがイーグルの中のベストな一例としている。イーグルの正反対にはダイナソーが存在する。ダイナソーにとって，製品が売れないばかりか，新製品・市場を開発するために必要な財務的な支援も得られない。プラットはグランツ（W. T. Grant）とシアーズ（Seas）の例を挙げ説明する。前者のグランツは，シアーズと競争を試みたが，適切な金融財務の条件が欠如していた。グランツは製品問題が表面化したと同時に金融財務も崩壊し，倒産した。

　トータスとコンドルは，前述の通り，企業の特徴の一方が強く，他方が脆弱な企業を指す。トータスは財務が健全であるが，製品か市場に問題のある産業の中で競争している。トータスの事例として，Chock-Full-o-Nuts社がこれに該当するとしている。この会社は負債が小さく，資産が豊かな会社であるが，

膨大な広告費予算が必要な市場をもつコーヒー販売業である。同社はコーヒーの品質は良好であるにもかかわらず，不安定要素を有していた。同社はニューヨーク近辺に過小評価された不動産を数多く所有している。したがって，同社の存続は，さほど悲観的ではないが，新ビジネスはさらに新製品開発に焦点をあて，会社の将来を改良すべきステップに入っている。

　プラットは，倒産の原因を4つのカテゴリーに分けている。倒産は多くのフォームをもっている。すべての倒産は，破産という最悪な状態のものから，単純な経済的倒産の場合には長期間存続するものまである。経済的倒産は企業経営が資本や人材が投入されたにもかかわらず，充分な業績が得られない状態を指す。通常，経済的倒産は業務活動で資金を失うときに生じる。当該企業はオーナーが資本を食い尽くすまで継続することは可能であるが，現実には，業務活動はいずれ財務的倒産になり，その再生が必要となる。場合によっては，経済的倒産企業は業務活動の改善で再生が可能となる。

　破産（bankruptcy）は，倒産の最終段階の死を意味し，究極的な財務的倒産であり，債務が資産を超過している状態を意味するとしている。こうした倒産リスクの状態を深刻度の増大する順にリストしたものが図表1-16である。

(4) ロス＆カミの所説

　ロス（Ross, J. E.）とカミ（Kami, M. J.）は，その著書『危機における会社経

図表1-16　企業倒産のカテゴライズ

≪経済的企業倒産≫
Step 1：機会損失：収益が最小限である
Step 2：損失により資金喪失が継続する状態
≪財務的企業倒産≫
ステップ1：技術的支払不能（流動負債を支払えない状態）
ステップ2：破産：純資産がマイナスの状態

出典：Platt, *op. cit.*, p.6.

営』，邦訳書名は『会社成長の条件』の中で，不良企業と優良企業を比較・検

討し，10項目にわたる経営法則を導き出している。[25] 調査した不良企業とそれに対比する優良企業はA＆P（JCペニー），クライスラー（フォード），LTV（ITT），ロッキード（ユナイテッド航空），ペン・セントラル（ユニオン・パシフィック），20世紀フォックス（ウォルトディズニー），パンアメリカン（デルタ），RCA（IBM），AT＆T（比較なし）であった。なお，カッコ内は同業種で優良企業をさす。

　優良企業，不良企業の境界線は，企業業績が優良か不良かで判断され，企業倒産という観点の厳密な定義は本書の中で示されていない。

　ロス＆カミの結論は，大企業の経営的失敗が単に技術革新や市場の変化に対応できなかっただけでなく，経営活動を進めていく過程で経営自体に誤りを犯すことで生じたということである。ここでいう経営自体とは，経営原則を意味し，彼が指摘する経営戦略，統制，取締役会，ワンマン・ルール，経営者の層の厚さ，変化への対応，顧客，会計情報，組織，コンピュータの活用で，これらの要件を満たすことが企業成長の条件であるとしている。それらの条件をクリアした企業が成長し，充足できなかった企業が停滞し，極端には企業倒産へと移行すると理解できる。

　ロス＆カミのいう企業成長の条件とは何か。つきつめれば，不良企業はどのような経営的欠陥をもっているのか。ロス＆カミは10項目の経営原則を挙げている。

① まず経営戦略である。経営者は組織の構成員が結束して行動できる統一した方向性を示し，それを企業組織メンバーに伝達する。企業組織の全員が組織との一体感（アイデンティティ）をもつこと，企業に勤める目的は何か，目標を達成するための計画をもつことが重要なことになる。経営戦略が欠如しているか，または不明確であれば，羅針盤をもたない船のように行先が定まらず，場合によっては座礁（倒産）する。

② 全社的統制と原価統制を確立することである。全社的統制とは各事業部ごとの管理ではなく，企業全体の立場からの統一的な管理体制をさしている。

③ 取締役会の機能を十分に生かすことである。取締役会は株主利益のた

め，会社の資産を守り，運用することを基本的な責任としている。また，企業目的を決定し，最高経営責任者を選任し，会社の重要な意思決定を承認するという権限をもっている。

④ ワンマン・ルールを回避することである。ロス＆カミの調査によると，ワンマン・ルールによって長期的発展をした企業は皆無に近いという。

⑤ 経営者層が厚いことである。売上高，利益額，株価収益率などが激しく低下し，変動している企業は，経営者層が薄いという結果が現われている。

⑥ 変化に対応する能力があることである。ロス＆カミによると変化への対応の欠如は経営危機の重要な要素となっている。

⑦ 変化への対応と関連して，顧客を常にキャッチできることをあげている。顧客が現在何を望んでいるのか，顧客のニーズの変化を常に把握していることが重要となる。

⑧ コンピュータを正しく活用することである。コンピュータの誤用は企業に多大な損失を与える例をロス＆カミは指摘している。

⑨ 会計操作を行うことが企業に重大な危機をもたらす。ただ，これは直接的な企業失敗の要因ではなく，2次的な要因として理解できる。

⑩ 最後の経営原則は組織と従業員にかかわることがらである。従業員のニーズに対応できる組織を形成することが，企業経営の成功と失敗に大きくかかわってくることを強調する。

企業成長の条件は，不良企業がたどった軌跡を調査して，不良企業の経営的欠陥を整理し，体系化したものである。企業を取り巻く経営環境に対応できない場合に不良企業が生じるというよりも，企業がもつ日常的な管理業務を怠ることにより，不良企業が生じるということを強調している。企業経営の危機は実際上いずれの企業にも存在する。ただ，成長する企業はその危機を乗り越え，失敗する企業はその危機を知ってか知らずか放任しているにすぎないと言明する。

以上のように，ロス＆カミは，企業倒産が生ずる重要な原因は，通常行わ

れるべき経営管理活動を行わなかったことが最大の原因であると主張する。

(5) アージェンティの所説

　アージェンティ（Argenti J.）は，会社挫折（企業倒産）の原因のうち，本源的なものはトップマネジメントにあることを強調している[26]。トップマネジメント機能を司どる経営者が無能で不適切な経営を行えば，次の企業倒産にかかわる2つの要素が無視される。1つは「会社情報システム」が十分に機能しないこと，2つには企業が「環境の変化」に対応できない状況に陥ることである。無能な経営者はさらにいくつかの誤りを犯す。誤りの1つは「無理な事業拡張」を行うことである。2つめは「巨大なプロジェクト」に進出すること，3つめは企業の「ギヤリング」の上昇を放置して「一般的な企業リスク」でさえも企業経営を危機におとしいれることである[27]。

　倒産の主要な原因は不良経営にあるとする。不良経営とはトップマネジメント機能が十分に果たせない状態をいう。具体的には，その不十分さはワンマン・ルール，経営に参加しない取締役，トップマネジメント・チームの不均衡，経営者層の薄さ，財務機能の脆弱性，会長と最高経営責任者の兼務などが含まれている[28]。

　最高責任者の問題であるワンマン・ルールと並んで重要となるのがトップ・マネジメント・チームの編成である。トップマネジメント・チームとは基本的には取締役会を構成するメンバーである。その構成員が技術畑に偏っている場合，または営業畑に偏重している場合，今日のような多面的な環境の変化に対応しきれない。取締役会の構成員は幅広い能力をもっていることが重要となる。トップマネジメント・チームが不均衡であることは，重大な危機を企業にもたらす。特に，財務機能が取締役会において機能しないと経営危機を生む場合がある。倒産の危機に瀕しているにもかかわらず，構成員は会計情報を提供されなかったという場合もある。

　経営者層の薄さも不良経営に影響する。これはワンマン・ルールに関連することがらである。専制君主的な企業では後継者は育ちにくい。彼の経営的意思決定に誤りがあれば，当該企業はたちどころに崩壊へと移行する。会長が最高

経営責任者を兼務している場合，トップマネジメント機能は不十分となる。最高経営責任者が誤りを犯したとき，誰が，彼に忠告し，方向性を示唆できるのか。それは会長である。会長が最高経営責任者を兼務していれば，最高経営責任者に対する牽制が不能となる。

また挫折する会社の特徴の1つに会社情報の不足があげられる。具体的には予算統制が不十分であること，最後に，正確な資産評価ができていないことなどが会社情報の欠如に含まれる。

さらにリスクマネジメントの不備によって，環境の変化に対応できないことが会社挫折の1つの要因となる。環境の変化とは，競争環境，政治環境，経済環境，社会環境，技術環境の変化をいう。競争環境とは，同業他社の新製品，異業種からの参入，海外メーカーの出現など，当該企業が対応しなければならないライバルとの競争関係を意味する。政治環境は特定の企業，業種に対する地方自治体，国，他国などの規制を意味する。経済環境とは景気の変動，金利，インフレなど，当該企業・業種を取り巻く経済状況である。社会環境は当該企業の従業員の意識，市場占有率，顧客のニーズやライフスタイル，環境問題，消費者保護など社会状況を意味している。技術環境とは，特に技術革新を意味する。一般的に技術革新による新製品の開発，新市場の開発が進まなければ，いずれは会社が崩壊へと接近する。

これら5つの環境の変化に対応できなければ，企業は倒産へと移行するのである。さらに，環境変化によって生じる企業経営に対する強力な制約，たとえば，消費者，従業員，政府の対企業活動による当該企業への規制が増大することによって，環境変化に対応する企業の自由度が減少する。環境の変化によって課せられる制約が企業を崩壊へと導く場合もありうる。

事業拡張を無理に行うことも会社挫折の主要な原因の1つとなる。最高経営責任者が事業拡張のための借入れ必要額を過小に評価する反面，借入金を計画的に準備する期間をもたない。そのため一時的な資金ショートを生じることがある。また事業拡張を無理して実行するあまり，利益率を無視する。売上高や市場占有率を増大させても，肝心の利益率を度外視すれば，企業は成り立たない。

当該企業の経営状況を無視して，巨大プロジェクトを組み実行することも企業の崩壊に直接結びつく原因の1つとなる。巨大プロジェクトに進出した場合，仮に進出に要する時間とコストがプロジェクト実行によって得られる収入をはるかに上回れば，それは会社を破綻にまで追い込むことにもなりかねない。アージェンティがいう巨大プロジェクトとは，吸収・合併，多角化，大型新製品への進出，新しいサービスの提供，研究開発，原材料の大量導入などが含まれている点に注意したい。

最後に，ギヤリングの過度の上昇に伴って，通常どの企業にも存在するような一般的なリスクでさえも，それが会社崩壊へ導く原因になるということである。アージェンティによれば，高比率のギヤリングと景気後退は会社崩壊の引き金となる[30]。トップマネジメントの構造的欠陥，無能な経営者による不適切な経営は，過度のギヤリング比率の上昇を放任し，そのため当該企業はアクシデントに対して対応できなくなるばかりでなく，通常いかなる企業にも存在する一般的なリスクに対して，抵抗力を弱める影響を与える。したがって，これらギヤリング比率の過度の上昇，予測不可能な出来事，一般的な企業リスクは相互に作用し合って，会社崩壊の原因となる。

7. 再生リスクの概念と定義

倒産から再生を果たすには，必ずリスクが生じ，そのリスクを乗り越えなければならない。リスクを回避できなければ，再生は果たせない。したがって，再生をめざす全ての企業が，再生を果たせるわけではない。ここでは，再生を果たす上で生じるリスクを再生リスクと呼ぶことにする。

再生には概ね3つの段階が存在する。1つは，「応急再生」で，それは，財務健全性を倒産以前の健康状態にまでに戻せた状態を意味し，再生状態の初期状態をさす。人体に換言すれば，病巣を除去した段階で，いまだ元の健康体とはいえない病後の状態で，再び倒産という状態に戻る可能性が高い時期をさす。「本格再生」とは，財務健全性を回復するが，企業価値も安定しつつある

状態を示す。人体でいえば健康を完全に回復し，日常生活が営める段階を意味する。

「持続型再生」（安定再生）とは，本格再生の期間が長期に継続した状態を意味し，企業価値も完全に維持しつつ，人体でいえば日常生活も安定して営める段階を意味する。

「応急再生」，「本格再生」，「持続型再生」（安定再生）という各段階の再生時期には，それぞれ再生リスクへの対応が要求される。そのリスク対応ができなければ，再び前段階の再生状態にまで戻る。応急再生の段階であれば，倒産へと再度逆行する。

「応急再生」，「本格再生」，そして「安定再生」という3つの再生過程で生じるリスクに対応する対応策が必要で，応急再生から安定再生（持続型再生）をめざすには，各段階で生じたリスク対応を行うことが必要不可欠となる。

〔注〕
1　『先進企業から学ぶ事業リスクマネジメント―実践テキスト―企業価値の向上をめざして』（経済産業省，2005年），21頁。
2　enterprise risk management（エンタープライズ・リスクマネジメント＝ERM）を「統合的リスクマネジメント」とする和訳は，財団法人社会経済生産性本部ERM懇話会（2008年10月～09年3月）で採用した呼び名である。筆者は，このERM懇話会委員として参画した。
3　経済産業省『リスク新時代の内部統制リスクマネジメントと一体となって機能する内部統制の指針』（「リスク管理・内部統制に関する研究会」2003年），16～17頁。
4　(財)企業共済協会『経営再建・事業活性化マニュアル』2005年，189～193頁。
5　井端和男『黒字倒産と循環取引』税務経理協会，2009年，51～67頁。事例として三平建設株式会社，株式会社新井組，トスコ株式会社など，黒字倒産の事例分析が行われている。
6　経済企画庁調査局編「経済月報」1975年6月号，39頁。
7　㈱東京商工リサーチ編『全国企業倒産統計年鑑』東京商工リサーチ，1987年，1頁。ここでは，企業倒産という用語は用いず，ただ「倒産」という用語で説明している。倒産に企業の文字を接頭に付けない場合は，個人企業もしくは法人企業だけでなく，法人の形態をとらない個人を含む倒産をあらわすものと理解する。ただし，㈱東京商工リサーチがもつ「倒産」の見方は，企業倒産を念頭に説明されているので，筆者はあえてここでの「倒産」を「企業倒産」と認識する。
8　The Dun & Bradstreet Corp., *Business Failure Record*, 1993.
9　わが国では，倒産法という法律は存在しない。倒産法は，会社更生法，破産法，特別清算，加えて和議法に代わり2000年4月より施行された民事再生法を含めた法律を総称する用語である。
10　会社更生法の申請は，2000年27件，2001年47件といずれも低調であった。企業再建

手続きの迅速化など，同法を時代に即した改正案が浮上し，2002年12月6日に改正会社更生法が成立した。2003年4月から施行された。会社更生法は，大会社の更生のために有効な制度だが，時代に即した迅速かつ円滑な再建を可能とするために，同法手続きの迅速化・合理化・再建手法の強化を図り，現代の経済社会に適合した機能的なものに改めようというのが今回の改正要綱である。

11　2001年9月，「私的整理に関するガイドライン」が全国銀行業協会や学識経験者によって作成された。これは会社更生法や民事再生法等の法的整理手続きによらず，債権者と債務者の合意に基づき，経営困難な状況にある企業が再建するために作成された指針である。

12　1945年9月28日に全国銀行会連合会が設立されたが，1999年4月20日，全国銀行協会へ改組された。

13　(社) 東京銀行協会 (全国銀行協会連合会) 編『法律基礎講座』東京銀行協会，1993年，104頁。

14　全国銀行協会連合・(社) 東京銀行協会編『手形交換統計年報』全国銀行協会連合会，1993年，2頁。

15　Beaver, W. H., "Financial Ratio as Predictors of Failure," *Empirical Research in Accounting: Selected Studies*, 1966, p. 71.

16　Altman, E. I., *Corporate Bankruptcy in America*, Lexington Books, 1971, p.2.（南部二三雄『企業倒産』文雅堂銀行研修社，1975年，19頁。）

17　*Ibid*, pp. 60-61.（『前掲訳書』92頁。）

18　Bibeault, D. B., *Corporate Turnaround*, McGraw-Hill Book Company, 1982, pp.8-7

19　S. Slatter & D. Lovett, *Corporate Turnaround*, Penguin Books, 1999, p.77.（『ターンアラウンドマネジメント』ダイヤモンド社，2003年，87頁。）
1つは危機の安定化，2つはリーダーシップ，3つはステークホルダーの支援，4つは戦略的集中化，5つは組織変革，6つは生産・流通の改善，7つは財務リストラで，これらの改善余地があれば，再生可能性が高いとする。

20　*Ibid*., p.49.（『前掲邦訳書』54頁。）

21　Bibeault, D.B., Corporate Turnaround, McGraw-Hill, 1982. pp.23-26.

22　*Ibid*. p.28.

23　ワンマン・ルールとは，最高経営責任者が他のトップマネジメント構成員の忠告を聞かず，一人で意思決定を行うことを意味する。

24　Platt, Harlan D., Why Companies Fail, Beard Books, 1999. p.3.

25　Ross, J.E. & M. J. Kami, *Corporate Management in Crisis: Why the Mighty Fall*, Prentice-Hall, Inc., 1973, p.21.（中村元一訳『会社成長の条件』ダイヤモンド社，1977年，6～7頁。

26　Argenti, J., *Corporate Collapse*, McGrow-Hill Book Company (UK), Limited, 1976. pp.122-123.（中村元一訳『会社崩壊の軌跡』日刊工業新聞社，1977年，216～219頁。）

27　ギヤリング (Gearing) は，アメリカではレバレッジ (Leverage) と同義語で，資本負債比率を意味する。

28　Argenti, *op, cit*., pp.123-126. 同，前掲書，218～224頁。

29　ギヤリングとは負債資本比率（財務レバレッジ）を意味する。

30　Argenti, *op, cit*., p.136. 同，前掲書，240頁。

第2章
持続型再生の理論

1. 概　　要

本章では倒産から持続型再生が形成されるまでの過程を理論的にたどってみたい。したがって，以下の項目の順で明らかにする。
1. 再生の形成過程
2. 経営基本機能からみた再生へのプロセス
3. 環境の変化に対する全般的リスク対応
4. 再生パターンの態様
5. 各種リスク対応の再生モデル

2. 企業再生の形成過程

再生か清算かの判断基準は，まず再生の可能性があるのか，という基礎的な要件をクリアすることが重要となる。[1]再生可能性の判断基準とプロセスの一例として田中氏の所説を挙げれば以下の通りである。[2]
(1) 倒産リスクの特定：①経済動向：業界の動向や会社の立場，消費パターンの変化，競合品の状況，同業他社との競争状態　②会社の状況：経営者の資質，経営方針，販売・物流の状況，製造・資材など生産管理の状況，品質管理，研究開発の状況，労務管理，原価管理の状況など。
(2) 倒産リスクの除去と改善：上記の破綻リスクの除去や改善の可能性を

検討する。

(3) 予想財務諸表の作成と検討：部門別・製品別の予想損益計算書，資金計画表を作成する。この中には，①将来の売上高，②部門別・製品別粗利益，③間接部門費の見積，④改善後の損益分岐点などの検討が該当する。

(4) 弁済可能性の判断：弁済が再建に要する期間内に可能かどうかの判断を行う。そのためには，①未稼動の固定資産の処分で弁済する予定額や②将来の収益から弁済を予定する額を算出して，予想損益・資金繰りから収益弁済の可能性を判断する。

(5) 支援者の協力[3]：債権者，得意先，仕入先，従業員などで，特に債権者の協力の見込みの有無が再生可能性の重要な判断要素となる。

(6) 再生のための条件：閉鎖する不採算部門，適正人員数と余剰人員の整理の可能性，資産売却の成否，特定取引先との取引継続の成否等の判断や計数管理の確立の必要性，コストダウンの必要額を確定する。

倒産リスクの特定とその除去・改善の可能性，各種金融機能の回復の可能性，支援環境の整備が可能かなど，田中氏の再生可能性に関する判断基準は，経営基本機能を回復させるための再生手法や再生の基本要件が網羅されている。実務の視点から判断した再生マニュアル過程ともいえる。他方で，様々な条件や事象が混在しており，再生可能性の判断基準とするには切り分けが必要である。

3. 経営基本機能[4]からみた再生プロセス

企業の再生可能性を判断する新たな視点として，組織，生産・流通，金融という3つの経営基本機能の回復が可能かどうかを検討したい。3つの経営基本機能は同一次元ではないが，再生という観点に立つと，適切な再生手法をもって経営基本機能を同時的に，もしくは循環的に回復させることが重要となる。

本節では，3つの機能の内容を別個の次元として区分せず，3つの機能を統一して考察した。

経営機能の視点からみると，この3つの機能のいずれかが不全となれば再生は不可能となるにちがいないし，組織，生産・流通，金融の各機能が適時，適切に機能していれば，倒産は起こらないはずである。企業経営における組織機能は人的資源の最適配分の役割を果たし，生産・流通機能は市場における製品やサービスの質的，量的な合理性を高め，追求する役割を果たす。そして金融機能は，これら2つの機能を効率的に行うために必要な資本の最適配分の役割を演じる。企業における金融は，ヒトに例えれば血液の循環機能を果たすものといえる。この3つの機能が再生企業の経営活動に対して時機を逸せずに，各機能が迅速に回復することで企業の再生可能性が高まる（図表2-1）。

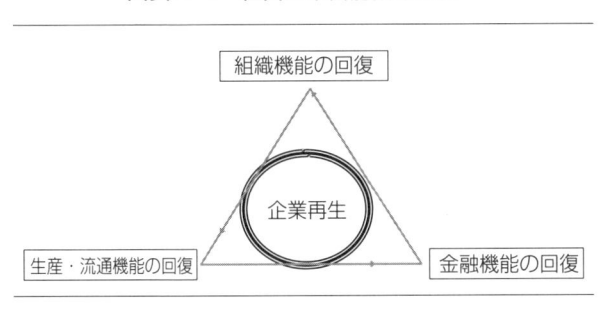

図表2-1　経営基本機能循環過程

（組織機能の回復／企業再生／生産・流通機能の回復／金融機能の回復）

出典：筆者作成。

（1）組織機能

ここでいう組織機能とは，企業経営における人的資源の質と量の合理的な組み合わせのことである。企業倒産の主要なリスクの多くは，経営者や経営陣のミス・マネジメントにある[5]。いわゆる，ある種の組織の不備が倒産を招くのである。販売不振，赤字累積，売掛金の回収難といった不況型倒産の根源的なリスクも，もとをただせば組織の脆弱性にあり，特に経営者もしくは経営陣の経営能力に問題があることが多い。また在庫状態の悪化，他社倒産の余波，信用性の低下，設備投資の過大，過小資本といった倒産リスクも同様に，ミス・マ

ネジメントに大半の原因がある。組織の中の経営者，経営陣だけでなく，従業員の質やモラールの低さも組織の脆弱化を促進させる。こうした組織機能の改善・回復は，持続可能な企業へと移行できるかどうかの１つの鍵となり，企業が倒産という事態に直面したとき，代替可能な経営者・経営陣，従業員が存在し，経済合理性のある組織が編成できるか否かが問われる。

(2) 生産・流通機能

組織機能の回復は，倒産から再生への移行過程で必要条件であるが，十分条件ではない。製品・商品，サービス，技術力といった有形・無形の資産を形成し，それを効率良く市場に流通させなければ，倒産から再生へは移行できない。いわゆる既存の製品・商品，サービスに市場競争力が維持されていなければならない。

市場競争力とは，価格，品質が優れて，同業他社との競争優位を確保するだけの販売力の程度を意味する。そのためには倒産企業の販売系列と生産系列の質的な強化が必要となる。生産系列の強化は，コスト・品質管理を徹底して価格競争力を高めること，質の高い製品，商品，サービスを提供できるという品質向上を図ることである。販売系列の強化には，優良な販売網の拡大とアフターケアの徹底が重要となる。

(3) 金融機能

組織機能，生産・流通機能の回復の可能性が高ければ，金融機能はそれに比例して回復の可能性が高くなる。[6]組織，生産・流通の各機能が回復可能と判断できれば，金融機能回復のための再生手法を用いることによって，財務的な困窮，たとえば，売上高の著しい減少，大幅な営業上の赤字，累積赤字，借入金返済の履行困難，社債などの償還が困難，優先株の配当遅延や中止，最終的には債務超過，支払い不能という現象であらわれる負の金融機能の回復も可能となる。金融機能を回復するための手法については第７章でとりあげるが，事業再構築（金融のリストラなど），組織再編，M&A[7]，DIPファイナンス，債務の株式化，企業再生ファンドなどがある。

4. 環境の変化に対するリスク対応

　再生を果たすためには倒産企業を取り巻く次のような外部環境の変化も視野に入れてリスク対応をしなければならない。これらの変化を３つの機能に取り込むことができなければ，当該企業は再び後戻りの道をたどる可能性がある。
　① 経済的変化
　　　需要の落ち込み，通貨切下げ，国際通貨危機，利子率引上げ，与信管理の厳格さ，インフレーションなど，企業を取り巻く外部環境の変化にリスク対応できる必要がある。
　② 競争的変化
　　　国外生産者，低コスト生産者，競争相手の合併，新規参入者の出現など，競争環境の変化への機敏な対応が要求される。
　③ 政府規制
　　　政府規制は，当該企業の原材料，生産工程，マーケット，原価，金融など様々な経営行動に影響を及ぼすリスクに注目すべきである。
　④ 社会的変化
　　　給与を得るためだけでなく，企業への参画や満足度など，働くことに対する従業員の意識の変化，市場，顧客の志向の変化，ライフスタイルの変化，年齢構成の変化などは，ある種のリスクであり，リスク対応の成否が再生に大きな影響を及ぼす。
　⑤ 技術的変化
　　　新しい素材，工程，製造技術などの変化は，再生に重要な役割を果たす。技術的な変化に対応しなければ，再生の持続性は困難となる。

5. 企業再生パターンの態様

　企業再生にかかわる研究領域は大別すると2つに分類できることはすでに述べた。1つは倒産という「負」から再生という「正」への転換（正へのターンアラウンド）に必要な条件，主として初期段階における再生条件の研究である。もう1つは，再生という「正」から倒産という「負」への転換（負へのターンアラウンド）を常に回避し，持続型再生に必要な条件を導くことである。

　倒産から再生への過程は図表2-2（再生曲線）に示した。グラフ横軸のほぼ中間に位置し，左から右へと移動する直線は，いわゆる倒産ボーダーラインである。倒産ボーダーラインを下回る企業は，経営活動の持続が困難か，不可能な状態に陥った倒産の状態をあらわす。また左上方から右へと移動する凹型の曲線は，企業業績の変化を時系列でとらえたものである。中央の倒産ボーダーラインと交差する W_0 は，健全企業（衰退をたどる企業を含む）から倒産企業へと移行する倒産分岐点となる。法的整理や私的整理などにより，再生をめざす倒産企業の場合，再生曲線が倒産分岐点 W_0 から時間の経過とともに倒産ボーダーラインを越えて，右上昇局面の位置，W_1 で倒産ボーダーラインと交

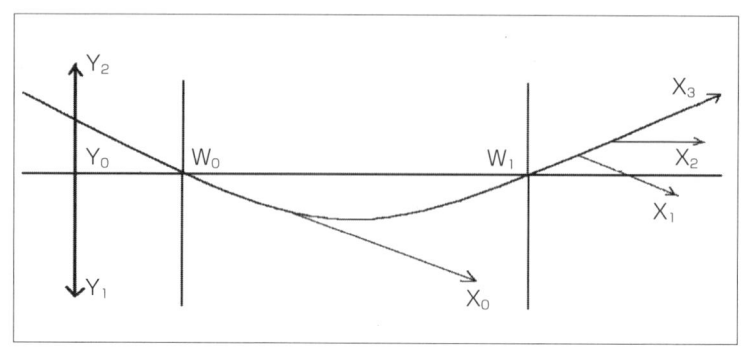

図表 2-2　再生モデルの形成過程

出典：筆者作成。

わる。この交差点 W_1 を再生分岐点とする。

ところで，Y_0 から Y_2 は，健全領域を示し，Y_0 から上昇するほど企業の健全性は高まる。反対に，Y_0 から Y_1 は不健全領域をあらわし，Y_0 から下降するほど不健全性は深刻となる。

再生をめざす倒産企業は，W_0 から W_1 までの区間（再生ボーダーライン）の過程で，種々の再生ツールの中から最適なものを選択し，経営基本機能の組織機能，生産・流通機能，金融機能を回復させ，最終的には持続可能（Sustainable）な再生をめざす。しかし，再生をめざす倒産企業のすべてが持続型再生である X_3 の状態，すなわち「持続型再生」へと進むわけではない。再生ボーダーライン（W_0，W_1）は脱したものの，上昇の途中で停滞を続ける「低迷型再生」（X_2）も存在する。さらには，いったん再生分岐点を脱したが，何らかの事情により経営困難に直面して，再び，分岐点を割って下降局面に入る「一時型再生」（X_1）も考えられる。また W_0 から再生過程をたどるが，再生分岐点にまでは至らないで，再生過程範囲内で下降局面に入る「非再生」，（X_0）もありうる。したがって，倒産企業の再生モデルの態様は，持続型再生，低迷型再生，一時型再生，そして非再生に分類できる（図表2-3）。もちろん再生がめざす状態は持続型再生であることはいうまでもない。

図表2-3 再生パターンの態様

記号	再生パターン	内容
X_0	非再生	再生をめざすが，再生ボーダーライン上から一度も浮上できない状態
X_1	一時型再生	再生をめざし，一時的に再生ボーダーラインから浮上するが，再び再生ボーダーライン以下が続く状態
X_2	低迷型再生	再生をめざし，再生ボーダーラインを超える状態を継続するが，低空飛行の状態
X_3	持続型再生	再生をめざし，再生ボーダーラインを継続して，長期にわたり高度で維持している状態

ここで上図を倒産企業が再生に至る軌道と置き換えるなら，完全な再生を果たす（持続型再生）には極めて慎重なコントロールが必要といえる。特に再生リスクの管理に不備があれば，その企業はたちまち高度を失い再び失墜してし

まうこともある。

6. 持続型再生モデル

　いったん倒産の窮地に追い込まれたが，再生を果たし，なおかつ今日も活躍を続けている日米企業を持続型再生のモデルとして各種リスク対応ごとに4つのパターンに分類してみた。いずれも拙著『企業の倒産と再生』で事例研究として観察したものであるが，最近のデータをもとに，その後の経営行動を追跡して，ERMの考え方を取り入れた持続型再生モデルとして理論を再構築した。

　　① 競争激化リスク型再生モデル
　企業経営は本質的にあらゆる競争の連続である。今日，グローバル化にともない，海外企業との競争激化により，衰退や倒産が認められる企業が多い。その中で再生を果たした企業，千代田化工建設の成功事例を最近までのデータをもとに分析する。
　千代田化工建設は3期連続の営業赤字，4期連続の経常赤字を経験したが，見事にその窮境を乗り越えて黒字化を果たし，今日では成長を遂げた再生の成功事例である。

　　② 多角化リスク型再生モデル
　事業・経営の多角化をめざしたが，組織，流通・生産，金融などの機能が不全となり，衰退，倒産を経験した企業が持続した企業再生を果たしたケースである。ヤオハンジャパン，現在，マックスバリュ東海と社名を変更したが，選択と集中を実行した持続型再生の成功事例の1つといえる。

　　③ 販売不振リスク型再生モデル
　販売不振による衰退・倒産を経験する企業は多いが，その中で再生を果たし

た企業は少ない。本書では，米国メーシーズ社をとりあげ，販売不振により倒産に直面した状態から最終的に「合併」を選択して再生を果たした持続型企業再生の好事例としてここにとりあげた。

④ 訴訟リスク型再生モデル

チッソ，森永など，訴訟リスクの事例は，わが国でも存在するが，本書では特に，アスベスト訴訟で大きな問題となった米国マンビル社をとりあげ検討した。すでにマンビル社は最近バークシャハサウェイ社に買収されたが，今日でも建築資材製造・販売活動を活発に行う持続型企業再生のモデルといえる。

以上，持続型再生モデルとして4つの例を列挙したが，次章では，この4つの持続型再生モデルについて事例分析を行う。

〔注〕
1　田中亀雄『倒産・再建と会計』商事法務研究会，1989年，42～44頁。
2　田中亀雄『前掲書』49～52頁。
3　田中亀雄『前掲書』52頁。田中氏は，ここで「関係者の協力」という言葉を用いているが，その意味するところは本書で説明する再生の基本要件の1つ，「支援環境要因」に類するものなので，筆者はあえて「支援者の協力」とした。
4　本節では，倒産企業の再生過程を説明するために，組織機能，生産・流通機能，金融機能の循環過程とその果たすべき役割を中心に論じた。
5　Argenti, J., *Corporate Collapse*, 1976, p.123.（中村元一訳『会社崩壊の軌跡』日刊工業新聞社，218頁。）不良経営者，もしくは不良経営陣が，倒産の根源的なリスクであることに異論はないと思われる。
6　田作朋雄『要注意先債権等の健全債権化策について』Pricewaterhouse Coopers，2002年7月，8頁。田作朋雄『事業再生』角川書店，2002年，184頁。田作氏は，まず組織機能（ヒト），生産・流通機能（モノ）の面で回復（存続）可能であれば，金融機能（カネ）の側面は何らかの対策が可能であると主張している。
7　久保光雄『事業再編の仕組みと活用方法』かんき出版，2000年，32～41頁。久保氏は，M&Aを広義と狭義に分け，合併，営業譲渡，株式取得など，経営権の移転が伴うものを狭義のM&Aとし，それに資本提携，業務提携など，経営権の移転が伴わないものを含めて広義のM&Aとするが，いずれも金融機能の再生と深くかかわるものである。
8　Bibeault, D. B., *Corporate Turnaround*, McGraw-Hill, 1982, pp.27-33.
9　太田三郎『企業倒産の研究』同文舘出版，1996年，105～142頁。GDP，GNP，マネーサプライ，公定歩合などの外部環境の変化は企業倒産に影響を及ぼすのか。多変量回帰分析を援用した実証分析を行いマルチファクタリング・倒産予測モデルの構築を試みた。

第3章
競争激化リスク型再生モデル
〈千代田化工建設〉[1]
— 受注競争激化による衰退からの脱却 —

1. 概　　要

　今日，グローバル化にともない，海外企業との競争激化により，衰退や倒産を余儀なくされる企業が多い。その中で持続型再生を果たした企業，千代田化工建設の成功事例を最近までのデータをもとに分析する。千代田化工建設（以下，千代田化工と略称する）[2]は，受注競争激化による海外プラント工事の採算割れなどによって，1997年3月期から3期連続で営業利益と経常利益がマイナスとなった。[3]同社は，合理化や外資との資本提携などで再建を図ってきたが，受注の低迷で2001年3月期も赤字が避けられない情勢となったため，債務超過を回避するための経営再建策を模索した。[4]

　1999年11月22日，千代田化工は，債権者である金融機関や商社に対し，総額262億円の債権放棄を要請すると正式に発表した。その計画の概要は，法定準備金265億円を取り崩すほか，142億円の無償減資を実施し，420億円の累積損失解消に充て，01年3月末までに98億円の第三者割当増資を実施して株主資本の増強をめざし，02年3月期までに従業員数は前期末と比べて970人を削減させるというものである。[5]

　千代田化工は1948年1月20日，三菱石油株式会社の工事部門が独立して，資本金100万円をもって設立された会社で，エンジニアリング産業の指導的立場にある企業といえる。[6]千代田化工のコンセプトは，人と自然と技術の調和であり，プラント建設をはじめとするさまざまなプロジェクトを通して，産業社会の発展に貢献することをめざすことである。千代田化工のエンジニアリング[7]

技術とプロジェクト・マネジメントは,全世界における産業分野のプロジェクトに参画している。石油,化学などのプラント建設だけでなく,医薬・ファインケミカル,自動車などの生産設備,アミューズメント施設,地球環境保全,宇宙開発へとその活動分野を広げている。

本章では,競争激化による1997年3月期から99年3月期に至る3期連続の営業赤字,経常赤字を,そして02年3月期まで6期連続の営業赤字を経験し,業績の悪化に陥ったが,その後収益を持ち直して03年3月期からは営業利益,経常利益ともに黒字化を果たした千代田化工建設を事例に,初期段階における企業再生（応急再生）から「本格再生」を経て「持続型再生」（安定再生）に至るまでのリスク対応の形成過程を時系列的に明らかにする。[8]

2. 業績悪化期における財務内容

前述の通り,千代田化工は単独決算で,1997年3月期から3期連続の営業損失,経常損失を計上したが,財務内容の変化を観察するために96年3月期の第68期から00年度の第72期までの財務諸表5期分を分析することにする。

(1) 財政状態

財務的困窮の状態が始まった69期（1997年）から71期（99年）とその期間の前後期である68期（96年）,72期（2000年）の5期を比較すると,資産・資本規模は1996年から2000年まで縮小の一途をたどっている。96年を基準=100とすると,97年が98,98年は75,99年が58,2000年は43で96年の半分以下となり,資産・資本の縮小均衡をとる。流動負債を削減するために流動資産を充当することによって,流動資産と流動負債の減少が顕著となる。加えて,自己資本の急激な減少は,内部留保を取り崩して特に流動負債の削減に充てたことが推測できる。96年から5年の間に,資本・資産の規模が半減するという事態は,早急な企業再生の必要性を物語っている。資産・負債・資本,いわゆる貸借対照表のスリム化が千代田化工にとって企業再生の重要なポ

イントとなった。図表3-1と図表3-2は千代田化工の資産・負債・資本の変化を表とグラフで表わしたものである。

図表3-1 負債・資産・資本の変化表

(単位:百万円)

	1996年 (68期)	1997年 (69期)	1998年 (70期)	1999年 (71期)	2000年 (72期)
流動資産	289,574	282,984	207,744	149,875	100,904
固定資産	51,428	51,138	47,968	47,822	46,386
流動負債	219,012	263,357	238,992	174,592	125,701
固定負債	12,959	11,680	11,390	18,535	16,694
自己資本	109,031	59,084	5,330	4,570	4,894
総資本	341,003	334,122	255,712	197,697	147,290

図表3-2 資産・負債・資本の変化グラフ

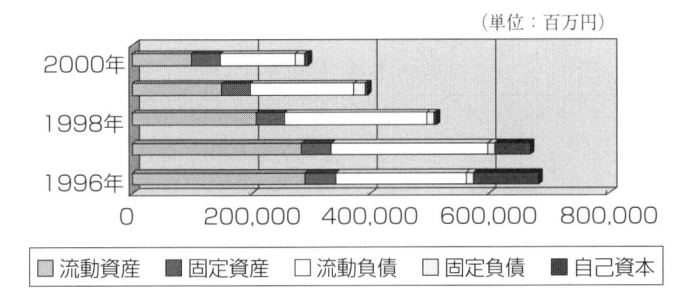

(単位:百万円)

(2) 損益状態

千代田化工が財務的困窮に陥った69期(97年),70期(98年),71期(99年)の3月期と,その前後期の損益状態について考察すると図表3-3と3-4のように示すことができる。図表3-3から判断できることは,完成工事高(以下,売上高と称す)が年々低下しているにもかかわらず完成工事原価(以下,売上原価と称す)は減少しない。そのために,完成工事総利益(以下,売上総利益と称す)は低下して,97年,98年にはマイナスとなる。いわゆる,採算割れ現象である。さらに,販売費・一般管理費は毎年,合理化するが,売上高の低迷と売上原価の上昇に追いつかず,97年,98年,99年には営業利益が3期連続でマイナスとなった。加えて,営業外収益が97年に比べ,98年と99年の両期

が急減するのに対して、金融費用や有価証券売却損[9]などの営業外費用が同時期に大きく増加するので、経常利益より営業利益の赤字が大きくなる。いずれにせよ、97年から99年までの3期間、特に売上高の減少と営業外費用の増加で収益状態は悪化する。千代田化工は、2000年3月期に入って、売上高総利益は黒字に転じたが営業利益はマイナスであった。ただし、経常利益は、資産の売却（有価証券売却益）で営業外収益を急増させることにより、辛うじて黒字となった。

図表3-3・図表3-4に示した通り、千代田化工の収益状態で特筆すべき点は、①00年3月期の売上高は、5期前（96年3月期）の半分以下に減じたこと、②売上総利益が売上原価を削減することで99年から黒字に転じたこと、③営業外収益、特に有価証券売却益の増額で経常利益が黒字に転じたこと、などがあげられるが、財務の縮小均衡という実態をうかがい知ることができる。

図表3-3 収益の変化表

(単位：百万円)

	1996年	1997年	1998年	1999年	2000年
完成工事高	364,280	411,976	272,674	278,009	136,592
完成工事原価	346,090	446,000	298,255	276,023	127,571
完成工事総利益	18,190	-34,024	-25,581	1,986	9,020
販売費一般管理費	17,786	16,469	13,899	12,843	11,506
営業利益	404	-50,493	-39,480	-10,857	-2,486
営業外収益	6,073	6,026	3,181	1,806	6,380
営業外費用	1,864	1,506	3,744	6,561	3,820
経常利益	4,612	-45,973	-40,044	-15,612	73

図表3-4 収益・費用項目の変化

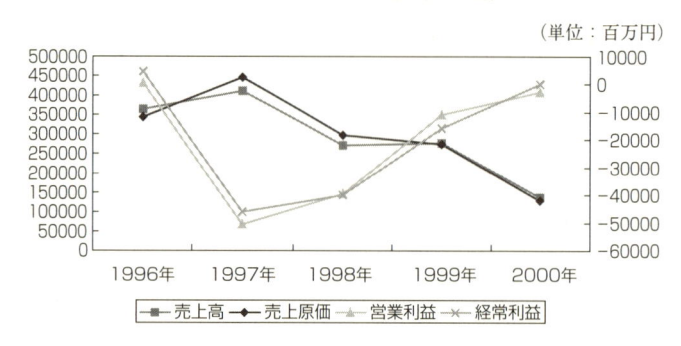

(単位：百万円)

ただし，98年以来，一連の再生計画の実施で，赤字脱却の努力は認められる。

(3) 主要な財務指標の変化

　貸借対照表と損益計算書から千代田化工の財政状態，経営成績をみてきたが，次いで収益性，効率性指標から経営状況を観察する。

　営業利益率と経常利益率は，売上高の急激な減少と売上原価，販売費・一般管理費の増加もしくは現状のままのために，1997年を境に一気に低下する。経常利益率は99年までマイナスに，営業利益率は2000年もマイナスとなる。営業利益率が97年から4期連続でマイナスであることは，販売費・一般管理費率が5期を通して，総じて高率であり，特に2000年3月期には8.42%という高さである。販売費・一般管理費の高さが，千代田化工の収益力にひそむ問題点の1つといえる。

　ROEとROAは97年から3期連続で赤字である。売上原価率は97年から98年まで，売上高の急激な減少に追いつかず，100%を越え，99年には辛うじて100%を割り込むが，99.29%と依然と高水準で，総利益を出しにくい体質といえる。00年3月期に至り，売上原価率は96年3月期以下になり，売上総利益を出しやすくなった。なお，利益率と費用率などの損益指標の推移は，図表3-5, 3-6, 3-7, 3-8, 3-9に示した通りである。

　資産効率を図る諸々の回転率は総じて低い。特に固定資産回転率は，ほぼ年を追うごとに低下する。売上高に対して固定資産が貢献する程度は，毎年のように低下する。いわゆる資本の固定化の傾向がみられる。本来，固定資産は売上高の増加に繋がり，貢献すべきものであり，売上の増加に貢献しない固定資産を多く抱えることは，固定費の増加をまねき，最終的には企業経営が圧迫される大きな原因となる。

図表 3-5　収益性・効率性指標の変化

(単位：%)

	1996年	1997年	1998年	1999年	2000年
売上高営業利益率	0.11	−12.23	−14.48	−3.91	−1.82
売上高経常利益率	1.27	−11.12	−14.69	−5.62	0.05
売上高利益率	0.6	−11.72	−19.71	−4.33	0.24
ROE	1.99	−81.69	−166.9	−242.91	6.83
使用総資本経常利益率	1.39	−13.76	−13.58	−6.89	0.04
ROA	0.66	−14.45	−18.23	−5.3	0.19
売上高原価率	95.01	108.26	109.38	99.29	93.4
売上高販管費比率	4.88	4	5.1	4.62	8.42
売上高純金利負担率	−0.24	−0.5	−0.08	0.12	−0.08
使用総資本回転率	1.1	1.22	0.92	1.23	0.79
固定資産回転率	7.31	8.03	5.5	5.8	2.9
流動資産回転率	1.3	1.44	1.11	1.55	1.09
棚卸資産回転日数	44.03	34.3	48.31	45.74	77.08
買入債務回転日数	85.28	76.55	100.47	71.85	102.05

出典：CD=ROM『日経会社情報』2001年新春号・1998年夏号。

図表 3-6　利益率の推移

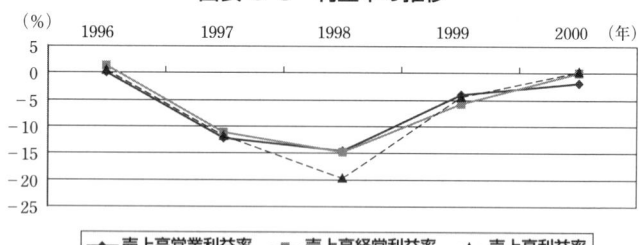

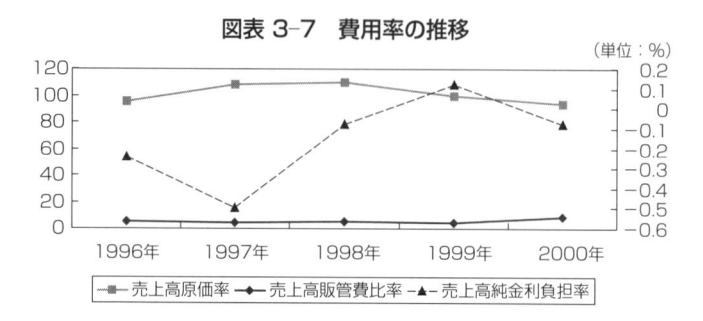

図表 3-7　費用率の推移

第3章　競争激化リスク型再生モデル〈千代田化工建設〉　49

図表 3-8　ROEとROAの推移
(単位：%)

[グラフ：1996年〜2000年のROEとROAの推移、縦軸 -300〜50%]

□ROE　■ROA

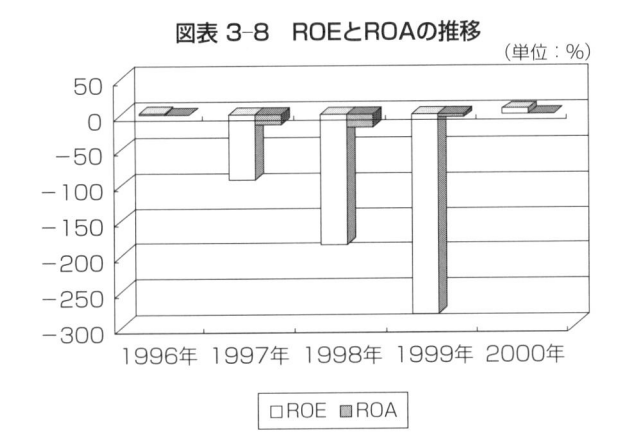

図表 3-9　回転率の推移

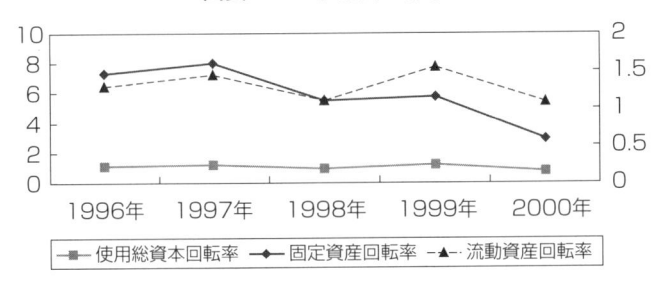

[グラフ：1996年〜2000年の使用総資本回転率、固定資産回転率、流動資産回転率の推移]

──■──使用総資本回転率　──◆──固定資産回転率　──▲──流動資産回転率

　千代田化工における流動性指標・安全性指標は、年を追うごとに、押しなべて低下の傾向にある。とりわけ有利子負債依存度は、一貫して増加している。千代田化工における有利子負債への依存度の増加は、これから再生を果たす過程で、1つの障壁になることは間違いない。流動比率も97年から100％を割り込み、2000年には80％と、一貫して低下の程度が増し、かなり低いと言わざるをえない。当座比率も同様の傾向である。加えて、固定比率、固定長期適合率も良好とはいえない。これらの比率が高いことは、多くの固定資産を負債で賄っていることをあらわす。その結果、有利子負債の絶対額の増加や依存度を高めている。手元流動性も低下の傾向にあり、2000年3月期には、前年期のほぼ6割にまで落ち込んでいる。加えて、財務上、憂慮すべき点は自己資本比率の低さである。とりわけ98年から急激に落ち込み、2〜3％という一桁台にまで低下する。周知の通り、それは資本のうち、97％、98％が他人資本で維持

されていることを意味し，債務超過寸前といえる。なお，図表3-10，3-11は千代田化工の主要な流動性・安全性指標を表とグラフであらわしたものである。

図表 3-10　流動性指標の変化

(単位：%)

	1996年	1997年	1998年	1999年	2000年
有利子負債(百万円)	60,909	119,394	115,176	91,594	78,341
有利子負債依存度	17.86	35.73	45.04	46.33	53.19
流動比率	132.22	107.45	86.93	85.84	80.27
当座比率	107.04	89.32	64.15	66.26	53.59
固定比率	47.17	86.55	899.96	1046.43	947.81
固定長期適合率	42.16	72.27	286.89	206.98	214.87
株主資本比率	31.97	17.68	2.08	2.31	3.32
負債比率	212.76	465.5	4697.6	4225.97	2909.58
手元流動性(百万円)	121,311	90,837	74,337	77,954	47,383
手元流動性比率	4	2.65	3.27	3.36	4.16
インタレストカバレッジ	1.78	-37.63	-20.27	-5.08	-0.64

出典：CD=ROM『日経会社情報』2001年新春号・1998年夏号。

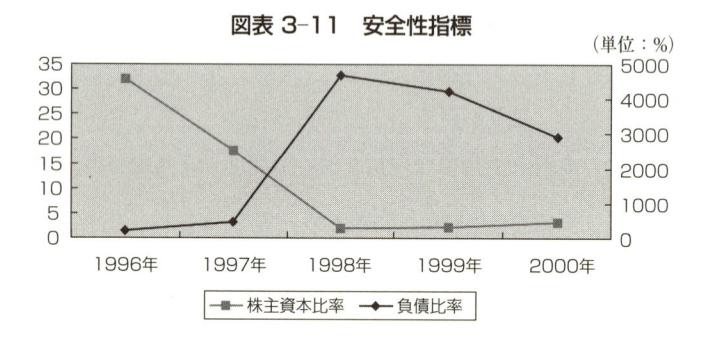

図表 3-11　安全性指標

(単位：%)

3.「初期段階における企業再生Ⅰ」のリスク対応

(1) 1998年再生計画[11]とその成果

　千代田化工は，1997年からの3期連続の赤字という財務破綻を再生するために，98年企業再生計画と99年5月以降に新しいビジョンを打ち出した。99年3月末日をもって終了した98年会計年度（98年再生計画）では，企業財務の健全化を第一の目標に掲げ，次の施策を中心に進めた。

① 大規模赤字プロジェクトの完工
② 不良債権の償却ないし必要な引き当ての実施
③ 子会社・関係会社の経営健全化とそれに伴う本社側の引き当て実施

　上記の目標を達成するために，資産の売却を行い，株価低迷で保有株式の評価損を計上した。99年3月期の決算では，売上高は98年3月期並みの2,780億円を計上し，売上高総利益は2期連続赤字の後，19億8,600万円の黒字に転換した。しかし，営業利益と経常利益は，前年度ほどの赤字幅ではないが，単独決算で，それぞれ108億5,700万円，156億1,200万円の赤字を計上した。

　千代田化工が97年と98年に営業と経常の段階で赤字を出してしまった誤算の1つは，国内外における受注競争の激化と受注の低迷であった。日本国内，東南アジアの経済的低迷が同社の受注不振に大きく影響した。多くのプロジェクトがキャンセルや実施の延期を余儀なくされた。このような状況は99年に入っても続いたが，それ以降の目標は受注体制の刷新と革新的な技術によって営業活動の場を拡大することであった。

　1999年の財務活動を活性化するために，98年の期末に，三菱商事，東京三菱銀行をはじめとする株主による第三者割当増資を行い，113億円の増資を実現した。新たに，Kellogg Brown & Root (KBR) と三菱商事の合弁会社であるKBR-MC Investmentが資本に参加した。

千代田化工の2000年以降の目標は次のような点に重点が置かれた。
① 99年度の営業期間中に営業利益と経常利益を黒字に転換する。[12]
② 顧客との信頼関係の促進をめざして，魅力ある技術力と遂行能力を養成する。
③ 導入した技術を強化し，独自に開発した技術を育て，技術重視の姿勢を貫く。
④ 効率的で透明な会社運営を通じて，社員能力を引き出し，ダイナミックな企業活動を実現する。
⑤ 人材の若返りと，国際的な競争に打ち勝つ人材を育成する。
⑥ 環境改善案件へ全社的に取り組む。

　世界水準の技術力をさらに高めるため，社員個人の能力を高め，テクノロジーの品揃えを充実させ，技術を向上させる。同時に，顧客とより密接な関係を築き上げ，ニーズを掘り起こし，これに最適な解決法を提案するといった，「行動するエンジニアリング会社」に変わっていくこと，そのために社内ダイナミズムを復活させることをめざした。
　環境問題には国内外を問わず，迅速で効果的な対応が必要である。同社はエンジニアリング会社として，社会的責任を果たすとともに，既存の優秀な技術で顧客のニーズに合うよう，営業体制を確立させる。

　2000年問題については以下のような施策を計画した。この問題に対処するために同社はタスク・フォースを組織し，日本政府のガイドラインも参照して次の視点から対策を講じた。
① 社内システムへの影響を回避する。
② プラントに組み込む機器へのトラブルを回避する。
③ 契約遂行中のプロジェクトへの悪影響を回避する。

　なお，上記①については2000年には対策を完了し，②，③の課題は，この時点でその対策を実行中であった。

(2) 2000年3月期の成果とその後のリスク対応[13]
（98年再生計画の総括）

1998年の再生計画では，①人員削減や固定費の削減，②資産の売却による有利子負債の圧縮，③第三者割当増資の実施による財務基盤の強化及び業務能力の拡充（KBRとの提携を含む），④グループ会社の再構築等の諸施策を実行した。

① 2000年3月期の業績

2000年3月期の決算は，前述の諸施策の成果により経常利益が7,300万円，当期利益が3億2,000万円となり，4期ぶりに黒字を確保した。しかし，99年3月期における受注不振により，売上高は1,365億円（前期比51%減）であった。国内の受注は，エネルギー，医薬及び化学を中心として堅調に530億円の受注を確保したが，海外の受注は，当初の目標である1,200億円に到達することができず，約800億円の実績であった。

グループ会社については，98年再生計画の実施の成果として，国内主要グループ会社12社のうち，11社が黒字決算，赤字の1社も数百万円の赤字に止まった。また海外グループ会社は，規模の適正化を進め，ほとんどの会社が黒字を確保した。

② 経営環境への対応

千代田化工が世界の25%のシェアをもつLNG（液化天然ガス）プラント市場は今後，世界的な環境問題が追い風となり，大幅な拡大が見込まれる。事実，中国やインドを中心としたLNGの需要に対応するため，中近東，アジアの各地でLNGプラントの商談が非常に活性化している。

同社は，基本設計（FEED）業務とそれに続くEPC契約（詳細設計・調達・建設工事）受注を有利に展開してきた。既に2000年3月期は，カタール及びインドネシア向けの2件の基本設計業務を受注し，EPC契約受注に向けての布石を打った。また基礎化学原料であるエチレンについては，中国を中心とする

東南アジア地域の好調な需要により，これまで計画段階にあった案件が，今後数年以内にかなり具体化されてくるものと思われる（たとえば，中国石油化工集団公司は，2010年の中国でのエチレン需要を，現在の倍と予測している）。

この分野では，千代田化工はケロッグ・ブラウン＆ルート（KBR）社と提携関係にあり，現在エクソン・シンガポール向けにエチレンプラントを建設中である。国内ハイドロカーボン分野については，大規模な設備投資が抑制されている環境ではあるが，反面，合理化・省力化の為のコンサルティングや改修案件に対しては，各社とも積極的に投資する傾向が顕著に現れている。その中で千代田化工は，シェル社と共同で，製油所や石油化学プラント全体の収益改善にかかわるコンサルティング業務の受注に成功した。

同社は環境問題に対し積極的に取り組み，国内外エンジニアリング会社の中では，トップ・クラスの研究設備とスタッフを有している。その成果は世界で初めてダイオキシンを常温で分解するという「ダイオストッパー™」の開発成功で現れた。99年6月には，可搬式実証デモプラントを完成し，ダイオキシン・タスクチームを新たに編成し，各地自治体への実証デモ試験を展開した。[14] さらに同社は技術革新を追究し，成果をあげた。[15]

③ 方向性

この時期における方向性については，以下の通りまとめることができる。

a. 1998年再生計画の実施で，固定費を削減したが，さらに固定費を含めた諸費用を削減し，価格競争力の向上に努める。

b. 同社の従業員数は，海外設計拠点の活用や外国コントラクターとのアライアンスによって海外にシフトできる部分を中心に更に適正化を図る。但し，次世代を担うコア人材の確保や人材育成に取組むとともに，既存のエンジニアリング技術・ノウハウはグループ全体で継承する。

c. 受注量の変動に耐えられるよう，雇用形態の流動化が進められ，低コストの外部サービスの有効活用を図り，間接部門のアウトソーシングを進める。これまで分散していた各機能を横浜本店に集約することで，コストの削減を図り，また効率的なプロジェクトの遂行を可能にさせる。

(3) 新再生計画[16]

　千代田化工は，3期連続の財務困窮状態（97年3月期～99年3月期）から脱するために，99年3月末まで実施された98年再生計画とそれ以降の「新再生計画」を企画・立案し，それを実施して組織，生産・流通，金融の各機能再生に努力を傾注した。ここでは千代田化工が行った機能の回復という視点から，企業再生の要点を整理・体系化できる。

　財務的困窮や倒産状態に陥った企業は，当該企業が経営活動を活性化するために，組織，生産・流通，金融という3つの機能を果たすことが再生の条件となる。ただし，そのための前提条件として，まず，①企業当事者が当該倒産企業を維持・存続させるという意思と能力をもつこと，②当該倒産企業の経済的・社会的な価値が再生可能な状態にあること，そして，かつ，③当該倒産企業の経営資源を活用して，新たな企業で，業務活動の全部もしくは一部が継続されていること，④再生当事者への支援者が当該倒産企業の再生に理解を示し，支援していること，が必要となる。この4つの前提となる条件をクリアして，かつ経営管理機能の回復，すなわち財務困窮企業もしくは倒産企業の金融機能，組織機能，流通・生産機能を再編成できることが再生の条件となる[17]。

① 組織機能の回復

a) 人員削減

　これまで千代田化工は，早期退職自主選択制度を適用してきたが，今後は，注力する分野の人員を確保しつつ，事業計画と収益計画に合った人員の削減を行い，2002年3月期には2000年3月期に比べ，970名を削減し，1,100人体制の組織編成を構築した。加えて，同社の事業分野の譲渡，売却，撤退などを行い，コア部門の人材の質を維持しつつ，人員の削減計画を達成することに努力した。受注の伸長により，人員増強の必要性が生じたときは，グループ会社，海外設計子会社，外部のリソースを活用して柔軟に対応はしたものの，2000年3月期までに，98年3月期に比べて，700名の人員を減らし，1,900名のスリムな体制とした。

b. グループ会社の再編

1998年4月,再生計画の重要な施策の1つとして,グループ会社に潜在するリスクと損失について処理をしてきた。その結果,解散,清算,撤退したグループ会社は20社あり,既に190億円という損失の会計処理を行った。

② 生産・流通機能の回復

a) 受注計画

2001年3月期の受注は1,200億円を目標としたが,新再生計画策定のうえでは,低く見積もって900億円に設定し,02年3月期以降は,市場の回復が期待できるので,1500億円を目標とした。ここ数年,千代田化工が得意とするLNGやエチレンや石油メジャー系等の受注案件が少なかった。しかし00年3月期に入って,先のLNGやエチレンの受注が動き出した。特にシェル社,KBR社との提携に基づく案件が東南アジアを中心に増えてきたので,年間受注高は1,500億円を推定していた。

b) 営業体制と営業活動の活性化

経営資源の効率的な集中化を推し進めるために,事業領域の見直しに合致した案件への取り組みを徹底する。営業体制を整備し,効率化を図るために,①顧客に密着した営業活動を徹底する,②価格競争だけでなく,ブランド運営の総コスト(建設費用+保守・運転費用)を重視する顧客へのアプローチを強化する,③KBR社との連携を密にして,エチレン・プロセス等の共同受注体制を拡充し,新たな技術提携先とのタイアップを模索する,④三菱商事社をはじめとする商社との連携を強化する,⑤非EPC業務,いわゆるソフト業務を促進させる,などを実行する。

c) 競争力と技術力の強化

これまで,プロジェクト・コストの低減や価格競争力の向上のために,①プロジェクトITの推進,②海外設計子会社への業務シフト,海外リソースの活用,③積算評価体制の確立を行ってきたが,さらにこれらの施策を強化する。加えて,技術力を向上させるために,将来のエネルギー関連技術や自社プロセス技術の整備および問題解決能力をさらに向上させる。

d) 業務提携の強化

事業分野を選別して，経営資源を集中して経営効率を高めるために，業界や地域で大きなプレゼンスをもつ優秀な会社と業務提携を進める。業務提携会社と技術補完，業務分担を積極的に進めて，技術優位性の維持，向上とマーケティング力を強化する。KBR 社との業務提携に加えて，①環境ビジネス分野で国内企業と合弁会社を設立して海外展開を強化する，②海外ハイドロカーボン分野におけるビジネス開発力と価格競争力の強化に繋がる業務提携を海外企業の複数と行う，③千代田化工で優位性をもつエネルギー・化学プロセス技術をさらに強化するための業務提携を進める。

③ 金融機能の回復

a) 準備金の取り崩し・減資

準備金 265 億円を取り崩し，プレミアム減資，合併減資[18]を合わせて総額 142 億円の無償減資を行った。準備金 265 億円と，この減資差益 142 億円を合わせた 407 億円によって，420 億円の累積損失の処理にあてた。

b) 債務免除

債権者の金融機関と商社に総額 262 億円の債務免除による支援を依頼し，これによる債務免除益と同社の資産売却益等を減資として，リストラ・要償却資産の処理および 2001 年 3 月期，2002 年 3 月期に見込まれる経常損失の処理を行った。

c) 第三者割当増資

財務体質の改善と信用力の強化のために，2001 年 3 月末までに総額 98 億円の第三者割り当て増資の実施を計画した。

d) 有利子負債の圧縮

2005 年 3 月期までに，2000 年 3 月期と比べて，431 億円の負債額を圧縮した。

e) 新規運転資金

再生期間中の所要運転資金 200 億円は，主要な金融機関と商社に支援を依頼し，うち 100 億円は当該金融機関に劣後ローンでの支援を依頼した。

f) 損益計画

損益計画は，以下に示す図表3-12の通りであった。

図表3-12　損益計画表

(単位：億円)

	2000年3月期(実績)	2000年9月期(実績)	2001年3月期(計画)	2002年3月期(計画)	2003年3月期(計画)	2004年3月期(計画)	2005年3月期
完成工事高	1366	473	866	876	1293	1444	1492
営業利益	-25	-36	-145	-46	8	35	48
経常利益	1	-23	-153	-49	3	28	39
税引き利益	7	-37	-48	-1	13	28	39
当期利益	3	-37	-49	0	9	21	35
株主資本	49	12	98	98	107	129	163
資本金・法定準備金	469	469	160	160	160	160	160
剰余金	-420	-457	-62	-62	-53	-31	3
受注高	793	398	900	1500	1500	1500	1500

4.「初期段階における企業再生Ⅱ」のリスク対応

2001年11月に前述の「新再生計画」に加えて，さらに業績回復に必要な施策を当該計画に加えて実行に移している。

2002年3月期（74期）までに①重点分野への経営資源集中，②人員のスリム化，③固定費の削減，④グループ会社の再編，⑤アライアンスの推進等の実施で受注高，収益額ともに計画を上回った。同期では，「プロジェクトスーパーX」[19]をはじめ，次の施策にも取り組んだ。[20]

① 「プロジェクトスーパーX」への挑戦
② 人員削減・要員の再配置
③ 赤字工事の撲滅
④ 先端事業の強化
⑤ IT戦略

5. 初期段階におけるリスク対応のまとめ

　千代田化工は，1997年3月期から99年3月期までの3会計期間に財務的困窮を経験して，98年の再生計画および2000年11月の新再生計画を実施に移したが，98年の再生計画の成果は，00年3月期に出た。

　2度にわたる再生計画の成果は，00年3月期には最終的な判断はつかない。だが，再生に向けて機能の再生に努力が払われ，初期段階における企業再生Ⅰの成果は00年3月期に確認できた。損益計算書項目の構成をみると，00年3月期には，売上総利益（90億2,000万円），経常利益（7,300万円），税引き前当期利益（6億9,900万円）は黒字化したが，営業利益（-24億8,600万円）が赤字となった。

　ここに，未だ，いくつかの問題点が指摘できる。1つは，売上高が5期前（96年）の2分の1以下に激減していること，2つには，営業利益は未だ4期連続で赤字であること，3つには，経常利益を確保するために有価証券の売却で賄っていることなどがあげられる[21]。これらの損益状況は，必ずしも正常な損益の構成とはいえない。正常な損益状態の基準は明確ではないが，売上高が伸び，売上原価や販売費・一般管理費を削減できて，総利益や営業利益が増えることが理想である。千代田化工の場合，売上高が減少して，売上原価が一応の減少をみることにより，総利益を捻出したが，販売費・一般管理費の合理化が進まず，営業利益がマイナスとなってしまった。これは本業で赤字を出したことになる。経常利益が黒字となるが，資産の売却益で辛うじてプラスを保ったに過ぎない。

　貸借対照表項目の構成で特筆すべき点の1つは，資産回転率の低さであろう。特に固定資産回転率は，ほぼ年を追うごとに低下する。この回転率が低いことは，固定資産の売上高に対する効率性の低さを意味する。換言すれば，それは売上高に貢献しない固定資産を多く抱えていることを示す。千代田化工の場合，売上高が年を追うごとに低下するが，固定資産の合理化・効率化が追い

つかない。いわゆる「資本の固定化」傾向がみられる。本来，固定資産は売上高の増加に連結し，貢献すべきものである。売上の増勢に帰結しない固定資産を多く抱えることは，固定費の増加をまねき，最終的には企業収益を圧迫する原因となる。

特筆すべき2つめは，自己資本比率の時系列的な低さと，それと相反する負債比率の高さである。96年の自己資本比率は32％弱あったものが，00年には3％強にまで急落する。したがって，00年の自己資本比率は，96年のほぼ10分の1となる。また，負債比率が極度に高いことは，経営の不安定さを物語る一因となる。それは有利子負債額の多さや有利子負債依存度の高さと関連する。自己資本比率の低さと負債比率の高さは，同社の資本の固定化をあらわす1つの指標である。

千代田化工が債務の減免を望むことは，自己資本比率と負債比率の改善要望を意味し，資本の固定化を断ち切る1つの手立てでもある。千代田化工が債務超過を避けて，2度にわたる再生計画を立案し，実施した理由はここにある。

企業再生の可能性は，早期の問題発見とその応急対応策にある。千代田化工のような受注競争の激化による収益不振に陥ったケースの企業再生の成果は，再生計画の中で金融機能，生産・流通機能，組織機能の回復が迅速で，かつ効率よく実施されること，機能回復がどの程度，回復できるかどうかにかかっている。多くの企業がグローバルなリスクに晒されるなかで，海外への事業進出は当該企業にとって常にハイリスク，ハイリターンとの遭遇でもあり，それを乗り切ることが初期段階の生き残る条件となる。

6.「本格再生」後のリスク対応

03年3月期（75期）には，新再生計画どおり，単独決算で営業利益（6億1,800万円），経常利益（23億円）ともに黒字化を果たした（図表3-13，3-14）。同期の対処すべき課題として，以下の項目をあげている。[22]

① 受注採算性の強化を図ること。総合予算制度，チェック制度，コール

ド・アイ・レビュー制度[23]，プロジェクト・トップ・レビュー・ミーティング制度など，リスクマネジメントの強化を図る
② 技術優位性の確保
③ プラント・ライフサイクル・エンジニアリング[24]の推進
④ グループ一体運営の強化

04年3月期では，赤字が解消したとはいえ，持続型再生をめざすには，絶えずリスク管理が必要となる。千代田化工は同期にも本格的な業績の回復と中長期的発展をめざすために事業上のリスクを洗い出し，それに対処する以下の施策を打ち出している。[25]

図表3-13 収益の変化表

(単位：百万円)

	2001年	2002年	2003年	2004年	2005年	2006年	2007年	2008年
完成工事高	92,077	105,609	130,470	169,787	223,809	341,599	420,182	540,731
完成工事原価	98,310	105,238	123,479	160,266	208,675	315,919	388,959	530,200
完成工事総利益	-6,232	370	6,990	9,521	15,134	25,680	31,223	10,530
販売費一般管理費	8,095	7,028	6,372	5,831	6,390	7,134	7,865	8,515
営業利益	-14,327	-6,658	618	3,689	8,744	18,545	23,358	2,015
営業外収益	4,210	3,016	2,619	953	1,163	3,440	9,089	12,404
営業外費用	4,289	888	936	632	713	773	1,171	1,653
経常利益	-14,406	-4,529	2,301	4,010	9,194	21,211	31,276	12,766

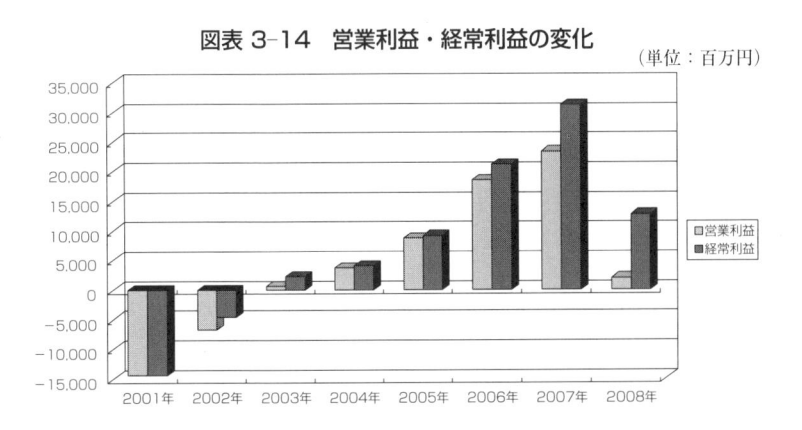

図表3-14 営業利益・経常利益の変化

(単位：百万円)

① 収益改善へ向けた分野別の取組みを行う。

海外プラント市場および国内プラント市場に分けて,両市場に即した合理的事業経営を実施する。

② PLE(プラント・ライフサイクル・エンジニアリング)ビジネスの展開

同社グループの技術優位性に即した PLE の新規のビジネスモデルを推進する。また,付加価値の高い競争力があるプラントやトータルサービスを手がけ,採算性の高い受注の拡大に努める。

③ グループ一体運営による競争力の強化に努める。

④ リスク管理の徹底により,安全性,収益性の高いプロジェクトを推進する。

プロジェクト管理面では,「コールド・アイ・レビュー制度」により,徹底した採算性重視の受注管理制度を行い,営業上のリスクを早期に発見し,摘み取ること,また内部統制の強化を図る。

⑤ 人材の開発と育成を強化する。

プロジェクト運営の中核的な人材の開発と育成を行うことにより,プロジェクト遂行強化をはかり,収益力の基本となる組織を強化する。

⑥ エンジニアリング技術と IT 技術の深化と拡大を図る。

⑦ 社会的責任への取組み。

2005 年 3 月期には,同年 2 月に発表した「中期経営計画」—ダブル・ステップアップ・プラン 2008—をもとに,以下の施策を行った。

① 技術優位性を生かした事業を展開する(プラント・ライフサイクル・エンジニアリングの推進)
② プロジェクト遂行力の強化をさらに図る
③ 次世代型ビジネスに対応した財務体質の確立
④ 活力にあふれた人材の育成
⑤ 内部統制の充実

なお,2001 年 3 月期から 08 年 3 月期の財政状態は以下の通りであった。03 年 3 月期(75 期)を境に総資本と自己資本は上昇傾向を示した(図表 3-15,3-16)。

郵便はがき

料金受取人払郵便

神田支店
承　認
8946

差出有効期間
平成23年1月
31日まで

1 0 1 - 8 7 9 6

5 1 1

（受取人）
東京都千代田区
神田神保町1—41

同文舘出版株式会社
愛読者係行

ご愛読をいただき厚く御礼申し上げます。お客様より収集させていただいた個人情報
出版企画の参考にさせていただきます。厳重に管理し、お客様の承諾を得た範囲を超
使用いたしません。

書目録希望　　有　　　　無

ガナ		性別	年齢
前		男・女	才
所	〒		
	TEL　　　（　　　）　　　　　Eメール		
業	1.会社員　2.団体職員　3.公務員　4.自営　5.自由業　6.教師　7.学生 8.主婦　9.その他（　　　　　　）		
先類	1.建設　2.製造　3.小売　4.銀行・各種金融　5.証券　6.保険　7.不動産　8.運輸・倉庫 9.情報・通信　10.サービス　11.官公庁　12.農林水産　13.その他（　　　）		
種	1.労務　2.人事　3.庶務　4.秘書　5.経理　6.調査　7.企画　8.技術 9.生産管理　10.製造　11.宣伝　12.営業販売　13.その他（　　　）		

愛読者カード

書名

◆ お買上げいただいた日　　　　　年　　　月　　　日頃
◆ お買上げいただいた書店名　　（
◆ よく読まれる新聞・雑誌　　　（
◆ 本書をなにでお知りになりましたか。
 1. 新聞・雑誌の広告・書評で　（紙・誌名
 2. 書店で見て　3. 会社・学校のテキスト　4. 人のすすめで
 5. 図書目録を見て　6. その他（

◆ 本書に対するご意見

◆ ご感想
 ● 内容　　　　良い　　普通　　不満　　その他（
 ● 価格　　　　安い　　普通　　高い　　その他（
 ● 装丁　　　　良い　　普通　　悪い　　その他（

◆ どんなテーマの出版をご希望ですか

<書籍のご注文について>
直接小社にご注文の方はお電話にてお申し込みください。宅急便の代金着払
て発送いたします。書籍代金が、税込1,500円以上の場合は書籍代と送料210
税込1,500円未満の場合はさらに手数料300円をあわせて商品到着時に宅配
へお支払いください。
同文舘出版　営業部　TEL：03-3294-1801

図表 3-15　資産・負債・資本の変化

(単位：百万円)

	2001年	2002年	2003年	2004年	2005年	2006年	2007年	2008年
流動資産	82,489	76,450	71,513	98,988	133,582	222,947	385,408	303,826
固定資産	28,156	28,641	25,879	23,301	21,287	23,281	25,276	40,454
流動負債	87,316	82,761	71,575	91,166	119,666	181,945	332,466	276,971
固定負債	12,826	11,779	12,623	13,767	4,696	17,492	12,855	1,286
自己資本	10,503	10,551	13,193	17,356	30,506	46,791	65,363	66,023
総資本	110,645	105,092	97,392	122,290	154,869	246,229	410,685	344,281

図表 3-16　総資本・自己資本の変化

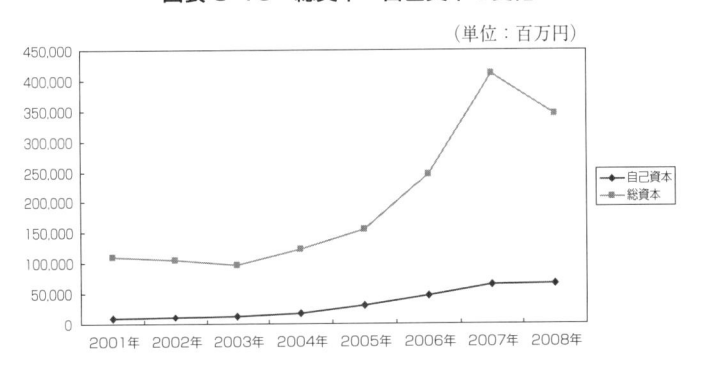

(単位：百万円)

7.「持続型再生」前後のリスク対応

　仮に，企業再生を収益の業績（営業利益と経常利益）が赤字から黒字に転換した時期を「初期段階における企業再生」（応急再生），その状態が5年経過した時期までを「本格再生」，5年以上経過した時期を「持続型再生」と定義すれば，千代田化工の場合，「初期段階における企業再生」は2000年から03年，「本格再生」は「初期段階における企業再生」を達成した03年から07年まで，「持続型再生」は08年3月期（80期）以降となる。

　同社は「本格再生」に入った03年3月期から07年3月期まで，また「持続型再生」に入った08年3月期（79期）以降も企業リスク（対処すべき課題）と

していくつかのリスク対応策を打ち出し,「本格再生」から「持続型再生」の維持を図っている。

たとえば,「本格再生」の06年3月期（78期）[26]には,中期経営計画「ダブル・ステップアップ・プラン2008」[27]のベースを確立し,プラントに対する信頼性を高めること,リスクへの対応や社会的責任を確実に果たすことなど,企業リスクへの対応力に一層の努力を傾注した。

事業などのリスク要因としては,次のものが考えられる。

① 海外工事では,為替レートの変動が業績に影響を与えるので,為替変動リスクを極力排除するような手段を講じる
② 機器資材・下請け工事価格の高騰,素材・工事従事者の逼迫に対応する
③ テロ・紛争・ストライキ・無政府状態・自然災害への対応
④ プラント事故への対応

これらのリスクは一度起これば,当該企業に甚大な損害を与え,企業の存亡に至る重大な問題となる可能性がある。したがって,これらのリスク回避・最小化を図ることが持続型企業再生を果たすには避けて通れない事柄となる。

2007年3月期（79期）[28]の課題は,高水準の受注残を抱える中で,現在工事遂行中の世界最大規模のカタールLNGプロジェクト,国内大型石油プロジェクトにおける工事従事者の逼迫や外部環境リスク要因が増えたことにより,パートナーとの関係やITの強化を図ること,リスク管理,安全管理を徹底すること,顧客要請に対応すること,信頼性を確保することなど,中期経営計画を確実に実施することである。事業等のリスクの回避,発生した場合には影響を最小限に抑えるように努める。

2008年3月期（80期）[29]も前期と同様に「事業等のリスク」を企業再生上の重要な項目として列挙している。

8. 要　約

　1997年度に発生した営業赤字，経常赤字を解消するために，98年再生計画では，企業財務の健全化を第一の目標に掲げ，次の施策を中心にリスク対応を進めた。
① 不採算プロジェクトの一掃
② 子会社・関連会社の整理・統合
③ 有利子負債の圧縮
④ 不良債権の償却ないし必要な引き当ての実施

　上記の目標を達成するために，資産の売却を行い，株価低迷で保有株式の評価損を計上した。さらに，98年の3月に，三菱商事，東京三菱銀行をはじめとする株主による第三者割当増資を行い，113億円の増資を実現した。新たに，Kellogg Brown & Root（KBR）と三菱商事の合弁会社であるKBR-MC Investmentが資本に参加した。
　再生計画（98年）に続き，新再生計画（01年～）によるリスク対応が図られた。新再生計画では，財務内容悪化の改善だけでなく，経営体質の抜本的改革，競争力強化に向けた政策を打ち出している。応急再生が完了した03年以降の本格再生では，財務健全性を達成したことによって，赤字解消という応急のリスクマネジメントから，黒字を継続しつつ，さらに企業価値を高めるための安定に必要なリスクマネジメントへと移行した。
　千代田化工の再生が成功した決定要因は，97年度に営業利益，経常利益の赤字を経験したことにより，危機意識を強くもつとともに，98年，01年と矢継ぎ早に再建計画を立て，それを確実に実行した点にある。多くの倒産企業は当該企業にリスク問題点があることを意識しても，その問題点を先送りし，再建に対する経営行動が希薄で，手遅れになる企業が多い。千代田化工は収益悪化のリスク要因を洗い出し，その対応策を熟慮した再建計画を立て，確実にリ

スク対応を実施したのである。

　事実，千代田化工は97年から生じた赤字リスクを「応急再生」し，03年から「本格再生」を目指して財務健全性を継続し，07年には「本格再生」を確固なものとした。この間，千代田化工は財務健全性だけでなく，あらゆるリスク対応を実施することにより，安定した利益確保に専心している。千代田化工は，利益を継続して確保することで株価等の高い安定を導き，ひいては企業価値を高めることになった。

　千代田化工の事例分析を通じて，海外企業との受注競争激化リスクにともない，倒産状態に陥った企業が再生を果たすには，まず倒産リスクに直面しているという①危機意識を強く認識すること，さらに危機を認識するだけに留めることなく，②再生計画を立て，その計画を③応急再生，本格再生，持続型再生（安定再生）という各段階で確実に実行することで，④財務健全性を高め，引いては⑤企業価値の維持，向上を図った経営行動プロセスの必要性が本事例で明らかになった。

　財務面から判断すると，自己資本比率の低さと負債比率の高さは，同社の資本の固定化をあらわす1つの指標でもあった。千代田化工が債務の減免を望んだことは，自己資本比率と負債比率の改善要望を意味し，資本の固定化を断ち切る重要な手立てであった。千代田化工が債務超過を避けて，2度にわたる再生計画を実施した理由はここにある。

　結論として，衰退もしくは倒産に窮する企業の再生可能性は，早期の問題発見とそのリスク対応にある。千代田化工における再生の成否は，再生計画における金融機能，生産・流通機能，組織機能の再生が迅速で効率よく実施されることにより，海外企業との競争激化から収益力を迅速に回復し，資産・資本・負債の構成を健全なものにすることに集中し，特化した結果といえる。経済のグローバル化により，多くの企業が海外企業との競争の波に晒されている。

　海外進出のビッグチャンスは，換言すれば，ハイリスクな機会との遭遇でもある。いつ，いかなる方法でリスクをチャンスに変えるか，リスクを経営戦略の中に取り込むことの重要性を，この事例が提示しているといえる。千代田化工の事例はグローバル化にともなう「競争激化リスク型再生モデル」として，

顕著な例であると評価できる。

〔注〕
1 千代田化工建設株式会社総務部広報グループの御厚意で，同社が東京証券取引所に発表した資料「新再建計画」（2000年11月22日）を提供していただいた。同社の情報開示に対する公平性・透明性を高く評価する。また，2008年3月期までの業績をみると，同社の再建計画が上首尾に進められ，無事，持続型再生もしくは安定再生（営業利益，経常利益ともに赤字を脱してから5年以上経過した状態と定義する）を達成されたことに敬意を表したい。
2 千代田化工建設は1948年に設立され，その業務は各種産業用・民生用設備並びに公害防止・環境改善及び災害防止用設備に関する総合的計画，装置・機器の設計・製作・設置，土木・建築・電気・計装・配管等工事及び試運転等，その他これらに付帯する一切の事業である。なお，業務分野は①石油関係（石油精製プラント，原油貯蔵基地等の石油関係設備）②石油化学関係（エチレンプラント，カプロラクタムプラント等の石油化学関係設備）③ガス及び動力関係（天然ガス精製プラント，液化石油ガス受払設備，発電プラント等のガス・動力関係設備）④一般化学関係（有機合成化学プラント，無機化学プラント，医薬品プラント等の一般化学関係設備）⑤社会開発関係（土木，建築，情報通信，空港，イベント施設等の社会開発関係設備）⑥一般産業機械関係（各種自動化工場等の一般産業機械関係設備）⑦その他（環境改善その他の設備）である（CHIYODA Corporation, 1999-2000から引用）。
3 経常利益は1997年3月期から99年3月期まで3期連続で赤字が続き，2000年3月期に黒字となるが，01年3月期，02年3月期は赤字となる。営業利益は97年3月期から02年まで6期連続で赤字が続き，経常利益は00年が黒字で，2002年まで赤字であった。
4 2000/11/22付 NIKKEI NET 記事。
5 前掲同記事。
6 千代田化工建設『有価証券報告書』（平成12年版）2000年7月，3頁。
7 千代田化工建設HP：http://www.chiyoda-corp.com/index.php
8 ここでは初期段階における企業再生を2つに区分し，「初期段階における企業再生Ⅰ」とは，収益業績，特に営業利益か経常利益のいずれかが3期以上の赤字を経験し，いずれかの利益が黒字に転換した時期の企業再生を意味する。また，2つの赤字（損失）が同時期に黒字に転換した時期の企業再生を「初期段階における企業再生Ⅱ」と定義した。本格再生とは，初期段階における企業再生（応急再生）を達成した時点から5年を経過した時期までを「本格再生」と定義した。さらに前述の通り，「持続型再生」とは，この2つの利益が同時期に黒字化してから5年以上経過した時期の企業再生を「持続型再生」と定義した。千代田化工の場合，「初期段階における企業再生Ⅰ」は1998年から2000年まで，「初期段階における企業再生Ⅱ」は00年から03年まで，「本格再生」は03年から07年まで，「持続型再生」は08年以降となる。

なお，企業再生の見方・考え方は，次の拙稿を参考にした。太田三郎「企業倒産と企業再生」（第10章，分担執筆）『経営財務』八千代出版，2000年9月，223〜265頁。同「米国倒産企業の再生条件」『経営行動研究学会報誌』（第10回全国大会）2001年。
9 千代田化工建設『有価証券報告書』（平成11年版）1999年7月，34頁を参照。
10 資本の固定化に関する考え方は，太田三郎「企業倒産と企業再生」『Credit & Law』（1999, No.114）を参照されたい。
11 千代田化工建設アニュアルレポート1999の「A Message From The Management」を和訳したもので，筆者がそれを修正・加筆したものである。なお，元のデータはインター

    ネットから収集した。なお，アニュアル・リポートの和訳では，「1998年再建計画」であるが，ここでは「1998年再生計画」と称した。
12 実際には，1999年度は単独決算で営業利益，経常利益ともに赤字となった。
13 千代田化工建設「平成12年3月期業績報告，今後の営業環境，重点施策について」ニュース・リリース，2000年7月31日（インターネットより）。
14 環境に対する積極的な取り組み姿勢が評価され，「第9回地球環境大賞・日本工業新聞社賞」を受賞している。
15 米国Project Management Institute（PMI）からは，千代田化工が，設計から調達・建設まで一貫して請負った大型プロジェクト「カタール・ガスLNGプロジェクト」が，99年度の"International Project of the Year"を受賞した。
16 東京証券取引所発表資料「新再建計画」（2000年11月22日）を参考にした。なお，筆者は新再建計画を「新再生計画」と呼んでいる。
17 太田三郎「米国倒産企業の再生条件」『Credit & Law』（2001年No.136）42頁。
18 発行済株式総数について株式2株を無償合併して1株の額面金額50円の株式1株とする。
19 「有報革命」による千代田化工，2002年3月期の「有価証券報告書」「第2事業の状況」3.「対処すべき課題」13頁を筆者なりにまとめたものである。
20 プロジェクトスーパーXとは，①企業活動にとって必要な利益を確実に確保すること，②事業分野を徹底的に見直し，貴重な要員の配置を的確にかつ果敢に行うこと，③赤字工事を徹底的に撲滅すること，をさす（前掲注19を参照）。
21 千代田化工建設『有価証券報告書』（平成12年版）2,000年7月，62頁。
22 「有報革命」による千代田化工，03年3月期の『有価証券報告書』「第2事業の状況」3.「対処すべき課題」6〜7頁を筆者なりにまとめたものである。
23 管理部門によるダブルチェック機能で，当該当事者間の牽制機能と透明性を確保するためのリスクマネジメントである。同社『有価証券報告書』。
24 プラント計画，設計・調達・工事，メインテナンス・運転・改造・除却・次なる設備投資ビジネスプラン・提案に至るトータル的な事業を推進する管理方法。
25 「有報革命」による千代田化工，04年3月期の『有価証券報告書』「第2事業の状況」3.「対処すべき課題」12〜13頁を筆者なりにまとめたものである。
26 「有報革命」による千代田化工，06年3月期の『有価証券報告書』「第2事業の状況」3.「対処すべき課題」4.「事業等のリスク」13頁を筆者が要約したものである。
27 08年度までに株主資本比率30％以上の達成をめざす「中期経営計画」で，05年2月に作成されたもの。累積損失の解消に伴い復配を予定するなど安定配当により自己資本を拡充し，財務基盤を強化することが狙いである。
28 「有報革命」による千代田化工，07年3月期の『有価証券報告書』「第2事業の状況」3.「対処すべき課題」4.「事業等のリスク」13頁。
29 「有報革命」による千代田化工，08年3月期の『有価証券報告書』「第2事業の状況」3.「対処すべき課題」4.「事業等のリスク」13頁。

第4章
多角化リスク型再生モデル
〈ヤオハンジャパン〉
―多角化・多店舗化からコア事業への特化―

1. 概　要

　ヤオハンジャパンは，事業・経営の多角化をめざしたが，組織，流通・生産，金融などの機能が不全となり，衰退，倒産を経験した企業が持続した企業再生を果たしたケースである。ヤオハンジャパンは現在，マックスバリュ東海と社名を変更したが，選択と集中を実行した持続型企業再生の成功事例の1つといえる。ヤオハンジャパンは，特に海外市場戦略（生産・流通機能）の失敗により，また結果的には，社債による資本調達（金融機能）の失敗により倒産したが，海外多店舗化・多角化戦略を変更し，食料品スーパーを中心とした生活必需品をコア事業に特化して，組織再編することにより再生を果たした。再生後は，社名をマックスバリュ東海株式会社に変更し，再び上場企業となった。

　本章では，結果的には財務上のキャッシュフローの欠如，すなわち資本の固定化で倒産したヤオハンジャパンの再生事例をとりあげ，事例分析を行った。

　ここでは，1990年代の経営環境や経済環境を検討しながら，多角化・多店舗化という量的成長志向によって，流動性，収益性の悪化（特に資本の固定化）を克服し，具体的にはキャッシュフローの欠如を流通機能，組織機能を回復させて再生を果たした事例としてヤオハンジャパンをとりあげた。

　ヤオハンジャパンが，結果として資本の固定化に至った理由は次のようなものであった。

　① 収益に見合わない国内外での過剰な設備投資

② 関連会社に対する過大な投融資とその回収の遅れ
③ 売上債権，その他の流動資産などの膨張とそれに伴う不良債権の増加

上記，3つの理由には海外多店舗化，多角化という量的成長の失敗が根底に存在する。

同社は多角化・多店舗化という量的成長志向が，過大な企業間信用，設備投資，関係会社投融資などを生じさせ，それが資本の固定化という財務構造の悪化をまねき，倒産に至った事例である。同社が資本の固定化という財務構造の悪化を改善し，コア事業への特化という再生手法を駆使し，さらに金融機能を回復させることで再生を果たした事例といえる。ヤオハンジャパン（後のマックスバリュ東海）は1997年9月に会社更生法を申し立て，イオンの支援を受けて2002年に再生を完了し，04年7月に再び上場企業となった。

2. ヤオハンの経営行動の歴史[1]

(1) 創業から会社更生法申し立てまで

ヤオハンの創業から会社更生法を申し立てたまでの軌跡をたどると次のようになる。

① ヤオハンの前身は，1927年に和田良平氏が「八百半」の暖簾分けを受けて熱海で行商を始めたのが最初であった。
② 30年，青果店「八百半」熱海支店を開業し，これが現在のヤオハンの創業となる。
③ 62年，株式会社八百半デパートを設立し，和田和夫氏が社長に就任した。
④ 69年，初めて海外法人ブラジル八百半を設立し，71年，海外第1号店を開店する。
⑤ 79年，米国カリフォルニア州に進出を果たす。

⑥　82年，名古屋証券取引所第2部に上場する。
⑦　84年，同証券取引所1部に上場するとともに香港ヤオハン社第1号店を開店する。
⑧　85年，米国にリトル東京店を開店し，シンガポール証券取引所に上場を果たす。
⑨　86年，東京証券取引所第1部に上場する。
⑩　87年，ブルネイとマレーシアに第1号店を開店する。
⑪　88年，香港ヤオハン社香港証券取引所に上場するとともに，台湾にも進出する。
⑫　89年，香港に国際流通グループヤオハンの持株会社ヤオハンインターナショナル社を設立する。
⑬　90年，総本部を香港に移転する。家電販売のヤオハンベストを買収する。愛知県半田市にネクステージ半田店を開店する。
⑭　91年，タイと中国に進出する。社名をヤオハンジャパンに改称する。
⑮　93年，英国にロンドン店を開店する。
⑯　95年，中国，上海にネクステージ上海を開店する。
⑰　96年，4月にグループ総本部を香港から上海へ移転するとともに，中国の無錫市に出店する。同年11月，ヤオハンは，初めて赤字決算の見通しを発表する。経営不振の責任をとって和田晃昌氏が社長を辞任し，和田光正氏が社長に就任する。

(2)　会社更生法申し立てから再生するまでの過程

会社更生法を申し立て，東京証券取引所に上場するまでの過程は次の通りである。
①　1997年，2月にリストラ計画を発表する。同年3月，資金調達のためにダイエーグループのセイフーに16店舗を譲渡する計画を発表する。同年5月，セイフーに16店舗を譲渡する。同年9月18日，会社更生法の適用を静岡地方裁判所に提出する
②　97年，12月に会社更生法開始決定，全ての海外事業から撤退

③ 99年，12月に更生計画案提出
④ 2000年，3月に更生計画認可決定，更生計画に基づき（株）アイ・エム・エムジャパンを吸収合併する
⑤ 00年，7月に更生計画に基づき旧株が100％減資され，同新株増資により資本金5億円のジャスコ株式会社（現イオン株式会社）の子会社となる
⑥ 02年，会社更生法終結決定
⑦ 02年，3月にマックスバリュ東海株式会社に商号を変更し，静岡県駿東郡長泉町に本店を移転
⑧ 02年，8月にマックスバリュ業態第1号店，マックスバリュ裾野茶畑店開店
⑨ 04年，7月に東京証券取引所第二部に株式を上場
⑩ 06年，8月に100％子会社ジョイフル東海株式会社設立
⑪ 06年，10月にジョイフル東海株式会社が，株式会社東海マート他より事業を譲り受け，スーパーマーケット5店舗の事業を展開する
⑫ 07年，9月にジョイフル東海株式会社の事業を全て譲受け
⑬ 08年，8月に株式会社シーズンセレクトの株式を取得し，100％子会社に

3. 倒産前後の財務内容

　ここではヤオハンについて，次ページの図表4-1を参考にして36期（1997年3月期）と倒産直前時（97年7月31日）の貸借対照表を比較し，資本の固定化の内容を検討したい。36期の流動資産の合計は357億5,400万円であった。その内訳は当座資産が137億7,100万円で，そのうち現金・預金が57億6,200万円，売上債権が43億5,800万円，棚卸資産が56億9,300万円，その他流動資産が350億4,900万円であった。同期の固定資産は1,250億1,800万円で，有形固定資産が533億9,800万円，投資勘定が686億700万円であった。

　流動負債は717億1,900万円，そのうち買入債務が158億6,500万円，短期借入金が416億2,300万円，その他流動負債が142億2,500万円であった。固

図表4-1　比較貸借対照表

(単位：百万円)

(資産の部)	〈36期〉	〈倒産直前時〉	(負債の部)	〈36期〉	〈倒産直前時〉
現金預金	5,762	6,022	買入債務	15,865	14,795
売上債権	4,358	330	短期借入金	41,623	21,945
有価証券	3,651	2,849	その他流動負債	14,225	63,680
棚卸資産	5,693	1,738	流動負債合計	71,719	100,423
その他流動資産	35,049	3,987	固定負債合計	69,977	60,959
貸倒引当金	18,765	—	負債合計	141,697	161,382
流動資産合計	35,754	14,931	(資本の部)		
有形固定資産	53,398	28,228	資本金	23,661	23,661
無形固定資産	3,013	16	法定準備金	25,214	25,214
投資勘定	68,607	27,517	欠損金	29,801	139,565
固定資産合計	125,018	55,761	資本合計	19,075	－90,689
資産合計	160,773	70,693	負債・資本合計	160,773	70,693

定負債は699億7,700万円であった。したがって，自己資本は190億7,500万円となる。

ところで，倒産直前時の流動資産は149億3,100万円で，当座資産が92億100万円，そのうち現金・預金が60億2,200万円，売上債権が3億3,000万円，有価証券は28億4,900万円である。棚卸資産は17億3,800万円，その他流動資産が39億8,700万円であった。この時期の固定資産は557億6,100万円で，そのうち有形固定資産が282億2,800万円，投資勘定が275億1,700万円である。一方，流動負債は1,004億2,300万円で，そのうち買入債務が147億9,500万円，短期借入金が219億4,500万円，その他流動負債が636億8,000万円であった。固定負債は609億5,900万円であった。したがって，倒産直前時の自己資本は，マイナス906億8,900万円となる。この額は債務超過額を意味する。

上述した36期と倒産直前時の貸借対照表を検討して特筆すべき点の1つは，36期に多額の貸倒れを予想して，貸倒引当金に187億6,500万円を設定していることである。すでに，同社は不良資産による資本の固定化を推定している。2つは，この事実を踏まえて，流動資産が倒産直前時に半減以下（41％）になることである。とくに売上債権が36期の7％，棚卸資産が30％，その他

流動資産が11％に減少している。いずれの流動資産も換金して債務の支払いに充てたか，もしくは，どの資産も不良資産で価値が著しく低くなったか，そのいずれかである。固定資産についても大きな問題点がある。有形固定資産の倒産直前時は，36期の53％に減少し，投資勘定にいたっては同期の40％に激減する。有形固定資産や投資勘定が半分もしくはそれ以下に減少したことは，バブル経済の崩壊で影響を受けたことを考慮しても固定資産の不良化が大きいと言わざるをえない。

　流動負債は36期より倒産直前時に287億円ほど増加している。とくに，その他流動負債は大きく増加し，36期（142億2,500万円）に比べて倒産直前時には，その4.5倍（636億8,000万円）となる。この意味することは，1年以内に返済すべき債務が，この4カ月間で急増し，その返済にあらゆる資産をもって対処しようとしたが，返済額が多すぎて支払不能の状態に陥ったことがうかがえる。

　流動資産，固定資産は一定の時期に資本として回収されることが経営活動の基本的な前提となる。だが経営破綻や倒産に至る企業は，これら資産が不良化して回収が困難となる。流動資産のうち売上債権やその他流動資産が4カ月間に急減したことは，減少分だけ回収できたとみなすのでなく，相当の不良債権が発生したとみるほうが妥当に思える[4]。固定資産についても同様のことがいえる。有形固定資産や投資勘定が36期から倒産直前時に急激に落ち込んだのは，資産を再評価した際に，それら資産のなかに多くの不良資産を含んでいたからであると考えられる[5]。

　資産は収益に貢献してこそ資産である。回収できない資産や稼働しない資産は，収益を圧迫して資本回転率，資本利益率を低下させ，運転資本の不足をまねく原因となる。運転資本が不足すれば企業経営はたちいかなくなる。ちなみに，ヤオハンの36期と倒産直後の正味運転資本は，それぞれマイナス359億6,500万円，マイナス854億9,200万円で，いずれも巨額の正味運転資本不足であった。

　ヤオハンは，資本の固定化による運転資本の逼迫が支払不能を生じさせ，それが倒産の兆候・原因となった[6]。

図表4-2は，主として企業間信用，設備投資，関係会社投融資にかかわる勘定科目を時系列変化で示したものである。

図表4-2　資産・負債・資本の変化[7]

(単位：百万円)

	〈34期〉	〈35期〉	〈36期〉	〈倒産直前時〉
現金・預金	7,563	6,463	5,762	6,022
売上債権	3,685	5,026	4,358	330
その他流動資産	15,642	23,856	35,049	3,987
有形固定資産	37,743	42,124	53,398	28,228
投資勘定	69,256	80,384	68,607	27,517
流動資産合計	54,903	53,720	35,754	14,931
固定資産合計	107,285	125,039	125,018	55,762
流動負債合計	23,552	51,561	71,719	100,423
固定負債合計	81,330	70,978	69,977	60,959
負債合計	104,883	122,540	141,697	161,383
資本合計	57,714	56,375	19,075	−90,689
正味運転資本	31,351	2,204	−35,965	−85,492
その他の剰余金合計	9,156	7,638	—	—
欠損金合計	—	—	29,801	139,565
当期未処分利益	764	246	—	—
当期未処理損失			36,193	145,958

　図表4-2の通り，企業間信用に関係する「その他流動資産」の変化は，36期まで著しい増加が観察できる。一般に「その他流動資産」は実務上では，換金性の乏しい不健全資産としてみられがちであるが，ヤオハンの場合も倒産直前期の36期までこれら資産を多額に抱えていたことになる。

　ヤオハンは，設備投資にかかわる有形固定資産を34期（95年3月期）から36期（97年3月期）まで増やし続けた。関係会社投融資に関係する投資勘定は，34期（95年3月期）の692億円から35期（96年3月期）に110億円ほど増加し，36期で再び同額ほど減少するが高水準にあった。それが倒産直前時に一気に減少する。流動負債は，不良，未稼働とみられる資産が増加するなかで，倒産直前の36期まで急激に増加する。35期（96年3月期）の流動負債は34期（95年3月期）の2倍以上に増え，36期（97年3月期）には35期

（96年3月期）の1.4倍ほどに増える。

　34期に313億円あった正味運転資本は，35期には22億円と14分の1に減少する。36期の正味運転資本はマイナス359億円となる。倒産直前時のそれは，855億円のマイナスとなる。ヤオハンは，36期から手持ちの流動資産で流動負債がまったく賄えない状態となった。

　企業は資産が増え，それに比例して収益が生じ，現金として回収できれば問題はない。問題は現金・預金以外の資産が不良資産か未稼働資産で，利益に結びつかず，換金化が不可能な場合である。ヤオハンは，その資産の多くが長期にわたって滞留し，利益の発生や資本の回収に役立たず，費用の発生だけを継続した。

　ヤオハンは，資本の固定化が主な原因の1つで倒産した。資本の固定化を生んだ要因は，以下のようなものであった。
　① 国内外での収益に釣り合わない過剰な設備投資
　② 関連会社に対する過大な投融資と回収の遅れ（資本市場から転換社債などで調達した600億円強の多くを関連会社に投融資して拡大路線をたどった）
　③ 売上債権やその他流動資産をはじめとする企業間信用の増大による不良債権の発生

　これら3つの資本の固定化という要因は，ヤオハンを支払不能へと導いた。

　資本の固定化を生じさせた3つの要因に加えて，①バブル経済崩壊後における小売業全般の販売不振，②有利子負債（約1,000億円）が売上高に匹敵する規模に膨らむ，③メイン・バンクをもたない，ことなどの背景がヤオハンを倒産へとさらに近づける結果となった。

　1990年代のヤオハンジャパンの倒産は，海外への多店舗化，多角化による売上高の増大，海外市場への拡大を目指した量的成長志向が，過剰，過大な企業間信用，設備投資，関係会社投融資を発生させて資本の固定化を招き，極端に流動性を損ねたことに原因がある。

　売上高や利益に直接結びつかない不良資産や未稼働資産の増加は，資本の固

定化となって収益性だけでなく，流動性を大きく弱めた。資本の固定化は収益力の低下と流動性の欠如を生み，企業を倒産に至らす決定的な要因となった。

　この事例は，再生企業が再生を果たすには，極度の多角化，多店舗化に起因した資本の固定化をどう解除し，金融機能や組織機能を回復できるか否かが，再生の成否を決定するということを示唆している。

　ヤオハンジャパンは，経営の行き詰まりを海外進出から撤退し，多店舗化，多角化戦略から食料品を中心とした食料品スーパーとなり，生活必需品をコアとした流通改革を行った。同社は，そのための組織再編を行うことで再生を果たした。それでは次節では，マックスバリュ東海株式会社と商標を変更して，再生をたどった経緯と再生後の財務内容を明らかにする。

4. 再生後，マックスバリュ東海の経緯と財務内容

　ヤオハンジャパンは，1997年12月に会社更生法手続きの開始を決定し，全ての海外事業から撤退した。さらに99年12月に更生計画案を提出し2000年3月には，更生計画が認可された。

　同年7月には，更生計画に基づき旧株が100％減資され，同新株増資により資本金5億円のジャスコ株式会社（現イオン株式会社）の子会社となった。2002年2月に，会社更生法の終結が決定した。同年3月にマックスバリュ東海株式会社に商号を変更し，静岡県駿東郡長泉町に本店を移転した。その後，同年8月には，マックスバリュ業態第1号店となるマックスバリュ裾野茶畑店を開店し，04年7月に東京証券取引所第二部に株式を上場することになる。

▶ 再生前後から今日までの財務状況とグラフ

　ヤオハンジャパンから社名をマックスバリュに商標を変更して，業種形態を食料品スーパーに絞込み，それをコア業種として資産・負債・資本ならびに財務比率は改善され，以下の通りとなった（図表4-3）。

図表4-3 再生前後の財務と比率

回次	決算年月	連単区分	会計方式	総資産(百万円)	総資産増加率(%)	流動資産(百万円)	固定資産(百万円)	流動負債(百万円)	固定負債(百万円)	株主資本(百万円)
第47期	2008年8月	連結	日本	53,473	12.96	21,311	32,162	14,688	4,059	34,545
	2008年5月	連結	日本	51,213	13.23	22,695	28,518	13,324	3,631	34,008
第46期	2008年2月	連結	日本	48,723	6.85	22,579	26,145	10,724	3,627	34,173
	2007年11月	連結	日本	49,019	6.40	25,703	23,316	11,854	3,601	33,324
	2007年8月	連結	日本	47,336	4.39	24,998	22,338	10,600	3,550	32,940
	2007年5月	連結	日本	46,640	6.83	20,912	25,728	10,566	3,499	32,257
第45期	2007年2月	連結	日本	45,598	8.08	18,640	26,958	9,590	3,490	32,190
	2006年11月	連結	日本	46,072	9.46	17,905	28,167	10,783	3,540	31,417
	2006年8月	単独	日本	43,990	9.87	17,933	26,058	9,556	3,105	30,978
	2006年5月	単独	日本	42,338	10.30	16,363	25,975	8,754	3,045	30,199
第44期	2006年2月	単独	日本	40,960	7.85	16,971	23,989	7,624	3,009	29,950
	2005年11月	単独	日本	40,831	9.42	16,766	24,065	9,036	2,919	28,662
	2005年8月	単独	日本	40,040	12.55	16,288	23,752	8,797	2,833	28,259
	2005年5月	単独	日本	38,386	—	15,392	22,994	7,913	2,762	27,598
第43期	2005年2月	単独	日本	37,979	27.08	16,051	21,928	7,748	2,709	27,411
	2004年11月	単独	日本	37,315	—	15,800	21,514	7,695	2,657	26,850
	2004年8月	単独	日本	35,575	—	15,093	20,481	6,584	2,587	26,291
第42期	2004年2月	単独	日本	29,887	—	9,345	20,542	6,773	2,491	20,526
第41期	2002年8月	単独	日本	23,807	-9.19	7,454	16,354	8,027	2,708	13,076
第39期	2002年2月	単独	日本	22,110	-8.86	5,287	16,823	6,441	3,621	12,048
第40期	2001年8月	単独	日本	26,218	—	11,466	14,752	5,532	15,399	5,384
第39期	2001年2月	単独	日本	24,260	—	9,368	14,891	5,121	14,990	4,149

出典:「NEXT有報革命」より引用し,整理した。

第4章 多角化リスク型再生モデル〈ヤオハンジャパン〉　　79

有利子負債(百万円)	流動比率(%)	当座比率(%)	固定比率(%)	固定長期適合比率(%)	負債比率〈D/Eレシオ〉(%)	株主資本比率(%)
1,047	145.09	112.39	92.62	92.55	53.99	64.90
1,000	170.33	133.35	83.25	83.25	49.49	66.90
500	210.54	167.53	76.06	76.06	41.75	70.50
500	216.82	174.55	69.47	69.47	46.05	68.50
500	235.83	188.11	67.31	67.31	42.64	70.11
500	197.91	150.86	78.98	78.98	43.18	69.80
500	194.36	143.19	82.90	82.90	40.22	71.31
500	166.04	120.32	88.72	88.72	45.12	68.91
―	187.66	139.89	83.17	83.17	40.41	71.22
―	186.93	134.93	85.05	85.05	38.64	72.13
―	222.61	168.05	79.10	79.10	35.06	74.04
―	185.56	136.56	83.34	83.34	41.40	70.72
―	185.16	138.49	83.60	83.60	40.94	70.95
―	194.50	144.88	82.98	82.98	38.53	72.19
―	207.18	159.14	79.67	79.67	37.99	72.47
―	205.33	161.50	79.79	79.79	38.39	72.26
―	229.24	178.49	77.57	77.57	34.73	74.22
―	137.98	89.98	99.61	99.61	44.92	69.00
1,650	92.86	31.09	125.10	120.05	82.12	54.91
3,000	82.08	40.35	139.64	124.18	83.52	54.49
―	207.28	157.18	279.00	279.00	395.85	20.17
―	182.96	144.43	358.89	358.89	484.67	17.10

図表4-3の通り，再生後の財務状況は，単独，連結が混在しているが，流動比率，当座比率，負債比率，固定比率，固定長期適合率，自己資本比率など，財務流動性・安全性は比較的高い水準を保ち，倒産前後の水準から回復した。

収益性，成長性に至っても下記の通り健全な状態を維持し，応急再生から脱し，本格再生，安定再生の域に達していることが理解できる（図表4-4）。

図表4-4　主たる収益性・安定性・成長性の推移

決算期	2004年2月期 （42期）	2005年2月期 （43期）	2006年2月期 （44期）	2007年2月期 （45期）	2008年2月期 （46期）
売上高（百万円）	64,268	74,968	87,431	100,657	110,848
営業利益（百万円）	3,103	3,599	3,979	4,786	4,948
経常利益（百万円）	3,094	3,559	4,003	4,851	5,089
当期純利益（百万円）	5,150	2905,	2,853	2,598	2,527
総資産（百万円）	29,887	37,979	40,959	44,269	48,723
純資産（百万円）	20,623	27,523	30,327	32,517	34,372
自己資本比率（%）	69	72.5	74	73.5	70.5
売上高経常利益率（%）	4.8	4.7	4.6	4.8	4.5

出典：マックスバリュ東海「有価証券報告書」（単体）およびマックスバリュ東海ホームページより作成。

ヤオハンジャパンは，マックスバリュ東海と商標を変更し，再生を果たした後，売上高，営業利益，経常利益，当期純利益，純資産，自己資本比率など，収益力，成長力，安全度などをあらわす指標はほぼ安定した状態を示している（図表4-5）。

図表4-6の通り，マックスバリュ東海は再生を果たした翌々年（2004年2月期）から08年2月期までの財務状況は，安定した状態を保ち，会社更生法を申請した97年前後の財務状況とは格段の改善がなされ，収益性，安定性，成長性を高い水準で維持していることが判明できる。

第4章　多角化リスク型再生モデル〈ヤオハンジャパン〉

図表4-5　各財務指標の推移

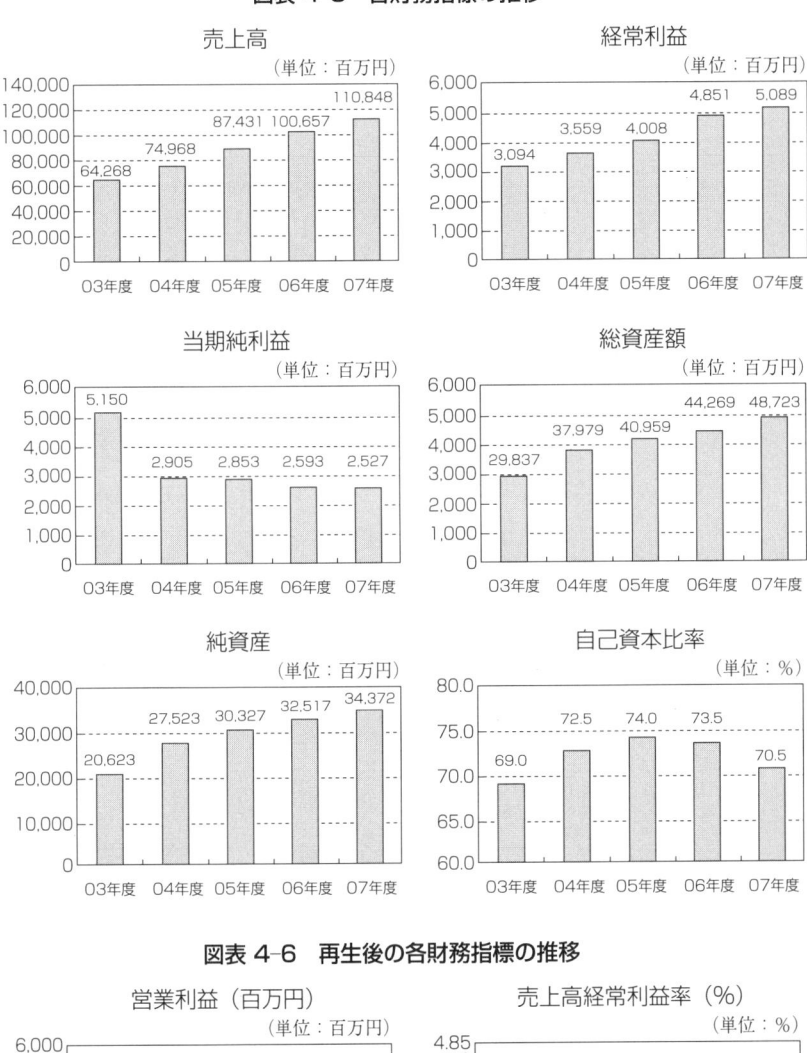

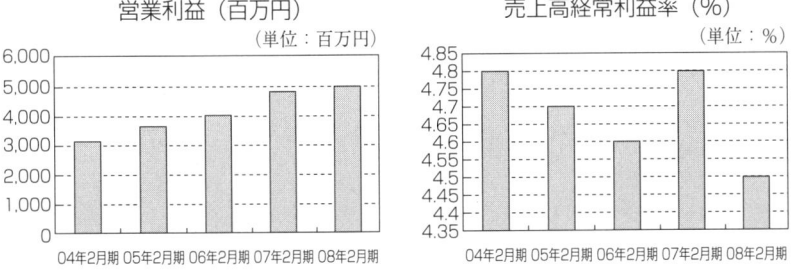

売上高（単位：百万円）
- 03年度: 64,268
- 04年度: 74,968
- 05年度: 87,431
- 06年度: 100,657
- 07年度: 110,848

経常利益（単位：百万円）
- 03年度: 3,094
- 04年度: 3,559
- 05年度: 4,008
- 06年度: 4,851
- 07年度: 5,089

当期純利益（単位：百万円）
- 03年度: 5,150
- 04年度: 2,905
- 05年度: 2,853
- 06年度: 2,593
- 07年度: 2,527

総資産額（単位：百万円）
- 03年度: 29,837
- 04年度: 37,979
- 05年度: 40,959
- 06年度: 44,269
- 07年度: 48,723

純資産（単位：百万円）
- 03年度: 20,623
- 04年度: 27,523
- 05年度: 30,327
- 06年度: 32,517
- 07年度: 34,372

自己資本比率（単位：％）
- 03年度: 69.0
- 04年度: 72.5
- 05年度: 74.0
- 06年度: 73.5
- 07年度: 70.5

図表4-6　再生後の各財務指標の推移

営業利益（百万円）（単位：百万円）
- 04年2月期: 約3,200
- 05年2月期: 約3,700
- 06年2月期: 約4,100
- 07年2月期: 約4,800
- 08年2月期: 約5,100

売上高経常利益率（％）（単位：％）
- 04年2月期: 4.80
- 05年2月期: 4.70
- 06年2月期: 4.60
- 07年2月期: 4.80
- 08年2月期: 4.50

5. 要　約

　1990年代のヤオハンジャパンの倒産から再生をみると，売上高の増大，市場の拡大など，量的成長志向が過剰，過大な多角化戦略の経緯が見られる。それは，企業間信用，設備投資，関係会社過剰投融資を発生させて資本の固定化を招き，極端に流動性を損ねる結果を招いた。すなわち，多角化による不慣れな事業に資産やエネルギーを食われて，売上高や利益に直接結びつかない不良資産や未稼働資産の増加をもたらしたといえる。

　この結果は，資本の固定化となって収益性だけでなく，流動性を大きく弱め，企業を倒産の危機にさらした。実際，資本の固定化は収益力の低下と流動性の欠如を生み，倒産に至らす決定的な要因となったことがデータで確認できよう。

　しかし，当該企業は，「多角化」，「多店舗化」という足かせを必死で切り離し，本来の食品スーパーという「中核事業」にシフトチェンジを行った。結果として，競争激化による倒産の危機を克服し，本来の事業に軌道修正を図ることに成功した稀な例であるといえる。

　すなわち，この事例は，倒産の危機にさらされた企業が再生を果たすには，まず，本来の業務に立ち返り，資本の固定化を解除し，金融機能の回復に努めたことが，再生の成否を分けたといえることを証左している。「応急再生」を，機を見て果たし，さらにコアとなる食品スーパー事業に特化し，本格再生，安定再生を果たした点においては，先の千代田加工の事例と同様，顕著な再生事例といえる。

　グローバル化による海外進出を志す企業は，まだまだ増加していく傾向にある。しかし，この事例が示すように，「本来の持ち場」である「自社のコア事業」を改めて再確認し，重視する必要性を示唆している好事例といえよう。

〔注〕

1 日刊工業新聞および朝日新聞がヤオハンの倒産を報じた記事ならびにマックスバリュ東海株式会社有価証券報告書（平成20年5月30日提出），マックスバリュ東海ホームページを整理し，体系化したものである。
2 97年3月期，すなわち36期の貸借対照表は大蔵省印刷局「有価証券報告書総覧」を，倒産直前時の貸借対照表は，中森貴和「ザ・倒産」『近代セールス』(1997年11月号)，97頁に掲載の「非常修正貸借対照表」を参考にした。
3 短期借入金の実際額は207億800万円であるが，1年内返済長期借入金額112億7200万円，一年内償還転換社債額96億4300万円を短期借入金に含めた。また，その他流動負債額は支払手形，買掛金，上記の短期借入金以外の流動負債を合計した額である。
4 岡崎一郎『危ない会社の見分け方』経済法令研究会，1998年，54頁，66頁。同氏は，事例分析のなかで，その他流動資産を不健全資産の範疇に分類し，とりあげている。
5 中森貴和氏は，「前掲稿」(98頁) で，ヤオハンが「関係会社への過大な投融資が資金繰りの悪化につながった」ことを言及している。
6 1997年9月19日付の産経新聞（朝刊）には，ヤオハンは「ふつうの企業ならばメイン・バンクからのつなぎ融資でしのげるのに，わずか50億円の運転資金が調達できなかった」と記されている。
7 1996年と1997年の「有価証券報告書総覧」（株式会社ヤオハンジャパン）から作成した。ただし，勘定科目によっては整理，統合を行った。

第5章
販売不振リスク型再生モデル
〈メーシーズ社〉
―ライバル企業フェデレート社とのM&Aによる再生―

1. 概　　要

　販売不振による衰退・倒産を経験する企業は多いが，その中で再生を果たした企業は少ない。本章では，米国メーシーズ社をとりあげ，販売不振により倒産に直面した状態から最終的に「合併」を選択して持続型企業再生を果たした好事例としてここにとりあげた。

　Macy's Corporation（以下，メーシーズ社と略称する）は，1992年1月27日，業績の悪化（販売不振）により米国連邦倒産法チャプター・イレブンをニューヨーク南部地区連邦倒産裁判所に申し立て，事実上倒産した。メーシーズ社は，倒産後，単独企業体としての再生を果たすべく，2年間にわたり再生のための経営行動を試みたが，その過程で紆余曲折があり，最終的には，同じ業種である Federated Department Stores（以下，フェデレート社と略称する）との合併で再生を果たした。

　本章の目的は，米国百貨店業界を代表するメーシーズ社の倒産を通して，倒産から再生までの生成過程を観察して，次に持続可能な企業再生の条件を考察したい。したがって，まずメーシーズ社の歴史と倒産に至るまでの軌跡をたどり，次に倒産前後の経営・組織を考察した。さらに合併に至るまでの過程を再生機能別に整理・体系化し，最後に合併という視点から同社の再生後について知見を加える。

　メーシーズ社を買収合併した米百貨店最大手フェデレート社は，2007年6

月1日付で社名を「メーシーズ・グループ」に変更すると発表した。フェデレーテッド社は歴史的に多様な店名の百貨店を運営してきたが、06年までに店舗の大半を「メーシーズ」名に統一したことから、店名と社名を同一にするべきだと判断した。

「連合」を意味するフェデレートの社名は、1929年に複数の地方百貨店が集まり、持ち株会社を作ったのが発祥である。その後も企業買収を通じて成長し、傘下に複数の店名を残して運営してきた。2007年現在の店舗数は約850店あるが、約40店の「ブルーミングデールズ」以外は「メーシーズ」に統一している。

2. 経営の歴史

メーシーズ社の百貨店としての歴史をたどると次の通りとなる。1858年、ローランド・メーシー（Rowland H. Macy）は、ニューヨーク・マンハッタンで小売店を開業する。現金販売政策で、1年で8万5,000ドルの商品を売り捌く小さな小売店から出発した。70年には、売上高が百万ドルを超し、売られる商品は、衣類・穀類、紳士用アクセサリー、リンネル製品、服装用宝石、銀（食器）、時計などであった。77年、メーシーは亡くなった。店の経営は、相続者で経営の後継人であるロバート・バレンタイン（Robert Valentine）とアベイル・ラフォージュ（Abiel Laforge）に移った。87年、メーシーズ社の所有権は、陶磁器ビジネスのオーナーで、メーシーズ社を通して販売していたストラウス一族（Straus family）のパートナーであるチャールズ・ウェブスター（Charles Webster）のものとなった。96年に、ウェブスターは、ストラウス家に彼が所有する権利の半分を売却した。これをもって、メーシーズ社の同族的な支配は終焉したことになる。1902年、メーシーズ社はブロードウェイ34番街（34 th Street & Broadway）に位置するヘラルド・スクウェア（Herald Square）に移転する。巨大で近代的な店の建設コストは、当時の価格で4,500万ドルになった。だが、売上高は1年で1,100万ドルに上っている。12年、ナ

ザン・ストラウス (Nathan Straus) は，彼の兄弟の権利を買収したのちに，メーシーズ社の単独のオーナーになった。18年には，売上高が3億6,600万ドルになる。

1924年，メーシーズ社はニューヨーク・サンクスギビングデイ・パレードのスポンサーとなり，1つの伝統が継続することになる。

1940年，ジャック・I・ストラウス (Jack I, Straus) がメーシーズ社の会長に就任する。48年には，エドワード・フィンケルステイン (Edward, Finkelstein) がメーシーズ社の社長となる。この時期には，メーシーズ社は世界で最大の百貨店とみなされるようになった。しかし，51年，3年足らずで，普通株式が1株当たり3ドル35セントから2ドル51セントに下がった。翌年，メーシーズ社は会社設立以来初めての損失を計上する。ついに，これまで採用しなかった掛け勘定（charge accounts）を制度化するに至る。55年，メーシーズ社の一事業部門であるバンバーガーズ (Bamberger's) は，デビット・ユニック (David Yunich) 氏のもとで，繁栄の復活（Prosperous Renaissance）を始める。ニューヨーク郊外でチェーン店が，その次の8年間にわたり展開されることになる。

1969年には，メーシーズ・カリフォルニア社がフィンケルステインによって，厳しい経営状態から脱出した。彼は同社の収益を回復させることに成功した。74年，フィンケルステインは，ニューヨークのヘラルド・スクウエア (Herald Square) 店の店長を任されるようになった。76年，メーシーズ社は大いなる収益の増加をもって，今までにないクリスマス・シーズンを迎える。78年，フィンケルステインは，ニューヨーク事業部門のCEOとなった。81年7月，年度末のバンバーガーズの売上高は，7億9,900万ドルに達した。82年，売上高シェアーは百貨店業界の20.1％を占めていた。84年は収益がこれまでで最高の年で，売上高は40億7,000万ドルに達し，収益力の向上は，メーシーズ社の株式を急騰させることになった。85年，売上高はさらに伸びて，43億7,000万ドルになるが，純利益は84年の2億2,180万ドルから1億8,930万ドルへと減少した。これは，広告宣伝費や新社員教育プログラム費が増加したことが理由である。

1986年，フィンケルステインは，経営者として，1株当たり70ドルでLBO

(leveraged buyout) を行い，メーシーズ・グループ 350 社の先頭に立った。88 年，メーシーズ社はバロックス (Bullock's), バロックスウィルシェアー (Bullock's Wilshire), アイ・マグニン (I. Magnin Chaine) を 10 億ドルで買収したが，それに伴い債務を増大させた。89 年，メーシーズ社は低迷したクリスマス・シーズンを経験する。1990 年，長期債務 40 億ドルを抱えて，倒産の噂が出始めた。

年度末にメーシーズ社は倒産の噂を打ち消すために Women's Wear Daily にフル・ページの広告を掲載したが，1991 年に売り上げが落ち，さらに損失を続けることになった。そして，損失を減らすために，額面価値の 50% 以下の 3 億ドルで社債を買い戻す (buy back) ことになる。92 年 1 月，仕入先に対して不明朗な支払遅延を発表した。だが，この月末にはチャプター・イレブンを申し立てることになる。92 年 4 月，フィンケルステインは責任をとり，メイロン・ユールマン 3 世 (Myron Ullman III) とマーク・ハンドラー (Mark Handler) に経営を委ねることになった。その結果，ホリデイ売り上げは，12 億ドルで，収益 (revenue) が前年を 3.8% も上回った。93 年，メーシーズ社は，倒産申請以来，最初の利益 (4 億 4,770 万ドル) を計上した。メーシーズ社は，潜在的に成長性の低い 11 店舗を閉店することを検討していると発表し，加えて 24 時間ホーム TV ショッピングをスタートさせる計画も報じた。

1992 年，93 年と，メーシーズ社は再生計画に従って活発な再生活動を行うが，単体企業としての再生はならず，同年 12 月にはフェデレート社との合併を余儀なくされた。ここに全米最大規模の百貨店が誕生することになったのである。

3. 倒産の軌跡[3]

倒産にいたる経緯の中で，大きな節目はいくつか考えられる。1 つは 1986 年に LBO を行ったときである[4]。この結果，ニューヨーク証券取引所から名前を消すことになり，株式公開会社から閉鎖会社となった。しかも，LBO を行っ

た際に，銀行団からの担保付き融資やジャンク・ボンドの利払いが多額となったことは，その後の同社に大きなダメージを与えてしまった。また，当時は，米国経済全体が低迷していることに伴い，メーシーズ社の業績も悪化していた。加えて，88 年にはフェデレート社の買収に失敗して，11 億ドルでフェデレート社の一部事業部門を買収せざるを得ない状況に追い込まれて，債務をさらに増やす結果となった。

　1992 年 1 月 10 日には，債務の支払いが不能となったために，同月 27 日にはチャプター・イレブンを申し立てた。当時のメーシーズ社の負債総額は 53 億 2,000 万ドルで，資産総額は 49 億 5,000 万ドルであった。したがって，債務超過額は，ほぼ 4 億ドルにのぼった。つまりチャプター・イレブンを申請した時点で，一切の債権取立の禁止を意味する，いわゆる自動停止項[5]（automatic stay）の規制を活用したことになる。

　また，債権者は債権の届け出を行い，更生手続き上，確定した債権のみ，更生計画に従って弁済を受けることができるようになった。一方，債務者であるメーシーズ社は双務契約[6]（executory contract）によって，不採算店舗の賃貸契約を一方的に契約解除ができることで，収益の向上を図ることができた。

　チャプター・イレブンを申し立てたメーシーズ社は，メインバンクであるケミカル・バンクやバンカーズ・トラストなどの銀行団から 6 億ドルの新規融資を受けることができた。これが，いわゆる DIP ファイナンス[7]（DIP Finance）である。この資金を元手にして，新商品を仕入れたり，継続した営業店舗の賃料を支払うことが可能となった。

　1994 年 8 月 1 日には，最終的な更生計画を倒産裁判所に提出した。この時期，経営システムの合理化を図るとともに，米国景気の上昇にも助けられて，業績を急回復させた。しかし，同年 1 月には，フェデレート社はメーシーズ社の大口債権者であるプルデンシャル保険会社から債権を買い取って大口債権者となった。このときフェデレート社は，メーシーズ社との合併を目論んでいた。

　しかし，メーシーズ社はあくまで独自の再建を望んでいたが，調停人によるメーシーズ社，フェデレート社，ジャンクボンドを保有する社債権者を代表す

る債権者委員会の3者から提出された更生計画の概要の調整が失敗に終わってしまった。これを契機として，紆余曲折はあったが，メーシーズ社は，最終的にフェデレート社との合併に合意することになった。8月1日，メーシーズ社とフェデレート社は，共同して両社の合併を軸とする更生計画を倒産裁判所に提出し，同年11月には，債権者の承認を得て，フェデレート社の株主総会の承認を得ることができたのである。12月8日には，独占禁止法上の問題をクリアして，倒産裁判所による更生計画の認可を得ることができた。19日，両社は正式に合併を果たした。債権者は合併会社から現金，社債，株式による弁済を受けて，約3年に及ぶメーシーズ社の更生手続きは完了したのである。

4. 倒産前後の経営と組織

(1) 倒産直前（1991年）[8]

メーシーズ社は1991年当時，4つの地域的な店舗グループに組織されていた。メーシーズ・ノースイースト・インク（Macy's Northeast, Inc.），メーシーズ・カリフォルニア・インク（Macy's California Inc.），メーシーズ・サウス・インク（Macy's South Inc.），ブロックス・インク（Bullock's, Inc.），そしてアイ・マグニン・インク（I. Magnin, Inc.）である。この4つのグループは，主要都市とその近郊の両方に戦略的に配置されている。各店舗グループは，中枢的な経営執行者の方針に基づいて別個の経営管理で活動を行っている。1991年8月3日の年度末の4グループの売上高は，66億7,500万ドルであった。

1991年8月には，翌年2月に改善されるべき組織再編の計画を発表した。メーシーズ社は，組織の再編成のもとで，2つの百貨店グループ，すなわちメーシーズ・イースト（Macy's East）とメーシーズ・ウエスト（Macy's West）を新しく創設することになる。メーシーズ・イーストは，アラバマ州，フロリダ州，ジョージア州，ルイジアナ州，サウスカロライナ州にあるメーシーズ・サウス（Macy's South）の店と現行のメーシーズ・ノースイーストか

ら編成される。メーシーズ・ウエストは，テキサス州にあるメーシーズ・サウスの店とメーシーズ・カリフォルニア，それにブロックスの店から編成される。アイ・マグニンはこの再編成から独立する。なお，店舗内容は図表5-1に示した通りである。

図表5-1　組織再編後の店舗数と売場面積（1991年）

グループ名	店舗数	売場面積*
メーシーズ・イースト	68	19,506
メーシーズ・ウエスト	52	11,490
アイ・マグニン	24	1,865
合　　計	144	32,861

＊単位は1,000スクウエアフィート

　1991年10月現在，メーシーズ社は，エアロポステール（Aeropostale），チャータークラブ（Charter Club），ファンタジーズ・バイ・モーガン・テイラー（Fantasies by Morgan Taylor）という名のもとで，主に郊外ショッピング・モールのなかに，32万4千スクエアフィートの面積を有する107店を営業している。

　この百貨店グループと専門店は，R. H. Macy Corporate Buying（"Corporate Buying"）が管理している。このCorporate Buyingは，メーシーズ社の1つの部門で，ニューヨーク市に主要な事務所をもち，18の外国都市に外国購買事務所（foreign buying offices）と4つの他国に購買代表部（buying representatives）を包括している。購買スタッフに加えて，Corporate Buyingは特殊性を確立するために，またメーシーズ社の"private label"商品戦略を確保するためにデザイン・技術チームを置いている。Corporate Buyingに加えて，ニューヨーク市に，メーシーズ社の本部にある1つの専門化した会社スタッフが会計，財務，個人・労働関係，保険，不動産，業務，ファッション・デザイン，店舗デザイン，工学技術・建物，法律・税金関係を扱っている。

　1991年8月3日の年度末には，資本支出計画（capital projects）で，1億9,457万ドル（1990年の年度末は1億7,454万ドル）を新店舗の建設に加え，既存店

舗のリニューアル，および様々な付属施設の充実に費やした。この計画は，新地域の市場を取り込むだけでなく，市場占有率を上げるための直接的な市場開拓につながることになる。このように，メーシーズ社は，倒産直前にも活発な経営活動を持続していたことが理解できる。

(2) 倒産直後①（1992年8月）[9]

メーシーズ社は1992年1月27日，その小会社の9社とともに，チャプター・イレブンをニューヨーク南部地区倒産裁判所に申し立てた。1992年1月31日には，同社の小会社78社が同じくチャプター・イレブンを申し立てた。法の定めによる2つの債権者委員会が設立された。

チャプター・イレブン申請後，債務者であるメーシーズ社は経営の安定を図るために，米国倒産裁判所から法的保護を受けることになる。[10] 1つには，チャプター・イレブンを申し立てる前と同等の現金管理（キャッシュ・マネジメント）を実質上，継続できる権限が付与されたこと，2つには，チャプター・イレブン申立て後に，6億ドルの運転資金の供与が承認されたこと，3つには，GECCと米国Monogram Bankによるメーシーズ社がもつクレジット・カードの整理を暫定的に承認されたこと，4つには，チャプター・イレブン申立て前の顧客の権利を受け入れることが承認されたこと，5つには，従業員のために，チャプター・イレブン申立て前と同様に，彼らの便益を受け入れたこと，賃金を支払うことに権限を与えたこと，6つには，売主や委託人への商品返品計画の承認，7つには，外国売主への支払いの承認などである。

1992年度の営業状態は，売上高で対前年，4.6％の減少であった。特に，業績は米国東北部とカリフォルニアでの景気後退と消費者の買い控えが顕著であった。加えて，チャプター・イレブンの申立てによる商品仕入の混乱とカリフォルニアにおける消費者の混乱が，売上高の低迷を招いた。売場面積単位当たりの売上高は，1992年が191ドル，91年が201ドル，90年が217ドルであった。売上原価率は1992年が73.7％，91年が69.9％，90年が70.6％である。販売費・一般管理費は92年が31.4％，91年が26.8％，90年が23.6％であった。

このような状況を改善するために，メーシーズ社は次のような改革を行った。1つは，収益力の低い店舗を閉店した。2つには，組織再編と重複する機能の統合で経常費用を削減した。3つには，顧客サービスの向上と在庫管理アートテクノロジーを通じた商品の量的，質的な向上，4つには，コアとなる顧客をつかむためのリサーチ，5つには経費削減のための資産売却および閉鎖，6つにはすべての経費削減計画の実施で，過去2年間で1万6000名，21％の人員削減を行った。

財務状況では，チャプター・イレブン申請後，メーシーズ社の流動性は飛躍的に向上した。すなわち申立て前に生じた元本の返済，利子の支払い，買掛金その他の債務は，再建計画が確認されるまで繰り延べられることになったからである。なお，店舗内容は以下の通りである（図表5-2）。

図表5-2 チャプター・イレブン申請後の店舗数と売場面積（1992年）

グループ名	店舗数	売場面積*
メーシーズ・イースト	61	17,331
メーシーズ・ウエスト	53	11,762
アイ・マグニン	19	1,557
合　　計	133	30,650

＊単位は1,000スクエアフィート。

(3) 倒産直後②（1993年）[11]

1992年1月27日，メーシーズ社は，チャプター・イレブンを申し立てて以来，上述のような経営活動の再生計画を実行した。翌年7月31日の年度末には，メーシーズ社の総売上高は約63億ドルとなった。10月の時点では，これまでの3つの百貨店グループに加えて，84の専門店，すなわち，主に郊外にあるショッピング・モールにエアロポステル（Aeropostale）およびチャーター・クラブ（Charter Club）という名前で営業を行っている。なお，店舗内容は次の通りである（図表5-3）。

1993年度中，メーシーズ社は約1億3,570万ドルを掛けて，新店舗建設，既

図表 5-3 倒産後の店舗数と売場面積（1993年）

グループ名	店舗数	売場面積*
メーシーズ・イースト	59	16,904
メーシーズ・ウエスト	51	11,311
アイ・マグニン	12	1,050
合　計	122	29,265

*単位は1,000スクエアフィート。

存店舗のリニューアルを行っている。ちなみに倒産した92年度でさえも，約2億7,600万ドルを投じている。店舗の近代化と拡張は，それが新しい市場の開拓と同時に，市場占有率を高める行為であるとメーシーズ社の経営は信じているからである。

さらに，メーシーズ社，バロックス，アイ・マグニンは，家具店と在庫一掃店（Clearance Center）を経営している。93年10月現在，メーシーズ社は上記の通り，エアロポステルとチャーター・クラブという名前で84の専門店を営業している。

メーシーズ社の経営組織をみると，同社を構成する百貨店グループや専門店グループは，ニューヨークに本部を置くアール・エイチ・メーシー商品開発部（R. H. Macy Product Development）が本部機能を司っている。

5. 倒産前後の財務内容

(1) 財政状態

メーシーズ社の連結貸借対照表の数値は，多くの経営上の問題点を示唆している（図表5-4）。チャプター・イレブンを申し出た92年以前の90年，91年から，すでに同社は多額の債務超過にあった。前述のように債務超過の原因の多くは1986年と88年の経営行動にあった。

1986年には，メーシーズ社は大規模なLBOを行っている。この結果，同社

図表 5-4　連結貸借対照表

(単位：千ドル)

	(93年7月31日)	(92年8月1日)	(91年8月3日)	(90年7月28日)
《資産の部》				
＜流動資産＞				
現金および現金同等物	41,533	122,581	51,950	53,286
拘束性預金	34,915	33,630	—	66,571
売掛金	—	—	—	1,512,651
未収入金	121,770	123,290	126,784	88,739
未収還付法人税	—	—	2,000	23,000
棚卸商品	1,279,744	1,210,538	1,452,746	1,474,545
前払費用	66,412	62,506	69,180	62,703
小　計	1,544,374	1,552,545	1,702,660	3,281,495
＜その他資産＞				
取得純資産の原価の時価超過部分[1]	—	—	244,850	251,647
共同事業への投資	17,197	16,970	17,580	43,312
その他	103,091	156,325	167,242	182,625
小　計	120,288	173,295	429,672	477,584
＜不動産および設備＞				
土　地	417,072	419,399	428,937	429,843
所有不動産上の建物・装置	1,521,521	1,519,722	1,572,326	1,548,954
借入不動産上の建物・装置	463,602	449,656	421,979	419,061
什器備品	922,579	916,249	886,029	867,945
建設仮勘定	99,267	195,257	146,752	90,848
リース資産	82,515	63,704	34,903	34,903
借地権	19,210	22,067	24,083	24,083
小　計	3,525,766	3,586,054	3,515,009	3,415,637
減価償却累計額	1,089,939	972,394	835,726	691,422
	2,435,827	2,613,660	2,679,283	2,724,215
資産合計	4,100,489	4,339,500	4,811,615	6,483,294
《負債及びマイナス純資産の部》				
＜流動負債＞				
買掛金及び未払費用	874,492	925,041	1,006,494	955,604
短期借入金	62,698	—	242,810	667,907
未払法人税	402	406	—	56,137
長期借入金の1年以内返済分	—	—	76,580	240,146
リース資産に係わる債務の1年以内返済分	13,891	—	4,645	4,204
流動負債合計	951,483	925,447	1,330,529	1,923,998
＜その他の負債＞				
繰延法人税	—	—	41,494	34,771
その他の長期負債	117,265	103,322	206,136	170,313
長期借入金	—	—	3,349,448	4,501,239
資産計上リースに係わる債務	27,829	—	24,556	29,202
再生手続き実行に係わる債務	5,568,603	5,331,521	—	—
優先株	—	—	609,111	389,364
《資本の部》				
普通株式	1,750	1,750	1,750	1,750
欠損金	2,565,108	2,021,207	−750,251	−566,185
自己株式	−1,333	−1,333	−1,158	−1,158
マイナス純資産	−2,564,691	−2,020,790	−749,659	−565,593
資本負債合計	4,100,489	4,339,500	4,811,615	6,483,294

注(1) excess of cost over fair value of net assets aquired

は銀行団からの担保付き融資やジャンク・ボンドの利払いが多額となった。これは債務を膨大な額にして、債務超過に至らしめた大きな原因となった。その結果、90年、91年の債務にまで悪影響を及ぼしたのである。LBOに加えて、88年にメーシーズ社はフェデレート社の買収にも失敗している。同社は、11億ドルでフェデレート社の事業部門の一部を買収せざるを得ない状況に追い込まれた結果、債務をさらに増やすこととなった。90年の短期借入金は6億6,790万ドルであり、そこに1年以内の長期借入金及びリース資産に係わる債務の返済分を加えると9億1,225万ドルであった。同様に91年では、短期借入金は2億4,281万ドルで、そこに1年以内の長期借入金及びリース資産にかかわる債務の返済分を加えると3億2,403万ドルとなっている。流動負債額全体では、90年が19億2,399万ドル、91年が13億3,052万ドルであった。

長期借入金は90年が45億123万ドル、91年が33億4,944万ドルであった。負債総額をみると、90年は70億4,888万ドル、91年は55億6,127万ドルであった。このように、倒産直前の両期においても、メーシーズ社の債務額は膨大であったことがうかがえる。最終的に、債務超過額は90年で5億6,600万ドル、91年では、7億5,000万ドルであった。

図表5-4の通り、チャプター・イレブン申請後のメーシーズ社の財政状態は大きく変化する。特に、長短借入金を含む多くの債務額は、再生手続きにかかわる債務として処理される。その額は、92年には、53億3,152万ドルで、93年には、55億6,860万ドルとなる。

財務諸表上の債務超過額は、倒産後の92年には、20億2,079万ドル、93年には、25億6,469万ドルと、前期、前々期より大幅に増加するが、実際にはチャプター・イレブン申請後、その多くが棚上げされる[12]。メーシーズ社は、チャプター・イレブンの申立てにより、法的な保護を受けて、再生への第一歩を踏み出したわけである。

(2) 収益状況

メーシーズ社の連結損益計算書は、図表5-5の通りである。前述のように、メーシーズ社は、86年、88年にLBOやフェデレート社の一部事業買収など

図表5-5　連結損益計算書

(単位：千ドル)

	(93年7月31日)	(92年8月1日)	(91年8月3日)	(90年7月28日)	(89年7月28日)
純売上高	6,299,982	6,448,885	6,761,633	7,266,772	6,974,141
売上原価	4,461,945	4,753,627	4,676,490	5,127,433	4,692,501
販売費一般管理費	1,909,648	2,025,294	1,810,708	1,716,277	1,633,137
異常項目（純額）	20,255	314,926	－275	―	―
支払利子・再生項目	－91,866	－644,962	274,710	423,062	648,503
控除前営業利益					
利息費用（純額）	236,376	344,223	637,717	716,751	695,577
再生項目控除前損失	－328,242	－989,185	－363,007	－293,689	－47,074
再生項目	214,659	261,122			
法人税額及び特別利益前損失	－542,901	－1,250,307	－363,007	－293,689	－47,074
法人税	1,000	1,000	－100,365	－78,411	15,935
特別利益前損失	－543,901	－1,251,307	－262,642	－215,278	－63,009
税引後特別利益	―	―	112,449	―	－7,885
「棚卸資産の会計方針」の変更から生じた累積的影響	―	―	―	―	17,243
純損失	－543,901	－1,251,307	－150,193	－215,278	－53,651

で大きな債務を抱えたが，収益に対する悪影響は89年にも続く。売上高が89年から低迷を続けているにもかかわらず，90年，91年と一向に費用の減少がみられない。例えば，89年，90年，91年の倒産前期の利息費用は膨大な額に及ぶ。89年には6億9,557万ドル，90年には7億1,675万ドル，倒産直前期の91年にも6億3,771万ドルを記録している。費用が減らず，収益の中心である売上高が伸びなければ，利益を捻出できるはずがない。

メーシーズ社の倒産前営業利益はかろうじてプラスであるが，倒産直前にかけて時系列的に低下する。89年が6億4,850万ドル，90年が4億2,306万ドル，91年が2億7,471万ドルであった。営業利益が一段と落ち込む中で，何1つ収入に係わる項目の増加がみられない。本業による利益が激減しているにもかかわらず，営業費用，営業外費用が大きければ，自ずと収益は落ち込み，経営状態は悪化する。事実，純利益は倒産前期，前々期には大きなマイナスとなる。純損失の額は，倒産前々期の90年には，2億1,527万ドル，倒産前期の

91年には，1億5,019万ドルであった。

　倒産期の92年では，メーシーズ社は，倒産事態を迎えて，損益勘定のなかに異常項目（3億1,492万ドル）や再生項目（2億6,112万ドル）が発生して，損益計算書上の最終的な損失は大幅に増加する。

　この異常項目や再生項目[13]は，メーシーズ社が倒産時期を迎えこれから再生のために発生する費用項目となる。したがって，これらの項目は当然，倒産前期の89年，90年，91年にはみられず，これらの費用項目が最終純損失の額を膨大にしている。しかし，この損益状態は，先の貸借対照表分析や後のキャッシュフロー計算書分析にも通じることだが，倒産後に再生計画ができ，再生活動が実施されて，健全な経営活動から正常な財務諸表ができるまでの過渡的な段階であるといえる。

(3) キャッシュフローの状況

　キャッシュフロー計算書は，図表5-6に示した通りである。89年から倒産直前期の91年まで，営業活動によるキャッシュフロー純額はプラスである。89年のその純額は2,530万ドル，90年が6,728万ドル，91年が1億9,657万ドルであった。したがって，営業上の現金収支は少なくともプラスであった。しかし，投資活動によるキャッシュフロー純額は，倒産直前期の91年だけプラスであるが，その前後の期のすべてがマイナスである。91年がプラスであった理由は，売上債権の売却を行ったからにほかならない。

　財務活動によるキャッシュフロー純額は，89年には長期借入金の増加と長期債務と資産計上債務の返済を相殺したが，最終的には，89年が1億3,803万ドル，90年が1億1,739万ドルのプラスであった。しかし，倒産直前期の91年では，13億9,255万ドルという大幅なマイナスを示している。これは短期借入金，長期債務や資産計上リース債務を一気に返済したためである。

　倒産直前期の92年に入ると，財務活動によるキャッシュフロー純額は，倒産直前期を大きく上回るマイナスとなる。これは債務を繰り延べていたものの，加えて優先株に対する現金支払いがあったことを意味する。その結果，92年の財務活動によるキャッシュフロー純額は，44億4,606万ドルの赤字となっ

第5章 販売不振リスク型再生モデル〈メーシーズ社〉　99

図表5-6　連結キャッシュフロー計算書

(単位:千ドル)

	(93年7月31日)	(92年8月1日)	(91年8月3日)	(90年7月28日)	(89年7月28日)
1. 営業活動					
特別利益前損失	−543,901	−1,251,307	−262,642	−215,278	−63,009
営業活動によるキャッシュフロー純額へ調整するための修正					
減価償却および割賦償還	287,195	288,757	280,598	297,947	277,636
固定金利協定に基づく支払利息割引料	285,974	154,728	—	—	—
再生費用	35,263	117,834	—	—	—
非現金利息費用	21,722	41,339	121,105	129,237	117,289
共同事業による投資売却益	—	—	−31,595	—	—
不動産売却益	−13,286	—	—	—	—
取得資産原価の時価超過分償却	—	241,452	—	—	—
法人税繰延額（非流動）	—	—	−8,502	6,490	21,415
その他	—	5,748	−24,957	—	—
流動資産と流動負債の変化（1991年の受取債権の売却などによる影響を修正）					
拘束預金	−1,285	−33,630	66,571	−49,107	−17,464
売掛金	—	—	121,997	−95,197	−60,112
その他受取勘定	1,520	3,494	−38,045	−33,641	−13,851
還付法人税	—	2,000	21,000	−23,000	56,813
棚卸資産	−69,206	242,208	21,799	172,243	−326,035
前払費用及び消耗品	−3,906	6,674	−6,477	10,490	12,754
買掛金・未払費用	−50,549	616,673	49,011	−55,361	42,822
法人税	−4	406	−56,137	−1,936	11,292
再生手続に伴う運転資本とその他負債の減少	−27,421	−914,853	—	—	—
その他資産の減少（増加）	25,651	−21,392	−26,418	−5,809	4,996
その他負債と繰延税金の増加	16,736	83,032	32,623	−70,851	−37,126
特別利益に対する法人税純額	—	—	−68,920	—	−6,238
その他（純額）	−11	—	5,560	1,061	4,125

営業活動によるキャッシュフロー純額	-35,508	-416,837	196,571	67,288	25,307
2. 投資活動					
固定資産の取得	-113,913	-246,219	-194,576	-161,051	-161,066
共同事業投資売却収入	—	—	59,699	—	—
資産売却収入	14,299	—	—	—	—
受取勘定の売却	—	—	1,329,523	—	—
投資活動によるキャッシュフロー純額	-99,614	-246,219	1,194,646	-161,051	-161,066
3. 財務活動					
長期負債による入金	—	9,100	44,100	5,275	759,725
短期借入金の借入(返済)	65,900	-125,495	-436,492	200,996	-100,651
優先株発行	—	—	187,180	15,000	—
長期負債及び優先株発行費用	—	—	—	-1,082	-28,727
自己株式の買い取り	—	-175	—	-205	-227
長期負債及び資産計上リース債務の返済	-11,826	-50,871	-1,183,582	-102,588	-492,082
再生活動に基づく債務の繰り延べ	—	-3,627,579	—	—	—
再生活動に基づく優先株の減少	—	-637,315	—	—	—
占有を継続する債務者の費用	—	-15,000	—	—	—
その他	—	1,275	-3,759	—	—
財務活動によるキャッシュフロー純額	54,074	-4,446,060	-1,392,553	117,396	138,038
4. 再生活動におけるキャッシュフロー効果					
再生手続きに伴う債務の増加	—	5,179,747	—	—	—
再生活動によるキャッシュフロー純額への影響	—	5,179,747	—	—	—
5. 現金及び現金同等物増加(減少)	-81,048	70,631	-1,336	23,633	2,301
6. 期首現金及び現金同等物	122,581	51,950	53,286	29,653	27,352
7. 期末現金及び現金同等物	41,533	122,581	51,950	53,286	29,653

た。

　キャッシュフロー全体で特筆すべき点は，倒産期の92年に，51億7,974万ドルもの債務の増加により現金の入金がみられたことである。この入金は，すなわちチャプター・イレブンの申し立てによる再生手続きに伴う債務の増加から生じたものである。この中には，DIPファイナンスによる資金流入も含まれるものと思われる。

　メーシーズ社は，財政状態，収益状態に加えて，このキャッシュフローの状況でも，倒産前のあらゆる期で，財務が逼迫した状況であることを伺い知ることができる。倒産期およびそれ以降のキャッシュフロー計算書には，再生活動にかかわる項目が多く出現する。これらの項目は，メーシーズ社が再生するために通らねばならない道となる。この過程は，メーシーズ社が債務の多くを自動停止して，再生へ向けて船出する準備段階を意味している。

6. 経営基本機能の回復へ

　1992年1月27日，メーシーズ社はチャプター・イレブンを申し立て，事実上倒産したが，それ以降，単独で再生するために多くの事業再編成を行った。4月には，メーシーズ社の人事組織は，倒産に至らしめた経営責任者のフィンケルステインからコールマンⅢ世とハンドラー（Mark Handler）に取って代わられることになった。1992年，休日売上げは12億ドルに達して，その収益（revenue）は前年を3.8％も上回った。倒産後としては，出だしが順調であった。メーシーズ社はチャプター・イレブンの保護のもとに，矢継ぎ早に事業再建策を実施したのである。

　1992年11月，不名誉な倒産から脱却して，再生を果たそうとするメーシーズ社は，事業再生5カ年計画を策定した。それは1つに商品活動のオーバーホール，2つに顧客サービスの向上，そして，3つに経費削減を柱とするものであった。[14]再生計画の中心的な事業活動は，バイヤー・プランナー・ストアー・プロセス（buyer-planner-store process）という新たな商品配給システム（a new merchandising-allocation system）であった。[15]

　1992年1月27日の倒産以降，メーシーズ社が計画した事業再編成にかかわる項目を，再生機能別に整理・体系化すると以下の通りとなる。[16]

(1) 人事を含む組織機能の回復

① 経営者の交代：経営者がフィンケルステインからメイロン・ユールマンⅢ世とマーク・ハンドラーに交代する（92年4月）。[17]

② メーシーズ西部地区百貨店事業部門会長にマイケル・ステインバーク（Michael Steinberg）を，親会社の上級副社長にトーマス・C・シュル（Thomas C. Shull）が指名された（93年7月）。[18]

③ メーシーズ8店舗，アイ・マグニン5店舗，専門店42店舗を閉店する（92年）。これによって，低収益店舗面積250万スクエアフィートを削減できた。

④ 重複機能を統合する（92年）。

⑤ 過去2年間に約16,000名の従業員を削減する（92年）。

⑥ 過去2年間に約18,500名の従業員を削減する（93年）。

⑦ メーシーズ・ブロックス，合わせて12店舗，アイ・マグニンを11店舗，専門店42店舗を整理する（93年）。

(2) 生産・流通機能の回復

① コアとなる顧客をつかむためのリサーチを行う（92年）。

② 顧客サービスの向上と在庫管理技法を通じた商品の向上を目指す（92年）。

③ 地域密着型の品揃えを行う（93年）。

④ 仕入先関係の強化策を講じる（93年）。

⑤ 新しいコンピュータ・システムの導入計画を策定する（93年）。

⑥ 利益の出ない商品カテゴリーの見直しを行う（93年）。

(3) 金融機能の回復
① 経費削減のために資産の売却を実施する（92年）。
② 経費削減プログラムを実施する（92年）。
③ 営業コストに見合った福利厚生を行う（93年）。

7. 単独再生から合併

　メーシーズ社は1992年から93年にかけて再生計画を立て，そのうち，いくつかを実現してきたが，94年に入り単独再生計画に変化が生じた。メーシーズ社のライバル企業，フェデレート社がメーシーズ社の大口債権者として名乗りをあげたのである。

　1994年1月2日，フェデレート社はプルデンシャル保険がもつメーシーズ社の債権，半分を4億4,930万ドルで買い取り，残り半分の債権のうち，現金で1億930万ドル，それ以外は3年間の金利変動型借入金で購入することになった。

　これによって，フェデレート社はメーシーズ社の最大の大口債権者として，メーシーズ社の再生に大きな発言力をもつことになった[19]。フェデレート社はプルデンシャル保険との交渉をメーシーズ社には伝えず，迅速に事を進めてしまった。この時点で，フェデレート社の最終目的は，メーシーズ社のすべてを手に入れて，全米最大の百貨店になることが明白となった[20]。

　1994年1月以降，紆余曲折はあったが，同年7月に，メーシーズ社は独立単体企業としての再生を断念し，フェデレート社との合併に同意することになる[21]。フェデレート社とメーシーズ社との合併契約が合意に達し，メーシーズ社が倒産裁判所の保護を離れると，メーシーズ社とブロックスの店舗は，フェデレート社のポートフォリオで，バーデンズ（Burdines），ブルーミングデール（Bloomingdale's），ラザラス（Lazarus）およびその他のデパートに加わることになった[22]。メーシーズ社の債権者の多数がフェデレート社との共同再生計画（a joint reorganization plan）を支持したのである。

両社は合併までに，更にいくつかの過程を踏むことが必要となる。先の通り，メーシーズ社は共同再生計画案について，同社の債権者・社債保有者のおおかたの承認を得ることができた。さらに，フェデレート社とメーシーズ社は，最終的な合併契約書を作成し，両社の取締役会の承認を得ることが必要だった。共同再生計画案が両社の取締役会の承認を得られれば，それは倒産裁判所に提出される。次いで公聴会が開催されて，最終的に債権者・裁判所の承認を得て，両社の合併が成立することになる。1994年12月19日，共同再生計画案が承認・認可され，再生手続きが終結した。そして，メーシーズ社とフェデレート社は合併する運びとなったのである。

　1992年4月から約2年間にわたり，単独による再生化を図ってきたメーシーズ会長，ユールマン氏は，両社の合併後にはフェデレート社の会長代理となり，フェデレート会長のクエストロム（Allen Questrom）氏，社長のジマーマン（James Zimmerman）氏とともに，3人体制でフェデレート社が経営されることになる。

　2007年，米百貨店最大手フェデレート社は，6月1日付で社名をすべての店名を「メーシーズ・グループ」に変更すると発表した。これまでも歴史的に価値のある店舗の大半を「メーシーズ」名に統一してきた。フェデレートの社名は，1929年に複数の地方百貨店が集まり，持株会社を作ったのが発祥であった。

　その後も企業買収を通じて成長し，傘下に複数の店名を残して運営し，現在の店舗数は約850店あるが，約40店の「ブルーミングデールズ」以外はブランド志向の顧客のニーズに対応しブランド価値を高める経営戦略の一端として社名を「メーシーズ」に統一し運営することを決定した。

8. 要　　約

　これまでメーシーズ社の事例を考察してきたが，フェデレート社との合併は，メーシーズ社の消滅を意味するのか，それとも倒産というリスクを回避し

た再生を意味するものなのか。冒頭でも明らかなように，メーシーズ社は，チャプター・イレブン申立て後，1994年にフェデレート社との合併によって子会社となった。[26]

前述の通り，メーシーズ社の会長であったユールマンは，合併後にフェデレート社の経営者の一人に就任した。メーシーズ社の従業員は，チャプター・イレブン申立てから合併時点までに，ほぼ2万人がメーシーズ社の職を去ったが，残りの多くはメーシーズ社に留まった。[27]

メーシーズ社の顧客はどうか。顧客は，合併後もメーシーズ社の看板と商品を求めてやって来る。たとえ，株主・資本関係がメーシーズ社からフェデレート社に交替したとしても，これまでのメーシーズ社の顧客は，メーシーズ社の商標で購買するのである。そうであれば，株主・資本関係がフェデレート社に交替し回復しても，換言すれば，再生機能のうち，主として金融機能が他社の力による回復であるとしても，経営者も従業員も顧客の多くがメーシーズ時代と変化はない。血液（資本）は，たしかにメーシーズ社からフェデレート社に入れ替わった。しかし，メーシーズ社という身体（商標・従業員・経営者・取引先・営業内容）は，変化していない。また，メーシーズ社を取り巻く対境関係にあるもの，すなわち顧客，地域社会も変化はない。法人格の代表だけが，メーシーズ社からフェデレート社に交替しただけである。しかも2007年には社名をフェデレート社から「メーシーズ・グループ」に変更している。このようなメーシーズ社の事例で，資本主の交替がメーシーズ社の消滅を意味するものなのか。

資本主が変わろうが，メーシーズ社という商標が本社を代表する社名として残り，同一の営業活動が存続され，従業員の多くや経営者の一部も変わらず，かつ，顧客や取引先，地域社会も変化がないとすれば，それは消滅でなく再生ととらえることができる。[28]

デューイング（Dewing, A. S.）は再生を財務的な視点で定義づけている。彼は，再生とは，財務的困窮か，その危機に瀕した企業が，好ましい経営状況のもとで継続できるように，包括的に財務を再調整することであると定義づけた。[29]

ただ，回復しなければならない機能は金融機能だけではない。もちろん金融機能の回復は，再生の根幹を成す機能に違いない。ただし，金融機能だけでなく組織機能や生産・流通機能の回復も必要不可欠となる。

メーシーズ社は，チャプター・イレブンという法の保護のもとに，単独で金融機能や組織機能および生産・流通機能の回復を懸命に図ろうとし，実績もある程度あげていた。だが，メーシーズ社の単独再生は，その再生途中でフェデレート社が大口債権者として出現することにより閉ざされた。そして，組織，金融機能をフェデレート社との合併という再生手法で回復し，並行して生産・流通機能も回復して終結をみることになった。

メーシーズ社は，メーシーズ社単独で再生を果たすことはできなかった。しかし，フェデレート社との合併という「再生手法」を通して再生を果たした再生成功事例と考えてよい。

メーシーズ社の事例分析を行った結論は，総括して以下のようにまとめられる。

① メーシーズ社はフェデレート社との合併という再生手法で，リスクをチャンスに変え見事に再生を果たした。

② 合併により，「組織・金融機能」を中心に「組織フレームの再構築」を図った。

③ 合併後も従業員はメーシーズ社にとどまり，顧客の多くもメーシーズのブランドを求めて同百貨店に集まることから，「ブランド・マーケティング」を巧みに利用した再生手法であったといえる。すなわちメーシーズ社はフェデレート社との合併という「資本取引（再生手法）」で「金融機能・組織機能」を中心に再構築し，再生を果たした。

資本がフェデレート社に移行しても，メーシーズ社の従業員，顧客，取引先，地域社会，ブランドに意識的に大きな変化はなく，法人格の代表だけがメーシーズ社からフェデレート社に交替しただけであったといえる。しかも前述の通り，社名もフェデレート社から最終的にはメーシーズ・グループに変更された。販売不振においても，「既存の経営活動の一部または全部を後継会社

が継続すれば再生である」という本書のコンセプトに適った典型的な再生事例がメーシーズ社の再生事例であるといえる。

合併前のメーシーズ社の財務内容と単純に比較することはできないが，2008年の連結決算で同社の総資産額は277億8,900万ドル，純売上高は248億9,200万ドルであった。[30]

メーシーズ社の合併前（92年を基準）の資産総額43億3,950万ドル，純売上高64億4,888万ドルと比べて，合併後における資産総額では6倍以上，売上高規模では，ほぼ4倍に規模を拡大したことになる。

〔注〕
1 2007年2月28日付「NIKKEI NET」による。
2 メーシーズ社の歴史については，次の文献を参考にした。Martin, S. B., *Notable Corporate Chronologies*, Vol.2 L-Z, Indexes, 1995.
3 次の文献を参考にした。神谷光弘「メーシーズ倒産事件にみる米国会社更生法の現状（上・中・下）」『NBL』No.570/572/573。
4 三井物産株式会社業務部・M＆Aベンチャー室『対米M＆Aの視点―戦略的M＆Aの基本構造』相立出版，1990年，72～73頁。当時の米国では，M＆Aは第4次ブーム（1980～1989年）であった。とくに，このブーム後半には，キャンボー，ドレクセルを代表するLBOの破綻が起こり，LBOは急速に収束局面へと入る。メーシーズのLBOの失敗も，このブーム後半と軌を一にしている。
5 自動的停止（Automatic Stay）は，債務者の財産であれば，全世界どこに所在していても，その効力を有するものであり〔合衆国連邦法典28編1334条（e）〕，その違反に対しては，裁判所侮辱（contempt of court）としての罰金という強力な制裁が設けられている。
6 神谷光弘「メーシーズ倒産事件にみる米国会社更生法の現状（中）」『NBL』No.572,38頁。双務契約については，米国倒産法のなかで特に定義はない。ただし，それは，通常，契約の当事者の双方が義務を負担する契約をいい，いまだ当事者の双方がその義務の履行を完了していない状態をさす。
7 更生会社のDIP（占有を継続する債務者）は，倒産裁判所の許可なしで一定の条件のもとに新たに借入を行ったり信用の供与を受ける事ができる（連邦倒産法§364，§1107）。一度破綻した会社に対する信用供与については，DIPファイナンスという制度がある。
8 SEC, Form 10 K, *Annual Report*, the Fiscal year ended August 3, 1991.
9 SEC, Form 10 K, *Annual Report* the Fiscal year ended August 1, 1992.
10 SEC, Form 10 K, *Annual Report*, the Fiscal year ended August 1, 1992.
11 SEC, Form 10 K, *Annual Report*, the Fiscal year ended July 31, 1993.
12 債務棚上げの条項は，チャプター・イレブンの特徴で，オートマチック・ステイ（Automatic Stay）を意味する。このとき，債務者の債務は凍結され，チャプター・イレブンで保護されている間，債務の返済から解放される。
13 SEC, Form 10 K, *Annual Report*, for the Fiscal year ended August 1, 1992. 異常項目（un-

usual item）とは，①1986年の吸収合併，1988年の新規事業部門における吸収合併の際に取得した純資産の原価が時価を上回る額の繰越額の償却，②Macy's East-Westの組織再編成で発生した費用，③一時的処理施設での長期在庫処分のための費用を意味する。一方，再生項目（reorganization item）とは，チャプター・イレブンの手続き上，発生した費用項目を意味し，店舗閉鎖に要した費用，無担保長期債務にかかわる繰延費用の償却，専門家への報酬，優先株発行費の償却などである。

14　*The San Francisco Chronicle*, 11/06/1992, p. B1.
15　*Ibid.* このシステムは商品バイヤーと店舗販売員をつなぐ役割をプランナーに置く。プランナーはコンピュータを駆使して店舗における売れ行き傾向をたどって，バイヤーにその情報を中継する。かつては，バイヤーと店舗販売員が在庫をチェックして商品を配分していた。
16　SEC, Form 10 K, *Annual Report*, the Fiscal year ended August 3, 1991.
　　SEC, Form 10 K, *Annual Report*, the Fiscal year ended August 1, 1992.
　　SEC, Form 10 K, *Annual Report*, the Fiscal year ended July 31, 1993.
17　*The Wall Street Journal*, 04/28/1992, p. A3.
18　*The Associated Press*, 07/28/1993, BUSINESS.
19　*The Orange County Register*, 01/03/1994, p. a01.
20　*Star-Tribune*, 01/07/1994, p. 01D.
21　*The Wall Street Journal*, 05/06/1994, p. A8.
　　合併に至るまでには，メーシーズ，社債保有者委員会，そしてフェデレート主導の債権者委員会から提出された再生計画案，この3つの再生計画案が調停人に提出され，最終的に1つの再生計画案が債権者の承認を得ることになる。
22　*St. Petersburg Times*, 07/15/1994, p. 1E.
23　*Ibid.*
24　*Ibid.*
25　*Ibid.*
26　SEC, Form 10 K, *Annual Report*（Federated Department Stores），the Fiscal year ended January 31, 1998.
27　*St. Petersburg Times*, 07/15/1994, p.1E. この記事が掲載された時点で，チャプター・イレブンの申立てから2万人が職場を去ったが，まだ約5万人の従業員が働いていた。
28　上野久徳弁護士は，彼の著書『新・倒産処理と法的技法』（商事法務研究会，1997年）の序文で，次のように述べている。「倒産の整理は，破産にせよ更生にせよ，（法の）運用によって解体も新生も可能である。倒産した法人格は消滅しても，別法人により業務を継続することも再生である。すなわち，（倒産の整理は）企業の結合（M & A）と分離の機能をもっており，新しい社会情勢に即応する新たな企業の「創造」が，倒産の整理に課せられた理念である」との見方である。
29　Dewing, A. S., "Failure and Reorganization," *The Financial Policy of Corporation*, Vol. Ⅴ, the Ronald Press Company, 1921, p. 8.
30　《http://www.federated-fds.com/Investors/vote/2009_ar.pdf : 2008 Annual Report & Form 10K in PDF》（合併後，資産規模，売上規模は拡大したが，07年の同社の収益性は18億6,300万ドルの営業黒字を，08年は43億7,800万ドルの営業赤字を計上した。）

第6章
訴訟リスク型再生モデル
〈米国マンビル社〉
―アスベスト訴訟からの脱却―

1. 概　　要

　マンビル社は米国を代表する建築資材製造業の一社である。1982年，アスベストという訴訟リスクを抱えて米国連邦倒産法チャプター・イレブンを申請して倒産したが，88年には法的管理から脱却した。2001年，バークシャー・ハサウェイ（Berkshire Hathaway）の子会社となったが，09年の現在も充実した製造，販売活動を行う持続型企業再生の1つのモデルである。

　本章は，米国建材製造業のJohns Manville Corporation[1]（以下，マンビル社と略称する）を再生事例にとりあげた。同社は，アスベスト訴訟問題が発端となり，米国連邦倒産法チャプター・イレブンを申し立て，組織再編や資本再編を効果的に行うことで，組織機能や金融機能を中心に再生を果たした再生事例である。

　マンビル社は，ヨーロッパや中国にも進出する米国を代表する絶縁材や建築資材の製造・販売会社であった。同社は製品加工の原材料であるアスベスト（石綿）が原因で従業員らが肺ガンや悪性中皮腫を引き起こした。そのためにマンビル社は膨大な数の損害賠償訴訟に直面し，1982年8月，ニューヨーク南部地区連邦倒産裁判所に米国連邦倒産法，チャプター・イレブンの適用を申請し，事実上倒産した。だが，マンビル社は倒産6年後の88年に更生計画を完了して再生を果たしている[2]。

　本章の目的は，マンビル社の再生過程の軌跡をたどることによって，訴訟リスク型による倒産から再生を果たし，さらに持続型企業再生に至るまでの過程

を明らかにし，その条件を探ることにある。

　企業として，倒産から再生，そして持続型再生へと時間的プロセスをいかに効果的に，かつ戦略的にマネジメントしてきたのか，訴訟リスク対応の事例として分析を行う。

　同社の事例を分析すると，次のような特筆すべき点が列挙できた。

① マンビル社はアスベスト訴訟リスクによる会社崩壊の危機から脱出し，再生手法として法的手段の米国倒産法のチャプター・イレブンを申し立てた。

② マンビル社は，チャプター・イレブンという法的措置を講じることにより，主に組織再編による組織機能，資本再編による金融機能の回復により，アスベスト訴訟リスクによる経営危機から脱出し，再生を可能にした。

③ マンビル社の倒産は，現状の業績悪化による倒産ではなく，アスベスト訴訟問題というリスクから脱し，再生を果たすための，いわば戦略的倒産であった。

　マンビル社の再生成功の要因は，戦略的に法的措置を講じるだけでなく，経営者の合理的な意思決定に基づく組織再編，資本再編など，強行かつ柔軟な再生手法で経営基本機能，特に組織機能，金融機能を回復させることが重要になるという結論を導いた。以降詳細にその経緯を述べる。

2. マンビル社の歴史

(1) 概　　略

　マンビル社は，米国コロラド州デンバーに本部を置く絶縁材・建築資材の国際的な製造・販売業者で，北米，欧州，中国に業務活動の場を置いている。ビル・工場用断熱材，高効率濾過装置，商業用および工業用屋根葺きシステム，ビル・工場の補強材として用いられるガラス繊維・織物を製造，販売してい

る。

(2) 経営活動の軌跡

　マンビル社の歴史は，今から150年ほど前にさかのぼる。[3] 1858年，ヘンリー・W・ジョーンズ（Henry W. Johns）は21歳のとき，アスベスト織布，耐火屋根葺き材，絶縁材のメーカー，"H. W. Johns Manufacturing Company"をニューヨーク市で創業する。彼は98年，塵肺炎による死まで，鉱物資源のアスベストを多目的に使用しアスベストの材質，安全性を最後まで信じていた。
　一方，1886年，チャールズ・B・マンビル（Charles B. Manville）は，断熱材としてアスベストを最初に使用したオリジナル製品の製造会社，"Manville Covering Company"をウィスコンシン州ミルウォーキーで創業する。1901年，"H. W. Johns Manufacturing Company"と"Manville Covering Company"は，ニューヨーク市に"H. W. johns-Manville Company"を創るために合併する。この会社はアスベストを採掘し，それを原材料に製品を製造し，産業界や政府に販売した。26年，"Johns-Manville Corporation"として組織を再編する。翌年には株式を公開し，資本家モーガン（J. P. Morgan）氏が大株主となる。29年，アスベスト関連の病気に対する訴訟が起こるが，[4] マンビル社はアスベストの危険を従業員に前もって知らせているので，従業員達の仕事に対する無頓着さが原因であると主張した。マンビル社はその後，40年間もこの論法により裁判でほぼ勝訴していた。
　1939年から45年には，マンビル社は戦時生産に転換する。政府は軍艦，その他戦争目的の製品を製造するようマンビル社に要求した。58年，マンビル社はガラス繊維製造業者の"L. O. F. Glass Fibers"を買収することで，ガラス繊維産業に参入した。63年，ニューヨーク市，マウントシナイ病院のI. J. シリコフ博士は「アスベスト労働者の健康への調査結果」について医学会で報告した。それによると米国アスベスト労働者およびその家族のうち，10万人がアスベストに関係する肺疾患で死亡することを推測した。64年には，マンビル社は同社の製品ラベルに「長期間にわたってアスベストを過剰に吸入すると有害である」と記載した。

1971年，マンビル社は西独のファイバーグラス業者の"Schuller Fiber Glass of West Germany"の株式，75％を取得する。残り25％は1972年から77年までに取得した。74年には，マンビル社の売上は10億ドルを超えた。同社はファイバーグラス，アスベスト・セメント，ポリ塩化ビニール・パイプの全米における指導的な製造業者となった。

1977年には，マンビル社はHERMファイバーグラス処理工程を開発する。同社はこの開発でファイバーグラスの生産コストを著しく削減させることにより，4年の間に資本金を2億ドルに増やし，81年には生産量を倍増させるために全米各地に6つのファイバーグラス工場を建設する計画を立てた。また，マンビル社は2年以内に未解決のアスベスト訴訟を減らすとともに，その補償に1,600万ドルを見積もった。だが，新しい訴訟は76年の159件から78年には792件に増加した。1つの訴訟に要する費用は平均2万1,000ドルで，そのうち1万5,400ドルは原告に与えられるものと法廷費用であった。

1979年に，当時，マンビル社の社長Mckineey氏の職務の大半は，アスベスト問題に費やされた。同年5月のフォーチュン誌には「アスベスト訴訟は，マンビル社にとって1つの独立した事業である」と揶揄された。マンビル社は同社のアスベスト関連従業員を含め建設業，造船業の労働者の原告団に対して1,500件の共同被告となった。Mckineey氏は，造船労働者の訴訟の多くは，政府が第二次世界大戦や朝鮮戦争時代に政府の命令で行った労働によるものであると政府を相手取って訴訟を起こした。同年1月にマンビル社は，4億4,700万ドルの売上高をもつ"Olinkraft Inc."（Forest-Products Company）を約6億ドルで買収した。80年5月に，Mckineey氏はフォーチュン誌に「アスベストとマンビルが同義語であることに気づき，我々はアスベストから撤退する」という記事を掲載したが，その反面，主要なアスベスト訴訟に勝利をおさめていたので，膨大な訴訟に直面しても楽観していた。

1981年，マンビル社の株主は，親会社を"Manville Corporation"という社名に，子会社として5つの事業分野を"Manville Building Materials Corporation"，"Manville Forest Products Corporation"，"Manville International Corporation"，"Manville Products Corporation"，"Johns-Manville Corporation"に分

けて，組織再編成を承認した。81年12月，マンビル社は1万2,800人が起こした約9,300件の訴訟の被告，もしくは共同被告となった。同社は，82年には，1つの訴訟に平均4万ドルの費用をかけることになった。

1982年，マンビル社のコンサルタントは，すでに訴えられた1万6,500件の訴訟に加えて，今後20年間で3万2,000件の訴訟が発生するものと予測し，今後起こりうる訴訟の費用は20億ドルと見積もった。さらに，85年までに1万9,750件の訴訟がマンビル社に対して起こることが予想された。これに加えて，同社はこれまで建物や設備に取り付けたアスベストの除去損害賠償請求を申し立てられた。同社のMcKinney社長は，造船業やその他の政府関係事業で被った被害については政府が支払うべきであると主張したが，82年8月26日，度重なるアスベスト訴訟で，この年の第1，第2四半期が赤字となり，ついにマンビル社はチャプター・イレブンによる保護を申し立てた[5]（図表6-1）。チャプター・イレブンの申請は，アスベスト訴訟で崩壊の危機に直面したマンビル社を保護し，自社を維持，再生させるための最終的な決断であった。マンビル社がチャプター・イレブンを申し立てることにより，債権者は債務者のマンビル社に対して行う一切の債権取立行為が禁止（Automatic Stay）された。マンビル社は債務を棚上げしたまま，倒産前の経営陣によって営業活動を継続することが可能になったのである。倒産裁判所の保護のもとで，マンビル社のチャプター・イレブン申請後，経常利益は増加したが，法廷費用も急速に増えた。

1983年11月21日，マンビル社はチャプター・イレブンに基づく更生計画案を提出した。85年，同社はアスベストの最後のプラントを売却し，アスベスト事業から完全に撤退した。86年には，マンビル社は第2回更生計画案を連邦裁判所に提出した。88年11月28日に，マンビル社はチャプター・イレブンに基づく更生計画を完了した。同年に，マンビル人身損害賠償協定信託（Manville Personal Injury Settlement Trust）と財産損害賠償協定信託（Property Damage Settlement Trust）が設立された。同時に，新たなマンビル社の株式はニューヨーク証券取引所で取引が開始された。

1991年，マンビル社は持株会社の形態をとり，2つの重要な事業分野，すな

図表 6-1　マンビル社の四半期財務データ "Unaudited"

（単位：千ドル，ただし1株当たり利益は除く）

四半期	売上高	総利益	経常利益	普通株1株当たりの利益[1]
1984-第1四半期	$410,092	$90,811	$12,746	$.27
第2四半期	456,519	106,398	18,075	.49
第3四半期	491,106	110,604	28,207	.92
第4四半期	456,467	106,487	18,199	.50
計	$1,814,184	$414,300	$77,227	$2.18

(1) Earnings per Common Share

四半期	売上高	総利益	経常利益	普通株1株当たりの利益
1983-第1四半期	$402,818	$86,998	$16,590	$.43
第2四半期	441,778	95,044	22,011	.66
第3四半期	453,490	92,755	20,324	.59
第4四半期	431,379	84,234	1,201	(.21)
計	$1,729,465	$359,031	$60,126	$1.47

四半期	売上高	総利益	経常利益	普通株1株当たりの利益
1982-第1四半期	$396,362	$71,559	$ (3,004)	$ (.40)
第2四半期	445,751	83,162	(9,775)	(.67)
第3四半期	438,300	101,426	22,818	.69
第4四半期	404,175	99,530	(30,992)	(1.15)
計	$1,684,588	$355,677	$ (20,953)	$ (1.53)

＊カッコ内の数字はマイナスをあらわす
出典：Annual Report and From 10K Manville Corporation, 1984. Annual Report and From 10K Manville Corporation, 1983.

わちファイバーグラス（Manville Sales Corporation）と木材製品（Manville Forest Corporation）に事業を合理化した。92年には，同社は持株会社形態のもとで最初の年度となる。Manville Sales Corporationは，社名を"Schuller International Group, Inc."に変更した。マンビル社は更生後，1株につき1ドル4セントの第1回配当金を支払った。93年に，1株につき1ドル4セントの第2回特別配当金を支払う。94年7月，協定書が原告の要求を一本化するためにクラス・アクション（集合代表訴訟）という形態をとる旨の報告が当該信託からあった。

当該協定書は，95年1月にニューヨーク地方裁判所で承認され，当該信託は2月に新協定書に基づいて損害賠償を処理した。

1996年，マンビル社は社名を"Schuller Corporation"に変更したが，翌年5月に"Schuller Corporation"は株主の承認を得て，"Johns-Manville Corporation"に再度変更した。マンビル社は通常の営業活動とともに企業買収を意欲的に進めたが，2000年12月にバークシャー・ハサウェイに買収された。

3. 倒産前後の経営と財務

(1) 倒産に至る経緯

前述の通り，1981年12月にマンビル社は，1万2,800人が起こした約9,300件の訴訟の被告もしくは共同被告となった。翌年，マンビル社のコンサルタントは，すでに訴えられている1万6,500件の訴訟に加えて，今後20年間に3万2,000件の訴訟が発生し，今後起こりうる訴訟費用額は20億ドルにのぼることを見積もった[6]。そして，85年までに1万9,750件の訴訟が同社に対して起こることを予想した。さらに，同社は，これまでに販売したアスベスト施設の除去損害賠償を請求された。同社は今後起こりうる膨大な訴訟費用に企業経営が耐えられないと判断した。

当時，マンビル社の総資産額は20億ドルであったが，アスベストの訴訟費用は資産額と同程度であり，仮に訴訟費用を全額支払えばマンビル社の資産額と同等の金額が同社から出ていく勘定になった。訴訟費用の莫大な負担は，近い将来，確実に企業倒産に陥ることを意味していた。したがって，マンビル社がチャプター・イレブンを申し立てた最大の理由は，将来，発生が予想される膨大な訴訟費用から会社を保護し，自社を維持，存続させることにあった。

(2) 倒産前後の財務分析①

図表6-2は，1984年を起点に倒産直前期の81年度から4年間の連結損益を

図表6-2 連結損益計算書[7]

(単位:千ドル)

	1984年	1983年	1982年	1981年
〈収益の部〉				
売上高	1,814,184	1,729,465	1,684,588	1,895,247
その他の収益	59,291	61,474	32,449	40,504
合　計	1,873,475	1,790,939	1,717,037	1,935,751
〈費用の部〉				
売上原価	1,399,884	1,370,434	1,328,911	1,505,325
販売費一般管理費	237,925	223,817	218,992	233,909
研究開発費	35,596	35,245	28,246	30,596
合　計	1,673,405	1,629,496	1,576,149	1,769,830
営業利益	200,070	161,443	140,888	165,921
支払利息	21,155	25,649	51,545	71,552
アスベスト健康問題費用[(1)]	26,066	20,429	16,103	12,756
チャプター・イレブン費用[(2)]	17,255	18,318	2,090	―
資産処分損および資産減損	267	(3,403)	46,299	2,419
従業員退職勧奨費用	―	―	37,322	―
税引前経常損益	135,327	100,405	(12,471)	79,194
〈法人所得税〉				
当期納付税額	29,771	23,473	16,854	36,761
当期繰延税額	28,329	16,806	(8,372)	(7,025)
合　計	58,100	40,279	8,482	29,736
経常損益	77,227	60,126	(20,953)	49,458
〈廃止事業損益〉				
アスベストファイバー事業損益	―	7,068	(66,723)	13,938
パイプ事業損益	―	―	(7,079)	(3,076)
パイプ処分損益	―	―	(2,829)	―
当期利益又は当期損失	77,227	67,194	(97,584)	60,320

＊カッコ内は該当項目のマイナス金額。
注(1) Asbestos Health Costs, (2) Chapter 11 Costs.

示している。倒産直前期である81年度のマンビル社には，収益性になんら問題は生じていない。[8]まず，収益性について，時系列的に実数分析を試みると，81年度にマンビル社は，18億9,525万ドルの売上高，3億8,990万ドルの売上総利益，1億6,590万ドルの営業利益，4,946万ドルの経常利益，6,032万ドル

の当期利益をあげている。

　1981年後半に入り，マンビル社は9,300件の訴訟の被告もしくは共同被告となり，訴訟1件について平均4万ドルの訴訟費用を要することになった。同年度には，アスベスト問題のために売上高が減少するとともに，通常の費用のほかにアスベスト健康問題にかかわる費用が嵩んだ結果，2,095万ドルの経常損失，および9,758万ドルの当期損失が発生した。82年度のマンビル社は，特に4,630万ドルの資産処分損および資産減損（Loss on Disposition of Assets and Assets Impairment）と，6,672万ドルのアスベスト関係の廃止事業から生じた損失（Loss from Discontinued Operations）がマイナスの幅を広げた。

　倒産後の1983年度には，マンビル社の収益はアスベスト健康問題にかかわる費用や裁判費用は増えたものの，売上高総利益が3億5,903万ドル，営業利益が1億6,144万ドル，経常利益が6,012万ドル，当期利益が6,719万ドルに回復した。同期の経常利益と当期利益は，倒産前の81年度を上回った。84年度に至ると，マンビル社の収益性は，倒産前を上回るようになった。同期の売上高総利益が4億1,430万ドル，営業利益が2億ドル，経常利益と当期利益がそれぞれ7,723万ドルであった。

　次に，時系列で比率分析を試みると，ROEは1981年度が4.1％，82年度がマイナス2％，83度年が5.3％，84年度が6.5％であった。同社のROAは，81年度が2.2％，倒産年度の82年はマイナス0.9％，83年度が2.7％，84年度が3.3％であった。同社の売上高経常利益率（Profit Margin）は，81年度が2.6％，82年度がマイナス1.2％，83年度が3.5％，84年度が4.3％であった。このように倒産を契機にして収益力を一段と高めている。

　支払能力や安全性については，図表6-3の連結貸借対照表から計算すると，流動比率は1981年度が185％，82年度が315％，83年度が336％，84年度が294％である。正味運回転資本比率（Working Capital/Total Assets）は，81年度が0.12，82年度が0.21，83年度が0.22，84年度が0.21であった。流動負債比率（Current Liab./Equity）は，81年度が0.26，82年度が0.21，83年度が0.18，84年度が0.21であった。長期借入金比率（Long Term Debt/Equity）は，81年度が0.42，82年度が0.01，83年度が0.0035，84年度が0.069であった。負債

図表6-3 連結貸借対照表[9]

(単位:千ドル)

資産の部	1984年	1983年	1982年	1981年
〈流動資産〉				
現金・預金	9,309	19,180	11,532	14,081
有価証券	276,061	240,094	205,666	12,013
〈受取債権〉				
営業債権	254,302	233,303	266,408	288,702
営業外債権	30,939	44,343	44,382	37,933
棚卸資産	164,398	140,886	151,879	211,129
前払費用	17,288	21,902	16,583	18,810
流動資産合計	752,297	699,708	696,450	582,668
〈有形固定資産〉				
土地	96,395	97,202	108,002	119,174
建物	308,421	302,909	331,802	363,308
機械・装置	1,120,733	1,056,009	1,090,337	1,202,490
	1,525,549	1,456,120	1,530,141	1,684,972
減価償却累計額	512,590	471,868	546,712	524,747
	1,012,959	984,252	983,429	1,160,225
木材・森林	391,886	395,004	402,034	406,205
有形固定資産合計	1,404,845	1,379,256	1,385,463	1,566,430
その他の資産	181,992	174,298	154,191	148,716
資産合計	2,339,134	2,253,262	2,236,104	2,297,814

負債の部	1984年	1983年	1982年	1981年
〈流動負債〉				
購入債務	102,097	93,867	85,867	120,295
短期借入金	20,188	13,716	11,892	29,437
従業員年金および補償金	80,643	65,142	63,234	77,477
納税引当金	17,720	9,503	31,544	30,335
その他の未払費用	35,108	26,174	28,772	58,031
流動負債合計	255,756	208,402	221,309	315,575
チャプター・イレブン未払債務	574,432	712,766	736,499	—
固定負債	83,567	4,060	11,949	507,620
その他非流動負債	66,720	60,791	59,988	86,411
繰延税金	161,832	135,579	140,320	184,924
負債合計	1,142,307	1,121,598	1,170,065	1,094,530
優先株				
累加配当優先株	300,800	300,800	300,800	300,800
普通株主持分				
普通株	60,172	60,172	60,172	59,102
資本準備金	178,400	178,400	178,400	173,950
剰余金	712,538	635,313	568,322	695,362
為替算調整勘定	(52,989)	(40,918)	(39,234)	(22,443)
自己株式	(2,094)	(2,103)	(2,421)	(3,487)
	896,027	830,864	765,239	902,484
負債・資本合計	2,339,134	2,253,262	2,236,104	2,297,814

比率 (Total Liab./Equity) は, 81年度が0.909, 82年度が1.097, 83年度が0.991, 84年度が0.954であった。株主資本比率は81年度が52.4%, 82年度が47.7%, 83年度が50.2%, 84年度が51.2%であった。

資産効率, 資本効率については, 正味運転資本回転率 (Revenues/Working Capital) は, 81年度が7.10回, 82年度が3.55回, 83年度が3.52回, 84年度が3.65回であった。総資産回転率は, 81年度が0.82回, 82年度が0.75回, 83年度が0.77回, 84年度が0.78回であった。

マンビル社の収益性を表すROE, ROAおよび売上高経常利益率の値は, 倒産期の82年度を除きプラスで, 倒産後に上昇している。支払能力を表す流動比率は, 倒産直前期よりも倒産期のほうが高く, 倒産後の2期は倒産期に似た高い値を維持する。総資産に占める正味運転資本の割合を示す正味運転資本比率は, 倒産直前期より倒産期のほうが2倍程度高い。倒産後の2期に至っても倒産期に似た高い値を維持する。流動負債対株主資本の割合は流動負債比率で表される。この値は倒産直前期よりも倒産期のほうが低下し, 倒産直後期の値は倒産期よりもさらに低下する。長期借入金対株主資本の割合を示す長期借入金比率については, 倒産期の値は倒産直前期の値のほぼ40分の1に減少し, 倒産直後期には倒産期のさらに3分の1に減少する。株主資本比率は倒産期に幾分低下するが, 全期を通して50%前後あった。総資産回転率は倒産直前期が他の期と比べて若干高いが, 4期を通してほぼ同程度であった。

収益性, 流動性, 安全性および効率性の実数分析と比率分析の結果から判断できることは, マンビル社は倒産期に一時的に経常利益と当期利益が赤字になったものの, 長期的な収益性や流動性, 安全性の欠如に陥っていない。株主資本比率は倒産期に47%台に低下したものの, 倒産前後期は50%台と比較的高く, 日本の企業倒産にみられるような債務超過にはほど遠い状態で, 経営活動に不可欠な正味運転資本も充分にある。マンビル社にとって, 倒産という事態は収益力や支払能力の長期にわたる急激な低下が原因で起きたのでなく, アスベストという社会問題, 訴訟問題に伴う, 莫大な費用の可能性が倒産の引き金となって起きたように思われる。

(3) 倒産前後の財務分析②

次に倒産年度（1982年度）を起点に，倒産年度と倒産前年度（1981年度），倒産直後年度（1983年度）の財務内容を比較することにより，倒産年度およびその前後年度の財務的な特徴を明らかにしたい。

まず，マンビル社の倒産前年度（1981年度）と倒産年度（1982年度）の損益状態を比較し，その内容を検討すると4つの特徴が明らかとなる。1つに，マンビル社の倒産年度の売上高は，アスベスト訴訟問題のために倒産前年度を大きく下回った。倒産年度の売上高は，倒産前年度と比べて2億ドル以上の減少であった。2つに，マンビル社は倒産前年度には発生しなかった多額の営業外費用を倒産年度に計上した。マンビル社は倒産年度に，ベルギーにある子会社などから発生した資産処分損および資産減損として4,629万ドルを計上した。さらに，アスベスト健康問題にかかわる費用は倒産前年度に1,275万ドルを支払い，倒産年度には1,610万ドルを支払っている。[10] 3つに，マンビル社は，倒産年度にはアスベスト訴訟関連の問題のために，多額の従業員退職勧奨費用（3,732万ドル）を計上した。[11] 4つに，マンビル社は廃止事業（Discontinued Operations）による費用が82年度に発生した。マンビル社はアスベストファイバー事業部門を廃止することで，6,672万ドルの費用を計上した。マンビル社は，倒産年度には，これらの費用支払いと販売不振のために営業利益が倒産前年度と比べて2,500万ドル減少し，経常損益が倒産年度には，マイナス2,095万ドルとなり，最終の当期損益に至ると，倒産前年度が6,032万ドルの黒字であるのに対して倒産年度には9,758万ドルの損失となった。

次いで，倒産年度と倒産直後年度（1983年度）の損益状態を比較し，その特徴をみると以下の点が明らかとなる。1つに，倒産直後年度の売上高は倒産年度よりも4,487万ドルほど伸びた。2つに，その他収益は倒産直後年度が倒産年度の2倍弱に伸び，売上原価と販売費一般管理費に大きな変化はなかった。その結果，営業利益は82年度よりも2,056万ドルほど増加した。3つに，資産処分損および資産評価損ならびに従業員退職勧奨費用が倒産直後年度に発生しなかった。その結果，6,012万ドルの経常利益が発生した。4つに，倒産年度に発生した多額の廃止事業損失が倒産直後年度にはなかった。その結果，

マンビル社は83年度に6,719万ドルの当期利益を計上した。

一方，マンビル社の倒産年度と倒産前年度の財政状態をみると以下の特徴がみられる。1つに，総資産額は倒産前年度と倒産年度に大きな変化はなかった。資産総額は倒産前年度が22億9,781万ドル，倒産年度が22億3,610万ドルであった。2つに，負債総額は倒産年度が倒産前年度よりも大きかった。したがって株主資本額は倒産前年度が12億328万ドル，倒産年度が10億6,600万ドルで，1億3,720万ドルほど倒産前年度のほうが多い。だが，マンビル社は，倒産前年度だけでなく，倒産年度においても，わが国の倒産企業の殆どにみられるような「債務超過」という財政状態からはほど遠い。3つに，流動資産額と正味運転資本額は倒産前年度より倒産年度のほうが多い。流動性の視点では，倒産年度のほうが倒産前年度より高い。4つに，流動負債総額は倒産前年度より倒産年度のほうが小さい。倒産年度の流動負債額は倒産前年度より9,427万ドルほど少ない。したがって，倒産前年度より倒産年度に債務負担が軽減している。5つに，倒産前年度になかったチャプター・イレブンにかかわる多額の債務が倒産年度に計上された。その額は7億3,650万ドルであった。

次に，倒産年度と倒産直後年度の財政状態を比較すると以下の点が特徴として列挙できる。1つに，流動資産と流動負債の額は，倒産年度と倒産直後年度とほぼ同程度の額であった。したがって，正味運転資本の額は両年度は同程度である。2つに，株主資本の額は倒産年度より倒産直後年度が6,563万ドルほど増加した。したがって，株主資本比率は倒産年度より倒産直後年度のほうが上回った。3つに，倒産年度と同程度のチャプター・イレブンにかかわる債務が倒産直後年度に生じている。その額は，7億1,276万ドルであった。

4. 倒産後の経営と財務

(1) 製品部門と部門別財務

マンビル社は，今日，絶縁材部門（Insulation），屋上システム部門（Roofing Systems），工学製品部門（Engineered Products）の3つの事業部門をもつ[12]。北

米におけるファイバーグラス絶縁材の市場は26億ドルで，同社は住宅用のファイバーグラス絶縁材でナンバー2の製造業者であり，商工業用全体で主導的な立場を市場で占めている。特に，特殊な装置製造業者用の絶縁材，たとえば航空宇宙，自動車，そして熱・換気・空調の3つの市場における売上高は業界トップにある。ちなみに，97年度における同部門の売上高は6億9,780万ドル（全部門の42%），営業利益は9,870万ドル（全部門の39%）であった。

屋上システムの市場は北米で27億ドルで，マンビル社は絶縁材部門と同じようにこの部門でも主導的な立場にある。97年度の同部門の売上高は5億1,050万ドル（同30%），営業利益は6,290万ドル（同25%）であった。特に近年，買収により製品ラインを増やし大きく成長を果たした。工学製品部門はマット，ファイバー，濾過製品から構成される。マットとファイバーは屋根や床，また特殊な用途の基礎材料に使用される。濾過製品は電子工学工場や薬品工場などの空気清浄用として使用される。マンビル社のマットとファイバー事業で，不織ファイバーグラス・マット製品は世界で最大の供給業者である。97年度の売上高は，4億7,600万ドル（同28%），営業利益は9,260万ドル（同36%）であった。

(2) 1997年度の財務内容

図表6-4はマンビル社における最近の財務内容である[13]。マンビル社の財政状態は，総資産額が19億8,000万ドル，流動資産が5億7,100万ドル，負債総額が12億8,700万ドル，株主資本が6億9,300万ドル，正味運転資本が2億7,500万ドル，経常利益（Net Income = Income from continuing operations）は1億3,000万ドルであった。したがって，同社の株主資本比率は35%，流動比率は193%，ROEは18.8%，ROAは6.6%であった。その他の資産，負債，資本および収益は図表6-4に示した通りである。

この数値から判断できることは，今日，マンビル社の財政状態は比較的安定したもので，財務的に大きな問題を抱えていないことである。

図表6-4　主要財務指標

(1997年12月末現在)

(単位：千ドル)			
総資産	1,980,534	………… 収益性 …………	
流動資産	571,485	ROE	18.83%
負債総額	1,287,451	ROA	6.59%
流動負債	296,114	経常利益率 [(1)]	7.92%
固定負債	456,294	………… 流動性 …………	
株主資本	693,083	流動比率	1.93%
売上高	1,647,645	正味運転資本／総資産	0.14%
経常利益	130,529	………… 安全性 …………	
		流動負債／株主資本	0.43%
		長期借入債務／株主資本	0.66%
		負債比率	1.86%
		……アセットマネジメント……	
		1株当たり利益	0.81%
		平均発行済株式数 [(2)]	162,768%
		総資産回転率	0.83%
		正味運転資本倍率 [(3)]	5.98%

注　(1) Profit Margin. (2) Average Shares Outstanding. (3) Revenues/Working Capital.

(3)　財務内容の変化

　マンビル社の最近の損益状態と財政状態を時系列でみると，次ページの図表6-5および125ページの図表6-6の通りとなる。1995年度から97年度までの損益と財政の状態を，過去3年間にわたり観察する。

　はじめに1997年と96年の損益状態を図表6-5でみると，マンビル社の純売上高は，96年の15億5,240万ドルから97年度には16億4,700万ドルとなり，9,520万ドルの増収で，6.1％の増収率であった。96年の売上総利益（Gross profit）は4億4,060万ドルで，97年のその額は4億3,150万ドルであった。したがって，売上総利益は910万ドルの減少となり，対前年度2.1％のマイナスとなった。売上高総利益率は，97年度が販売価格の低下がひびいて，26.2％となり，前年度よりも2.2％の減少であった。販売費・一般管理費および研究開発費は，合計2億574万ドルとなり，対前年度で205万ドルの増加であった。しかし，これらの費用は対売上高の割合で比較すると，96年度の13.1％から97年度には12.5％に減少した。

図表6-5　連結損益計算書

(単位：千ドル)

	1997年	1996年	1995年
売上高	1,647,645	1,552,429	1,391,522
売上原価	1,216,135	1,111,811	993,111
販売費・一般管理費	174,573	171,027	150,135
研究開発費	31,174	32,663	29,988
非経常費用[(1)]		49,156	
営業外損益	(10,341)	(345)	(17,005)
営業利益	215,422	187,427	201,283
投資有価証券売却益[(2)]			74,889
受取利息	10,263	18,897	24,177
支払利息	50,205	48,242	48,265
利益配分費用[(3)]		6,648	27,661
税引前利益	175,480	151,434	224,423
税金費用[(4)]	44,951	(39,091)	102,417
経常利益	130,529	190,525	122,006
廃止事業損益（税引後）			36,491
廃止事業処分損益（税引後）	19,471	216,246	(42,502)
臨時項目控除前利益及び会計方針変更前利益[(5)]	150,000	406,771	115,995
損害賠償協定信託臨時損失[(6)]		314,296	
初期債務削減臨時損失[(7)]		1,989	
当期利益	150,000	90,486	115,995

注　(1) Nonrecurring charges. (2) Gain on sale of equity investments. (3) Profit sharing expense. (4) Income taxes (benefit). (5) Income (loss) before extraordinary item & acctg changes. (6) Extraordinary loss on trust settlements. (7) Extraordinary loss on early extinguishment of debt.

　1997年の営業利益は，2億1,540万ドルで，96年の1億8,740万ドルと比べると15％の上昇となった。

　1996年度と95年度を比較すれば，マンビル社の純売上高は95年度の13億9,150万ドルから96年度には15億5,240万ドルとなり，1億6,090万ドルの増加で，11.6％の増収率であった。売上総利益は，1995年度と比べ4,220万ドル増え，10.6％の増益率であった。この増加は企業買収による成果のあらわれである。[16] 売上高総利益率は1996年度が28.4％に対して，95年度が28.6％であった。これは営業活動の効率化がプラス要因となったが，販売価格の低下がこの比率のマイナス要因となった結果である。販売費・一般管理費および研究開発費は，96年度が95年度よりも2,360万ドル増えた。対売上高比率は，95年度

図表6-6　連結貸借対照表

(単位：千ドル)

資産の部	1997年	1996年	1995年
現金・預金	132,137	206,605	310,809
市場性のある持分有価証券	36,929	42,690	116,958
受取債権	221,943	229,665	195,780
棚卸資産	127,061	101,041	77,121
前払費用	11,409	7,921	5,807
繰延税金資産	42,006	30,001	31,233
流動資産合計	571,485	617,923	737,708
土　地	50,189	47,977	43,442
建　物	246,175	237,132	218,750
機械・装置	1,141,106	1,115,649	1,035,240
有形固定資産合計	1,437,470	1,400,758	1,297,432
減価償却累計額	639,711	630,338	580,022
差引有形固定資産	797,759	770,420	717,410
長期繰延税金資産	194,836	212,161	414,711
販売用固定資産	—	—	375,601
営業権	202,844	127,994	—
その他資産	213,610	218,228	228,629
資産合計	1,980,534	1,946,726	2,474,059
負債の部	1997年	1996年	1995年
短期借入債務	1,767	31,748	2,042
購入債務	114,638	120,851	93,240
従業員年金および補償金	84,221	105,629	104,550
税金費用	8,703	35,837	28,768
その他未払費用	86,785	68,888	103,005
流動負債合計	296,114	362,953	331,605
長期借入債務	456,294	428,160	447,007
繰延税金	42,175	41,242	47,362
年金以外の退職後給付	197,419	200,822	204,445
その他非流動債務	295,449	333,087	262,333
負債合計	1,287,451	1,366,264	1,292,752
累加配当優先株	—	—	178,638
普通株	1,628	1,627	1,228
自己株式	(16,522)	(16,241)	(1,999)
資本準備金	540,422	539,423	1,013,505
制限付未実現株式補償*	(7,224)	(9,124)	(3,427)
剰余金（欠損金）	165,492	38,106	(39,322)
為替換算調整勘定	9,287	26,671	32,684
資本合計	693,083	580,462	1,181,307

＊ Unearned restricted stock compensation
（　）内の数値はマイナスを示す。

の12.9％から96年度には13.1％とわずかに増加した。この増加は，主として企業買収とそれに付随する費用による結果である。[17]営業利益は95年度が2億130万ドルで，96年度が1億8,740万ドルで，1,390万ドル減少した。

次に，図表6-5と図表6-6から，マンビル社の財務内容を収益性，流動性，効率性の視点で時系列的に観察する。収益性指標の1つであるROEは，1995年度が10.33％，96年度が32.82％，97年度が18.83％と，時期により格差が大きい。ROAは95年度が4.93％，96年度が9.79％，97年度が6.59％であった。売上高経常利益率は，95年度が8.77％，96年度が12.27％，97年度が7.92％であった。これらの3つの収益性指標は，96年度が他の時期より比較的に高い値を示した。

流動性指標の流動比率は95年度が222％，96年度が170％，そして97年度が193％と流動負債に比べて流動資産の割合は，常に2倍近く確保している。もう1つの流動性指標である正味運転資本比率は，95年度が0.16倍，96年度が0.13倍，97年度が0.14倍であった。実際の正味運転資本額は，95年度が4億610万ドル，96年度が2億5,497万ドル，97年度が2億7,537万ドルであった。流動負債比率は，95年度が0.28倍，96年度が0.63倍，97年度が0.43倍であった。長期借入金比率は，95年度が0.38倍，96年度が0.74倍，97年度が0.66倍であった。負債比率は，95年度が1.09倍，96年度が2.35倍，97年度が1.86倍であった。3つの期間のうち，96年度だけが総負債額が株主資本の2倍を超えた。

株主資本比率は，95年度が48％，96年度が30％，97年度が35％であった。総資産回転率は95年度が0.56回転，96年度が0.80回転，97年度が0.83回転であった。資産効率は年度ごとに高まっている。正味運転資本は売上高の何倍にあたるか，売上高に比べて正味運転資本が大きいほど倍率は低下する，ある種の流動性を表す指標である。この指標は95年度が3.43倍，96年度が6.09倍，97年度が5.98倍であった。これらの観察から，マンビル社は最近3年間では比較的安定した財務内容をうかがい知ることができる。

5. 倒産前後と再生後の財務比較

　これまで，マンビル社の倒産とその再生に至るまでの経営と財務の軌跡をたどった。倒産年度の1982年に，マンビル社の経常損益と当期損益は，初めてマイナスを計上した。倒産年度の売上高は，アスベスト訴訟問題のために前年度を大きく下回り，加えて多額の資産処分および資産減損が生じた。アスベスト健康問題にかかわる費用は，倒産年度に1,610万ドルを計上している。さらに，マンビル社は倒産年度にアスベスト関連問題解決のために，多額の従業員退職勧奨費用を計上した。同時に，マンビル社はアスベストファイバー部門の事業廃止により，多額の費用が倒産年度に生じた。

　マンビル社は，売上不振と膨大な費用の支払いのために，営業利益が減少し，経常損益と当期損益が初めて大幅なマイナスとなったのである。しかしながら，倒産翌年の売上高は回復し，その他収益が倒産年度の2倍ほどに伸び，営業利益が増加した。経常利益は6,000万ドル，当期利益は6,700万ドルに及んだ。

　総資産額は倒産前年度と倒産年度に大きな変化はなく，倒産前年度が22億9,781万ドル，倒産年度が22億3,610万ドルであった。株主資本額は倒産前年度が12億328万ドル，倒産年度が10億6,600万ドルで，1億3,720万ドルほど倒産前年度のほうが多いが，倒産年度でも，わが国の倒産企業に多くみられる「債務超過」という財政状態からはほど遠かった。流動負債は倒産前年度より倒産年度に軽減されたが，チャプター・イレブンにかかわる多額の債務が倒産年度とそれ以降の年度に計上された。

　マンビル社は倒産年度に経常損益，当期損益がマイナスになったものの，その翌年には大幅な黒字を計上した。倒産直後の年度である83年には，総資本経常利益率が2.7％，売上高総利益率が20.8％，売上高営業利益率が9.3％，売上高経常利益率が3.5％，売上高当期利益率が3.9％と，すでに倒産前年度の数値にまで回復している。

再生後のマンビル社は，総資産経常利益率，株主資本経常利益率，売上高経常利益率，売上高当期利益率は，倒産前後をはるかにしのぎ，収益力を大きく高めている。4つの指標の時系列変化を示すグラフは図表6-7，6-8の通りである。

図表6-7　ROE／ROAの推移

図表6-8　売上高経常利益率／売上高当期利益率の推移

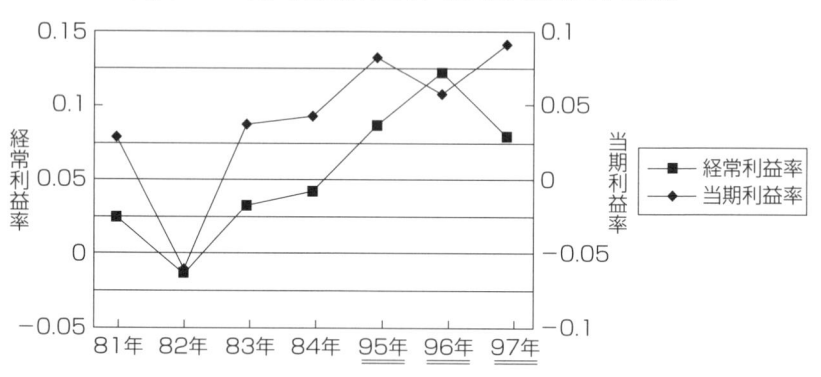

6. 要　約

マンビル社はアスベスト損害賠償請求訴訟という大きなダメージから時を置かず，チャプター・イレブンという強制的な再生により，組織と金融の機能を回

復して会社をソフトランディングさせることができた。アスベスト危機から立ち直り，再生できた背景には，企業の強靭な再生の手法があった。本事例は訴訟という，企業にとって最大の「社会的リスク」を背負って倒産の危機に直面した。訴訟は日を追って膨れ上がり，もはや倒産しかないと思われた企業が，巧みに生き残りの戦略に出た。それは，経営者が再生意欲と経営能力をもち，独自の経営理念やリスク対応を実施した。マンビル社は米国資本主義経済の中で徹底した経済合理性を追求した。企業崩壊に直結するアスベスト訴訟問題が発生するや，いくつかの戦術を迅速に講じた。[18] まず，「アスベスト関連の会社であるというネガティブなイメージの社名を素早く変更したこと」や，「再生手法として何度も組織再編を行う」ことにより，会社を「分社化してアスベスト訴訟によるリスクの分散」を図った。

組織機能を何度も組み直し，不調部分は「トラスト」という名の基，あたかも自社とは剥離した組織であるかのような，巧みな見せかけを仕掛けた。さらに，「チャプター・イレブン」という法的な強制再生を行うことで金融機能も必然的に回復させる手法をとった。

「チャプター・イレブンの申し立て」は，アスベスト訴訟で会社崩壊の危機に直面したマンビル社を保護し，維持，再生させるためには当時，的を得た最適な意思決定であった。

債務者のマンビル社がチャプター・イレブンを申し立てることにより，債権者は一切の債権取立行為が禁止され，債権を棚上げされた。[19] 同時に，倒産前の経営陣のままで営業活動を継続することが可能になったのである。ちなみに，この場合の債務者のことを，"Debtor in Possession"（占有を継続する債務者）というが，多くの"Debtor in Possession"を巧みに活用して，自社の生気を回復していったといえる。

マンビル社におけるチャプター・イレブン申請時（1982年）の財務的欠陥は，第1四半期および第2四半期の経常赤字だけで，わが国の殆どの倒産企業にみられる「債務超過」からはほど遠いものであった。チャプター・イレブンの申し立ては，アスベスト訴訟による会社崩壊を回避し，再生させるための，いわば戦略的倒産であったともいえる。[20]

企業訴訟は，どの企業においても遭遇する可能性のある「身近なリスク」である。いざ問題が発生したときに，いかに巧みにそのリスクを回避し，取り込むかを準備しておくことは，これからの企業にとって必須条件であろう。マンビル社にみる訴訟問題克服の再生事例は，「アスベスト」という訴訟リスクを克服し，持続型再生の代表的な事例として，今後の日本企業にも大いに参考になるものといえる。

　なお，本章の概要でも述べたが，同社は2001年に投資持株会社であるバークシャー・ハサウェイによって買収され，子会社となった。しかし，07年度の単独売上げで6億97百万ドルをあげ，従業員数も8,500人を数え，現在も活発な製造・販売活動を行う持続型再生モデルといえる。[21]

〔注〕
1　Johns Manville Corporationという社名は，1997年5月にSchuller Corporationという社名から変更されたものである。この社名は1858年に創業のH. W. Johns Manufacturing Companyと，1986年に創業のManville Covering Companyが1901年に合併して生まれたH. W. Johns-Manville Companyに由来する。この後，1981年に組織の再編が行われ，親会社をManville Corporationという社名に，そして5つの子会社，すなわち，Manville Building Materials Corporation, Manville Forest Products Corporation, Manville International Corporation, Manville Products Corporation, Johns-Manville Corporationに分社化した。したがって，1982年8月に連邦倒産法チャプター・イレブンを申請したときの社名は，Manville Corporationであった。但し，2000年12月20日，マンビル社は米国投資会社バークシャー・ハザウェイに約19億ドルで買収された（日経金融新聞，2000年12月28日付，4頁）。
2　Adele Hast (ed.), "Johns Manville," *International Directory of Company Histories*, Vol. 3, St. James Press, 1991, pp. 706-709. Johns Manville (ed.), *Johns Manville Chronology*, 1998, pp. 1-6.
3　Johns Manville (ed.), *Johns Manville's Fact Sheet*, 1998. なお，同社は2009年に設立150周年を迎えた（http://www.jm.com/default.htm）。
4　広瀬弘忠『静かな時限爆弾－アスベスト－』新曜社，1985年，7頁。アスベスト関連の病気とは，肺ガン，胸膜や腹膜の悪性腫瘍である中皮腫，アスベスト肺，胃ガン，大腸ガン，咽喉ガン，肝臓ガン，膵臓ガン，膀胱ガンなどである。そのなかで代表的な病気は，肺ガン，胸膜や腹膜の中皮腫，アスベスト肺である。
5　四半期ごとの売上高，売上総利益，経常利益および1株当たり利益は下記の通りである。1982年の第1四半期の経常損失は300万ドル，第2四半期のそれは977万ドルであった。
6　Adele Hast (ed.), *op. cit.*, p. 708.
7　データは下記の資料を参考にした。
8　次の資料で，1981年度から1976年度にまでさかのぼってマンビル社の収益，財政状態をみても財務的な破綻を認識することは難しい。Moody's Investors Service, Inc. (ed.),

Moody's Industrial Manual, Vol. Ⅱ, 1983, pp. 3989-3990.
Annual Report and Form 10k, *Manville Corporation*, 1984, p 8.
Annual Report and Form 10k, *Manville Corporation*, 1983, p 7.
9 *Ibid.* (1984), p 7. *Ibid.* (1983), p 6.
10 アスベスト健康問題費用の年度別内訳は，次の表の通りである。

アスベスト健康問題内訳

(単位：千ドル)

	1983年	1982年	1981年
労働者補償費 (1)	$5,901	$4,538	$6,051
保険訴訟費 (2)	12,123	3,523	2,887
その他のアスベスト訴訟費 (3)	2,405	8,042	3,818
	$20,429	$16,103	$12,756

出典：Annual Report and Form 10K. Manville Corporation, 1983. p. 10.
注(1) Workers' compensation
 (2) Insurance litigation　：マンビル社がかけていた保険は，総額20億ドルという巨額のライアビリティについても保険会社のカバー範囲なのかどうか。マンビル社の保険会社に対する訴訟の焦点はそこにあった（「建材会社マンビルに何が起こったか」『潮』潮出版，1989年1月号，341頁）。
 (3) Other asbestos health costs.

11 1981年に，マンビル社はアスベスト訴訟による経営危機に先立ち，社名をManville Corporationに変更して，組織の再編成を行った。マンビル社は，この時に大量のリストラを決行したと思われる。
12 Johns Manville (ed.), *1997 Annual Report*, 1998, pp. 6-7.
13 Moody's Investors Service (ed.) "Johns Manville Corp. (new)," *Moody's Company Data Report*, 1998.
14 *Ibid.*
15 Johns Manville (ed.), *1997 Annual Report*, 1998, p. 21.
16 *Ibid.* p. 23.
17 *Ibid.* p. 23.
18 Dow Jones & Co., Inc. (ed.), "Asbestos Companies Try Many Tactics To Survive Lawsuits," *Dow Jones News Service-Edited Wall Street Journal Stories*, (8/30/1982).
19 Dow Jones & Co., Inc. (ed.), "Manville Creditors, Supplies May Face Substantial Losses," *Dow Jones News Service-Edited Wall Street Journal Stories*, (8/30/1982).
マンビル社がチャプター・イレブンを申請した主な目的は，総額20億ドルにも上るアスベスト関連訴訟費用から会社を保護することにあった。チャプター・イレブン申請の影響は，アスベスト患者やその家族だけにとどまらなかった。マンビル社に対する債権者や仕入先の多くは，この申請で数百万ドルを失うはめに追い込まれた。
20 戦略的倒産（Strategic Bankrupty）については，次の文献を参照されたい。
Delaney, K. J., *Strategic Bankruptcy*, University of California Press, 1992.
21 《http://www.hoovers.com/johns-manville/--ID__10953--/free-co-factsheet.xhtml?cm_ven=Biz_Dev&cm_cat=Google&cm_pla=Free&cm_ite=Factsheet》

第7章
連鎖倒産リスクマネジメントの実態
― 『連鎖倒産防止マニュアル』に関する調査結果の2次分析を中心として―

1. 概　　要

　「はしがき」や第1章でも述べたが，ERM（統合的リスクマネジメント）は2つの役割をもっている。1つはリスクを回避，抑制し企業価値を維持，保全するためのリスクマネジメントであり，もう1つはリスクに積極的に対処して企業価値を向上させるリスクマネジメントである。

　連鎖倒産防止の実態に関する調査（回答企業数3,040社）の分析は，販売先倒産や売掛金回収等の連鎖倒産リスクに対応するリスク管理を解明することを目的とした。

　この実態調査は，当該企業が連鎖倒産リスクに直面した際，当該リスクを回避し，企業価値の維持と保全に有効なリスク対応を追究した実証分析といえる。

　連鎖倒産リスクは，倒産に直面した経験がない企業だけでなく，再生を果たした企業にとっても最大リスクの1つである。一度再生を果たしても，リスク対応に誤りがあれば，再生が持続できる保証はないからである。

　いずれの場合も連鎖倒産の危機にある企業が事業を継続させるには，常に連鎖倒産リスクを回避・抑制し，企業価値の維持，保全のためにリスク対応をとる必要がある。

　本章では実態調査のデータをもとに2次分析を行い，連鎖倒産の危機を脱して，企業価値の維持・保全に必要なリスク対応を解明した。そのために，リスク対応を時系列で観察することも試みた。連鎖倒産リスク回避を意識しつつ，

日常的に信用リスクへの対応を目的で行われる「事前のリスク対応」，販売先倒産の予兆（信用不安）ならびに販売先倒産直後に発生する債権回収リスクに対処するための「倒産前後のリスク対応」，そして販売先倒産という経験を機会に実行する「事後のリスク対応」という3つの時間軸のリスク対応を想定して観察を行った。なお，本章の主たる内容を示すと以下の通りとなる。

(1) 調査対象企業の属性
(2) 事前のリスク対応
(3) 倒産前後のリスク対応
　① 販売先に倒産予兆（信用不安）が発生したときのリスク対応
　② 販売先倒産による被害とそのリスク対応
(4) 事後のリスク対応
(5) 全般的リスク対応
(6) 公的支援によるリスク対応
(7) リスク対応の評価

持続的企業再生を追究するには，上記の連鎖倒産回避に必要な時系列的なリスク対応を取り込むとともに，リスク管理のシステム化を常に心掛け，迅速なリスク回避行動をとることなどが特に重要であるという結論を得ることができた。

2. 実態調査の目的と内容

先にも述べたように，実態調査の目的とその内容は，販売先倒産や売掛金回収リスクを回避するための連鎖倒産回避モデルを構築すること，当該企業を連鎖倒産リスクから守り，企業価値の維持を図るために如何にして連鎖倒産リスク要因を分析することである。

(1) 7項目にわたる実態調査

実際に連鎖倒産リスクを回避した経営者を対象にしたアンケート実態調査の

内容をもとに2次分析，クロス分析をもとに以下の7つの項目に分けて考察した。なお，図表7-1は，そのフローチャートを示す。

① 調査対象企業の属性
② 事前のリスク対応：日常における売掛債権回収に必要なリスク対応
③ 倒産前後のリスク対応
　a 販売先に倒産予兆（信用不安）が発生したときのリスク対応
　b 販売先倒産による被害とそのリスク対応
④ 事後のリスク対応：販売先倒産を機会に実行した経営改善に必要なリスク対応
⑤ 全般的リスク対応：連鎖倒産防止対策の総合的なリスク対応
⑥ 公的支援によるリスク対応：連鎖倒産リスク対応を支援する公的制度の効果と評価
⑦ 本調査における各種のリスク対応と「債権回収状況」と「債権回収不能額」を評価基準にしたクロス分析を行い，リスク対応の評価を行った。

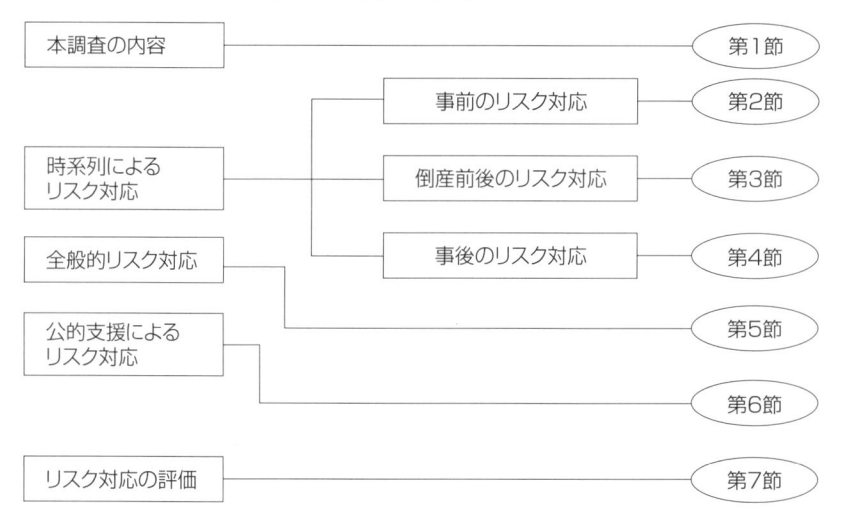

図表 7-1　連鎖倒産リスク対応のフローチャート

本調査の内容		第1節
時系列によるリスク対応	事前のリスク対応	第2節
	倒産前後のリスク対応	第3節
全般的リスク対応	事後のリスク対応	第4節
		第5節
公的支援によるリスク対応		第6節
リスク対応の評価		第7節

リスク対応には3つのパターンを想定した。まず時系列でみたリスク対応のパターンであり，その1つは，「事前のリスク対応」で，日常から実行する信

用リスクへのリスク対応をさす。2つめは，「倒産前後のリスク対応」で，①販売先に倒産予兆（信用不安）が発生した時点で行われるリスク対応を意味するものと，②販売先倒産による債権回収へのリスク対応を意味する。3つめは「事後のリスク対応」で販売先倒産を機会に実行に移したリスク対応をさす。

　2つめのパターンの「全般的リスク対応」とは，販売先倒産の事前と事後に係らず，連鎖倒産リスクの本質的なリスク対応のパターンで，リスク対応策全般を示している。3つめのパターンの「公的支援によるリスク対応」は，当事者企業が連鎖倒産を回避する1つの手段としての公的支援制度の効果と評価を尋ねた結果をあらわしている。さらに，各種リスク対応の実行が一定の評価基準で測定した場合，有効性があったのかを評価する。なお，連鎖倒産リスク対応のフローチャートは以下の図表に示した通りである。

(2) 調査方法など

① アンケート調査対象企業

　販売先の倒産を経験した中小事業者を対象に8,021社の企業を抽出した。

② アンケート調査方法

　調査対象企業の代表者宛てに調査票を郵送留置し，郵送で回収する方法によった。

③ 調査期間

　平成13年1月21日～平成13年2月15日

④ 回収状況

　調査票発送数 8,021社

　有効回答数 3,040社（37.9％）

(3) 回答企業の属性

① 業種別分布状況

　回答企業3,040社を業種別にみると，卸売業が1,112社で全体の37％を占め，製造業が990社で33％と続いた。これに建設業が493社の16％

(493社）を加えると，3業種全体で86％を占めた。この割合は調査対象として抽出した8,021社の母集団とほぼ類似していた（図表7-2）。

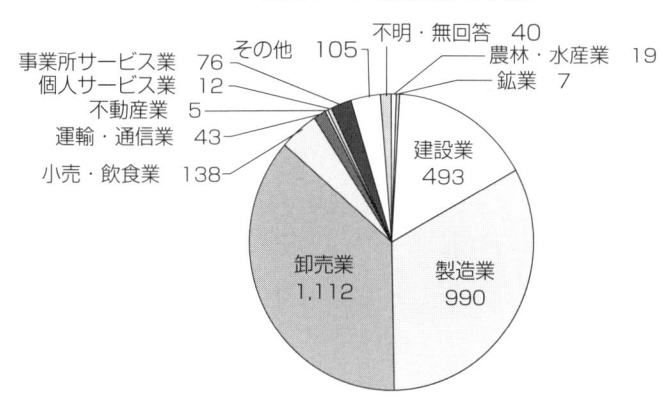

図表 7-2　業種別分布状況

- 事業所サービス業　76
- 個人サービス業　12
- 不動産業　5
- 運輸・通信業　43
- 小売・飲食業　138
- その他　105
- 不明・無回答　40
- 農林・水産業　19
- 鉱業　7
- 建設業　493
- 製造業　990
- 卸売業　1,112

② 規模別分布状況

調査回答企業の売上高規模をみると，1億円以上から5億円未満の企業が1,111社で全体の37％を占め，続いて10億円以上が880社で29％，5億円以上10億円未満が645社で21％という順になっている（図表7-3）。したがって，売上高規模では，10億円未満の会社が全体の87％を占めることになる。いわば本調査は，中小企業における連鎖倒産リスクの対応を調査した結果といえる。

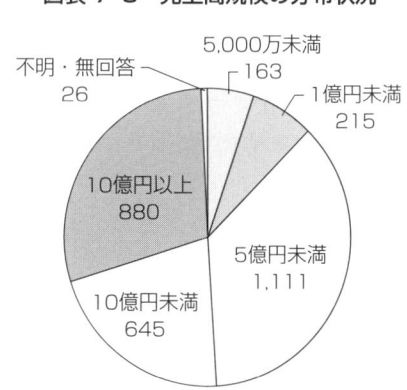

図表 7-3　売上高規模の分布状況

- 不明・無回答　26
- 5,000万未満　163
- 1億円未満　215
- 5億円未満　1,111
- 10億円未満　645
- 10億円以上　880

③ 前期比売上高動向別分布状況

調査回答企業の最新決算売上高の前期に対する当期の増減比をみると，減収となった企業は約50％であり，増収となった企業の2倍以上のウエイトを占めていた。

④ 前期比利益動向状況

調査回答企業の利益動向をみると，減益もしくは赤字額の拡大となった企業は45％を占め，増益もしくは赤字額の縮小となった企業は26％であった。なお，前期と比べてほぼ同じである企業は18％であった。

⑤ 資本金規模別分布状況

調査回答企業の資本金別状況は，1千万円から3千万円未満が全体の53％，3千万円から5千万円未満が15％，5千万円以上が11％，5百万円から1千万円未満が10％であった。

⑥ 従業員規模別分布状況

調査回答企業の従業員別分布をみると，10人から19人が26％，5人から9人が22％，20人から29人，30人から49人，50人から99人は，いずれも10％台で，4人以下は9％であった。

⑦ 創業年別分布状況

調査回答企業を創業年別でみると，昭和21年から40年が37％，昭和41年から50年が27％，昭和51年から60年は16％で，昭和20年以前は13％であった。

⑧ メイン取引金融機関別分布状況

調査回答企業のメインバンクを金融機関別にみると，地方銀行が45％で最も多く，次いで都市銀行の34％で，両者だけでほぼ80％を占める。その他には信用金庫の14％と続く。

3. 事前のリスク対応

「事前のリスク対応」とは，自社の連鎖倒産を意識しつつ，日常的に行われる信用リスクへのリスク対応を想定した。ここ数年の倒産傾向をみると，売掛債権回収難と他社倒産の余波による倒産は，倒産件数全体のほぼ1割，負債総額の約2割を占める。したがって，連鎖倒産を回避するリスク対応の1つが，売掛債権回収リスクを回避することにある。本節では連鎖倒産を防ぐ「事前のリスク対応」について，売掛債権回収リスク回避に必要なリスク対応の現状を観察する。

(1) 売掛金回収の責任者

売掛金を回収する役割を誰が果たしているか。今回のアンケート調査によれば，単一回答で，「代表者」が1,438件（47％）と最も多く，次いで「営業担当者」が688件（23％）とそれに続く。「代表者を除く役員」が356件（12％），「経理担当者」が346件（11％），「責任者はいない」が143件（5％）の順であった。売掛金回収には経営者自身が責任をもつというパターンは組織機能の未分化な面ともいえる。

(2) 不良債権リスクのための教育・訓練の実施状況

調査回答企業が不良債権の発生を防ぐために実行している教育・訓練については，複数回答で「とくに実施していない」が最も多く，1,279件（38.3％），次いで「営業・経理担当者に対する実務教育の継続的な実施」する企業が1,276件（38.2％），続いて「営業や経理の担当者向けに社内での研修を行っている」企業が415件（12.4％），「営業や経理の担当者に社外でのセミナーなどに受講させている」企業が184件（6％）と続く（図表7-4）。

「特に実施していない」企業の回答数が，「営業・経理担当者に対する実務教育の継続的な実施」とほぼ同数であったが，不良債権リスク教育が実施されて

いる企業，実施されていない企業が類似する点は，リスクマネジメント教育の重要性からみて注目に値する状況といえる。

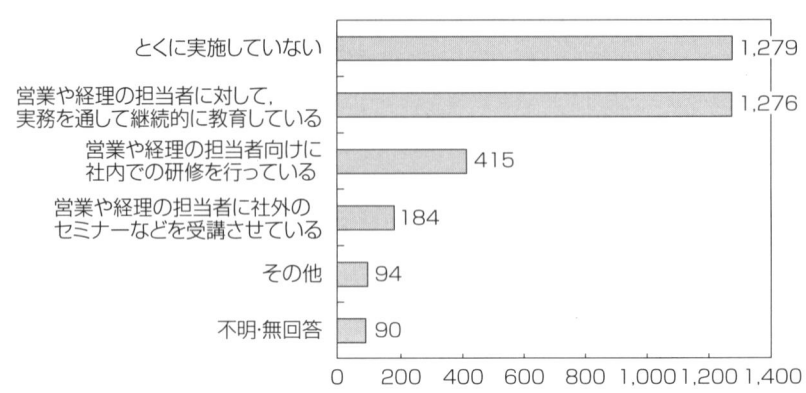

図表 7-4　不良債権リスクのための教育

- とくに実施していない: 1,279
- 営業や経理の担当者に対して，実務を通して継続的に教育している: 1,276
- 営業や経理の担当者向けに社内での研修を行っている: 415
- 営業や経理の担当者に社外のセミナーなどを受講させている: 184
- その他: 94
- 不明・無回答: 90

(3)　販売先の情報リスクのリスク対応

販売先の情報を収集するために実行しているリスク対応は，複数回答で「日常の営業活動などで販売先の動きを観察している」企業が2,406件（34％）と圧倒的に多く，次に「同業や他の販売先，業界団体から販売先の情報の入手を図っている」企業が1,723件（24％），「必要に応じて，信用調査機関に依頼している」企業が1,419件（20％），「金融機関から情報を入手するようにしてい

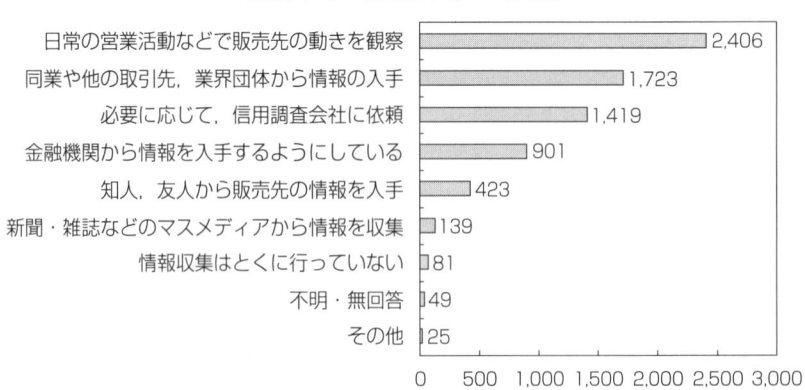

図表 7-5　情報リスクへの対応

- 日常の営業活動などで販売先の動きを観察: 2,406
- 同業や他の取引先，業界団体から情報の入手: 1,723
- 必要に応じて，信用調査会社に依頼: 1,419
- 金融機関から情報を入手するようにしている: 901
- 知人，友人から販売先の情報を入手: 423
- 新聞・雑誌などのマスメディアから情報を収集: 139
- 情報収集はとくに行っていない: 81
- 不明・無回答: 49
- その他: 25

る」企業が901件（13%），「知人，友人から販売先の情報を入手するよう努めている」企業が423件（6%）の順であった（図表7-5）。

いずれの企業も何らかのツールをもって，販売先の情報入手に努めている姿が浮かびあがる。

(4) 取引先の経営動向について重視するリスク対応

取引先の経営動向について，調査回答企業が重視しているポイントは，複数回答で「支払条件の変更など，支払いぶりに変化はないか」が2,279件（41%）と圧倒的に多く，次に「業界での評判に変化はないか」が1,147件（21%），「仕入先・販売先に大きな変化はないか」が662件（12%），「代表者や役員・管理職の異動，社員数の大きな変動がないか」が617件（11%），「生産・販売・在庫などに異常な変化はないか」が519件（9%），「高金利の借入れの利用がないか」が162件（3%）の順であった（図表7-6）。

この調査での無回答は79件（1.4%）と少なく，販売先情報の収集にはかなり気をつかっている様子がうかがえる。

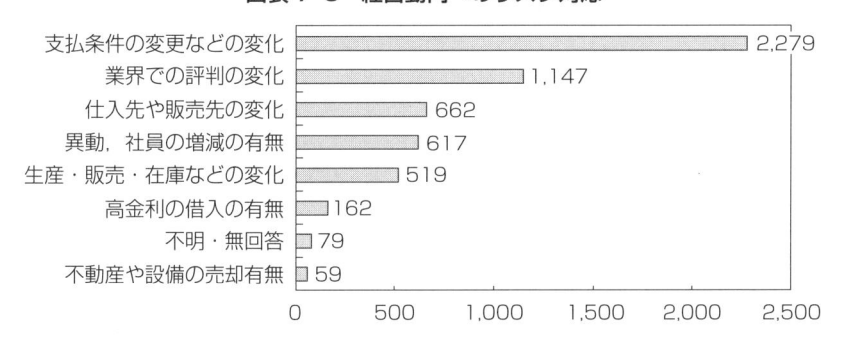

図表7-6　経営動向へのリスク対応

項目	件数
支払条件の変更などの変化	2,279
業界での評判の変化	1,147
仕入先や販売先の変化	662
異動，社員の増減の有無	617
生産・販売・在庫などの変化	519
高金利の借入の有無	162
不明・無回答	79
不動産や設備の売却有無	59

(5) 販売先に対する取引高「上限額」設定の状況

販売先に対する取引高の上限額の設定については，単一回答で「特に設けていない」が1,662件（55%）と過半を占め，「1社ごとに設定している」が686件（23%），「不明・無回答」が473件（16%），「会社全体での取引高について

上限を決めている」が124件(4%),「その他」が95件(3%)の順になっている。

企業の多くは「問題がある販売先についてのみ上限を決めている」との回答があった。

(6) 仕入先に対する取引高「上限額」設定等の状況

仕入先に対する取引高の上限額は「特に設けていない」が2,015件(67%)と多く,次に「不明・無回答」が585件(19%),「1社ごとに取引高の上限を決める」が241件(8%),「会社全体で取引高の上限を決めている」が163件(5%)の順であった。

(7) 売掛債権を確実に回収するために実行しているリスク対応

売掛債権を確実に回収するために実行している対策は,複数回答で「販売先の異常な変化をキャッチし,早期から必要な対策を講じる」が2,210件(39%)

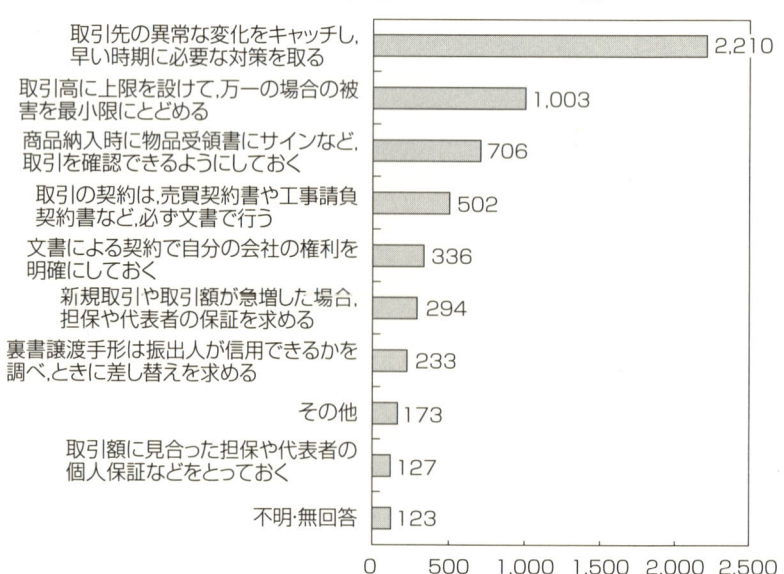

図表 7-7 売掛債権回収リスクへのリスク対応

項目	件数
取引先の異常な変化をキャッチし、早い時期に必要な対策を取る	2,210
取引高に上限を設けて、万一の場合の被害を最小限にとどめる	1,003
商品納入時に物品受領書にサインなど、取引を確認できるようにしておく	706
取引の契約は、売買契約書や工事請負契約書など、必ず文書で行う	502
文書による契約で自分の会社の権利を明確にしておく	336
新規取引や取引額が急増した場合、担保や代表者の保証を求める	294
裏書譲渡手形は振出人が信用できるかを調べ、ときに差し替えを求める	233
その他	173
取引額に見合った担保や代表者の個人保証などをとっておく	127
不明・無回答	123

を占め，次に「取引限度額を設定する」が1,003件（18％），「商品納入時に物品受領書にサインをもらい，取引が確認できるようにしておく」が706件（12％），「取引の契約は売買契約書や工事請負契約書など，必ず文書で行う」が502件（9％）と続き，「文書による契約で当該企業の権利を明確にしておく」が336件（6％），「新規取引や取引額が急増した場合，担保や代表者の保証を求める」が294件（5％）の順になっている（図表7-7）。

売掛債権のリスクマネジメントは大なり小なり実施され，連鎖倒産リスクを回避するリスク対応は，一応とられているものと考えられる。

4. 倒産前後のリスク対応

「倒産前後のリスク対応」とは，①販売先に倒産予兆（信用不安）が発生した時点で行われるリスク対応と，②販売先倒産による債権等の被害のリスク対応を意味する。

まず①の「販売先に信用不安が発生したときのリスク対応に関するアンケート調査のデータ」をもとにリスクマネジメントの視点から2次分析を試みた。

(1) 販売先に倒産予兆（信用不安）が発生したときのリスク対応

① 販売先に信用不安が発生したときのリスク対応

当該リスクの対応の1つは，複数回答で「販売先の再生が困難なときは，即時に取引の縮小や停止に踏み切りたい」が1,861件（28％）であり，圧倒的なウエイトを占めた。次に「とりあえず現金決済で取引を継続し，その後の動きで対応を決める」が1,291件（19％）となっている。なお，「売掛債権残高を確認し，万一に備えて資金手当ての対策を検討する」が702件（10％），「高金利の借入金利用が判明したときには，取引をすぐに停止したり，縮小したりする」が639件（9％），「販売先に事情を聞いて，できるだけ支援を願い出る」が544件（8％）あった。さらに「売上金について担保や代表者の個人保証を

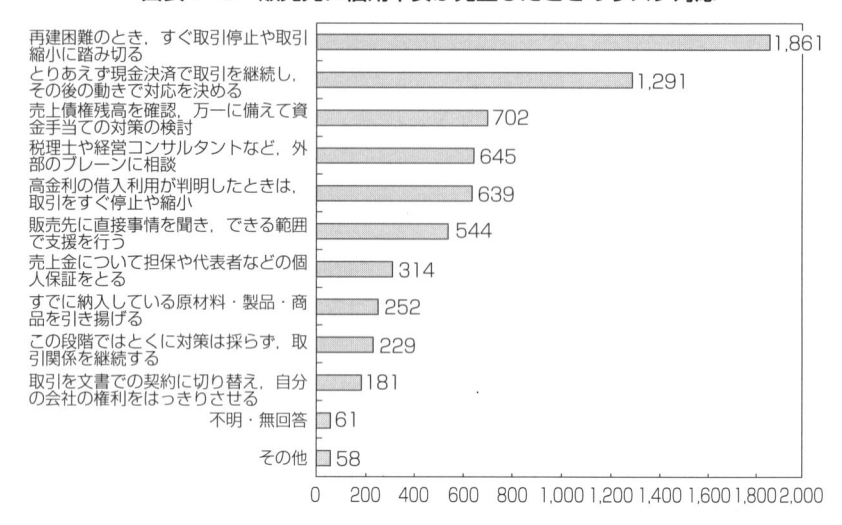

図表 7-8　販売先に信用不安が発生したときのリスク対応

項目	件数
再建困難のとき，すぐ取引停止や取引縮小に踏み切る	1,861
とりあえず現金決済で取引を継続し，その後の動きで対応を決める	1,291
売上債権残高を確認，万一に備えて資金手当ての対策の検討	702
税理士や経営コンサルタントなど，外部のブレーンに相談	645
高金利の借入利用が判明したときは，取引をすぐ停止や縮小	639
販売先に直接事情を聞き，できる範囲で支援を行う	544
売上金について担保や代表者などの個人保証をとる	314
すでに納入している原材料・製品・商品を引き揚げる	252
この段階ではとくに対策は採らず，取引関係を継続する	229
取引を文書での契約に切り替え，自分の会社の権利をはっきりさせる	181
不明・無回答	61
その他	58

とる」は 314 件（5%），「すでに納入している原材料・製品・商品を引き揚げる」は 252 件（4%）の順となっている（図表 7-8）。

②　販売先に信用不安が発生したときに有効と思われるリスク対策

　販売先に信用不安が発生したときに，売掛債権の回収もしくは連鎖倒産の防止に有効と考えられる対策については，複数回答で「早い段階での信用不安に関する情報の入手」が 2,470 件（35%），次に「早い段階での取引の縮小や全面的なストップ」が 2,052 件（29%）を占めた。さらに「貸し倒れの発生に備える必要資金の手当て対策」が 707 件（10%），「文書による契約や担保の設定，個人保証の取り付け」が 560 件（8%），「早い段階での製品や商品の引き揚げ」が 452 件（7%），「外部のブレーンによるアドバイス」が 259 件（4%），「主な販売先に対する事情の説明と支援の要請」が 172 件（3%）の順であった（図表 7-9）。

　迅速な情報の収集と早期の取引停止・縮小，そして貸倒れ発生に備える資金手当てが，倒産予兆の段階でとるべき最も重要なリスク対応といえる。

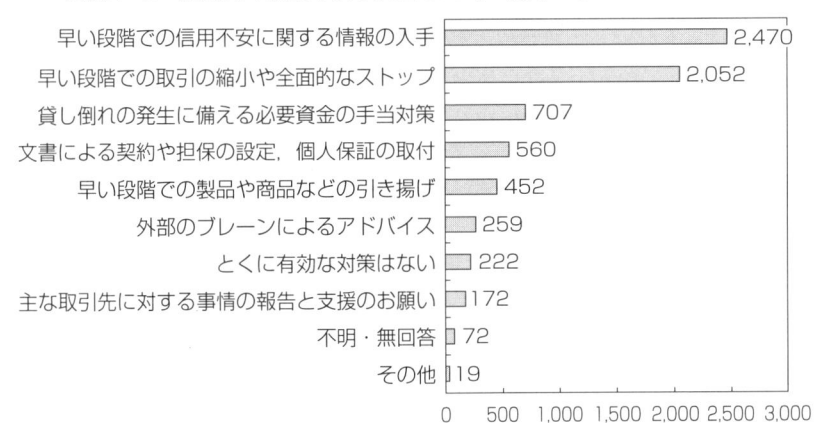

図表 7-9 販売先の信用不安が発生した時に有効と思われるリスク対応

- 早い段階での信用不安に関する情報の入手　2,470
- 早い段階での取引の縮小や全面的なストップ　2,052
- 貸し倒れの発生に備える必要資金の手当対策　707
- 文書による契約や担保の設定，個人保証の取付　560
- 早い段階での製品や商品などの引き揚げ　452
- 外部のブレーンによるアドバイス　259
- とくに有効な対策はない　222
- 主な取引先に対する事情の報告と支援のお願い　172
- 不明・無回答　72
- その他　19

(2) 販売先倒産による債権等の被害のリスク対応

「倒産前後のリスク対応」の2つめのパターンは，販売先が倒産に陥った直後に発生する債権回収リスクへのリスク対応をさす。販売先倒産に対する債権回収等へのリスク対応は緊急を要する。貸倒れリスクや売掛債権回収リスクは時間をおいて放置しておけば，瞬く間に当該企業のダメージとなる。ここでは，販売先倒産による債権回収に対するリスク対応として，最も売掛債権被害が大きかった販売先倒産による被害状況とそのリスク対応について2次分析を中心に分析を試みた。

① 販売先が倒産した時期

アンケート調査対象企業は，原則として平成8年（1996年）から平成12年（2000年）までに販売先が倒産した経験をもっている企業である。調査回答企業が被害額で最も大きかった時期は平成10年と平成11年で，いずれも全体の19％を占め，平成12年の15％がそれに続いている。平成7年から9年の3年間では27％，平成6年以前は15％となった。

バブル経済の崩壊以降，販売先の倒産で甚大な被害を被った時期は，アンケート調査を実施した時期に近いほど被害額が大きい傾向にあった。デフレ不況による倒産被害が進行していることを物語っている。

② 倒産販売先との取引期間

調査回答企業の中で，被害額が最も大きかった倒産販売先との取引期間は，「6年から10年」が676件で全体の22%を占めた。続いて「3年から5年」が513件で全体の17％，「11年から15年」，「21年以上」がそれぞれ489件（16%），484件（15.9%）を占め，「16年から20年」が368件（12%）と続いた（図表7-10）。

このアンケート調査で特筆すべき点は，21年以上の販売先倒産で被害額が最大であったという企業が16%にものぼるという事実は，販売先との付き合いの長さが信用リスクを軽減するという事実とは無関係であるということである。10年以上の取引関係にある取引先の倒産を加えると全体の44%を占める。この事実は，販売先とは長い付き合いであることが，取引の信用性には直結しないで無関係に近いことを意味する。したがって，連鎖倒産リスクを回避するには，取引期間の長短に関係なく，まず信用リスクマネジメントを徹底して行うことが今後ますます重要性を増すものと思われる。

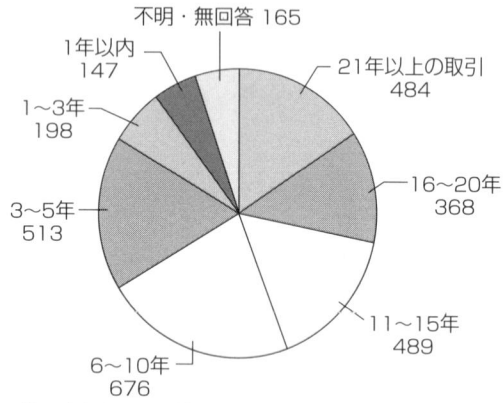

図表7-10　倒産販売先との取引期間と件数

- 不明・無回答 165
- 1年以内 147
- 1～3年 198
- 3～5年 513
- 6～10年 676
- 11～15年 489
- 16～20年 368
- 21年以上の取引 484

注：該当する取引期間と社数（件数）を示す。

③ 売掛債権の回収状況

最も被害が大きかった販売先倒産で売掛債権の回収状況を調べると，調査回

答企業の単一回答で売掛債権の「全額を回収できた」とする回答は69件で全体の2%しかなく,「一部しか回収できなかった」が963件で32%を占めた。さらに,調査回答企業3,040社のうち1,662件が「まったく回収できなかった」（55%）と回答している（図表7-11）。

この事実は,上記の本節第3項でとりあげた売掛債権回収で実行したリスク対応策のなかで,「リスク対応策なし」が1,979件にのぼり,それは全体の65%を占めるという回答を如実にあらわす結果といえる。

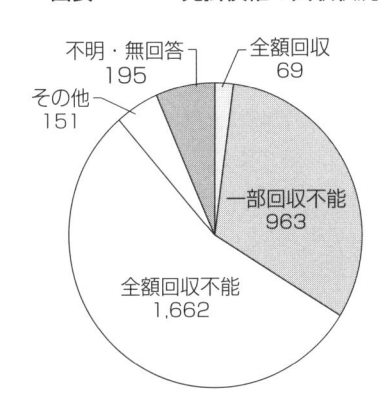

図表 7-11　売掛債権の回収状況

- 不明・無回答　195
- 全額回収　69
- その他　151
- 一部回収不能　963
- 全額回収不能　1,662

④　回収不能となった売掛債権の金額（対月間売上高）

被害額が最も大きかった販売先の倒産によって,回収できなかった売掛債権が調査回答企業の月間売上高に対してどの程度の金額（%）となったか。回答は単一回答とした。

この調査結果は「5%未満」が581件（19%）で最も多く,次いで「10%から20%未満」が478件（16%）,「5%から10%未満」が449件（15%）と続き,「20%以上から30%未満」が356件（12%）,「30%から50%未満」が294件（10%）の順になっている。一方,「50%以上から100%未満」は275件（9%）,「100%以上から150%未満」は152件（5%）,「150%から200%未満」は73件（2.4%）,「200%以上」は122件（4%）であった（図表7-12）。

これらの調査結果から判断できることは，月間売上高の半分以上を超える額が回収不能となるケースも多くみられ，決して軽視できない回収不能状態を物語っている。但し，月間売上高の過半数以下で少額であったケースも多くを占めていることも事実である。この場合には，倒産に直面した企業や再生をめざす企業にはダメージは比較的小さい。

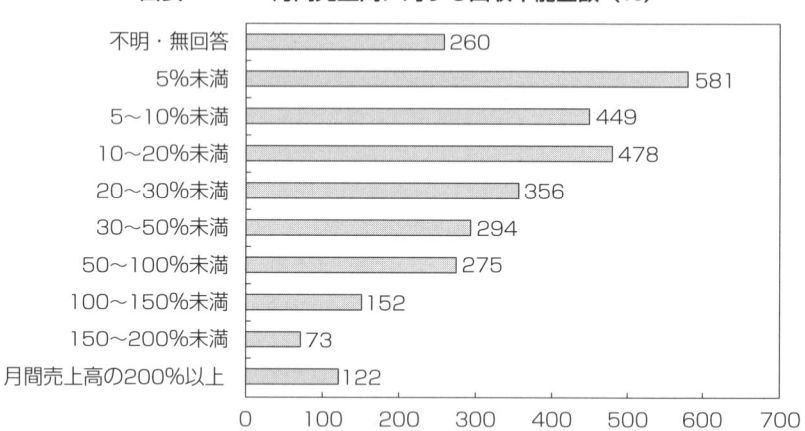

図表 7-12　月間売上高に対する回収不能金額 (％)

区分	件数
不明・無回答	260
5％未満	581
5〜10％未満	449
10〜20％未満	478
20〜30％未満	356
30〜50％未満	294
50〜100％未満	275
100〜150％未満	152
150〜200％未満	73
月間売上高の200％以上	122

⑤　貸し倒れリスク以外の被害状況

複数回答で調査回答企業の全体の 660 件（20％）が「金融機関の貸出姿勢は厳しくなった」と答えている。続いて「仕入先・販売先の評判が悪くなった」が 339 件（10％），「仕入の条件が厳しくなった」が 246 件（8％），「販売条件が厳しくなった」が 141 件（4％）と続く。なお，「その他」と回答した企業では，「被害額が少なく，とくに影響はなかった」が 807 件（24％）を占めた。いずれにしても，「その他」が 807 件（24％）を含めると，回答企業の 67％が貸倒れ以外に何らかのリスクを被っていることは注目に値する結果である（図表 7-13）。

この結果は，連鎖倒産にもつながりかねない販売先に対する徹底したリスク管理が，ますます重要性を増すことになる。

図表 7-13　貸し倒れ以外の被害状況

項目	件数
不明・無回答	1,109
その他	807
金融機関の貸付姿勢が厳しくなった	660
仕入先・販売先の評判が悪くなった	339
仕入れの条件が厳しくなった	246
販売の条件が厳しくなった	141

⑥　売掛債権を回収するために実行したリスク対応策

　調査回答企業の被害の最も大きかった倒産販売先から売掛債権を回収したリスク対応で最も使用したツールは，単一回答で「その他」を除いて「粘り強く交渉することで可能な限り回収する」という対策が全体の235件（8％）で，次に「すでに納入した商品などを急いで引き揚げた」という方法が206件（7％）を占めた。「買掛金などの反対債権があったので，売掛金と相殺した」（73件），「担保を取っていたので担保件を行使した」（55件），「販売先がもっている売掛債権の譲渡を受けた」（47件）がそれぞれ2％台，「代表者などから保証をとっていたので補償してもらえた」が24件で1％台であった（図表7-14）。

　なお，全体の1,979件（65％）が「売掛債権を回収する手段は全くなかった」

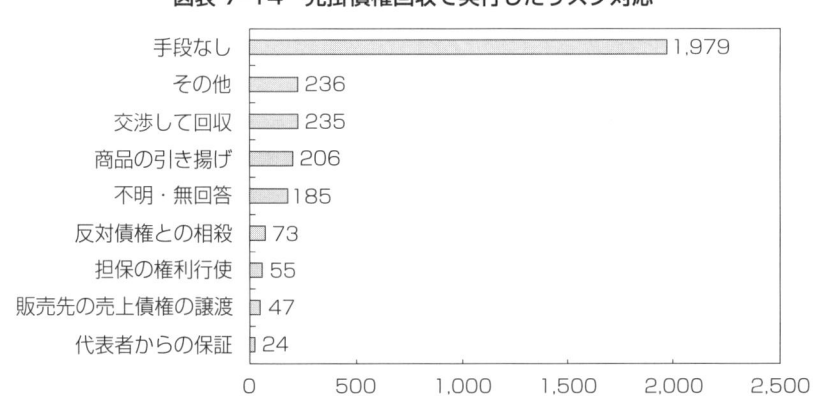

図表 7-14　売掛債権回収で実行したリスク対応

項目	件数
手段なし	1,979
その他	236
交渉して回収	235
商品の引き揚げ	206
不明・無回答	185
反対債権との相殺	73
担保の権利行使	55
販売先の売上債権の譲渡	47
代表者からの保証	24

と回答している点を重視しなければならない。今日，金融機関の不良債権問題がわが国経済を揺るがしているが，中小企業においても債権回収リスクが企業の生死を左右する重大な問題であることがうかがえる。

⑦ 倒産販売先への貸倒れリスクへの対応策

被害額が最も大きかった倒産販売先への貸倒れによる資金不足に対して実行された対応策は，単一回答で「中小企業倒産防止共済」による貸付制度を利用した企業が1,897件（41％）と圧倒的に多く，次に「メインバンクからの追加借入れ」が572件（12％），「手持ち資金で賄った」が538件（12％）と続く。政府系金融機関や信用保証協会などの「公的融資制度を利用」する企業が415件（9％），「代表者・親族・役員からの資金調達」が351件（8％）と続いている（図表7-15）。

これらのデータからいえることは，常日頃から諸々のRMを実行すること

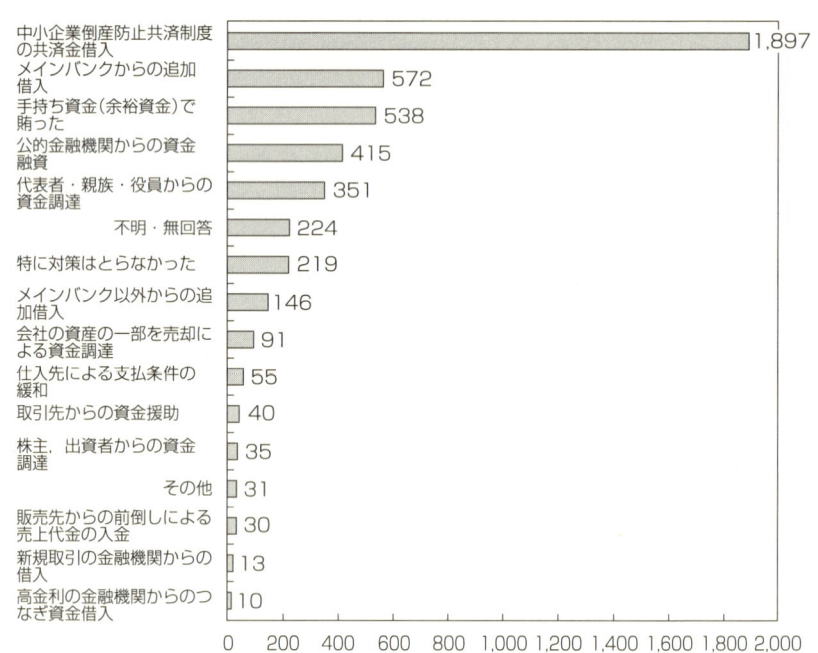

図表7-15 販売先倒産の貸し倒れリスク対応

対応策	件数
中小企業倒産防止共済制度の共済金借入	1,897
メインバンクからの追加借入	572
手持ち資金（余裕資金）で賄った	538
公的金融機関からの資金融資	415
代表者・親族・役員からの資金調達	351
不明・無回答	224
特に対策はとらなかった	219
メインバンク以外からの追加借入	146
会社の資産の一部を売却による資金調達	91
仕入先による支払条件の緩和	55
取引先からの資金援助	40
株主，出資者からの資金調達	35
その他	31
販売先からの前倒しによる売上代金の入金	30
新規取引の金融機関からの借入	13
高金利の金融機関からのつなぎ資金借入	10

が，貸倒リスク管理に役立つことを物語っている。

⑧ 販売先倒産リスクに実行したリスク対応

被害額が最も大きかった販売先が倒産したとき，複数回答で「売掛債権が回収できないときに備えて，不足資金の手当てを実行した」が796件（15%）で最も大きく，続いて「販売先の再生可能性の情報収集」が682件（13%）であった。続いて「当該企業を維持するために必要な経営改善対策を実行した」が635件（12%），「すぐに取引を停止して，その後は現金決済に限って応じることとした」が592件（11%）の順となっている。さらに「代表者や管財人と交渉して，できるだけ売掛債権回収額を増やすように努力した」が460件（9%），「税理士や経営コンサルタントなど，外部のブレーンに相談した」が442件（8%），「納入済みの製品・商品などをすぐに引き揚げた」が418件

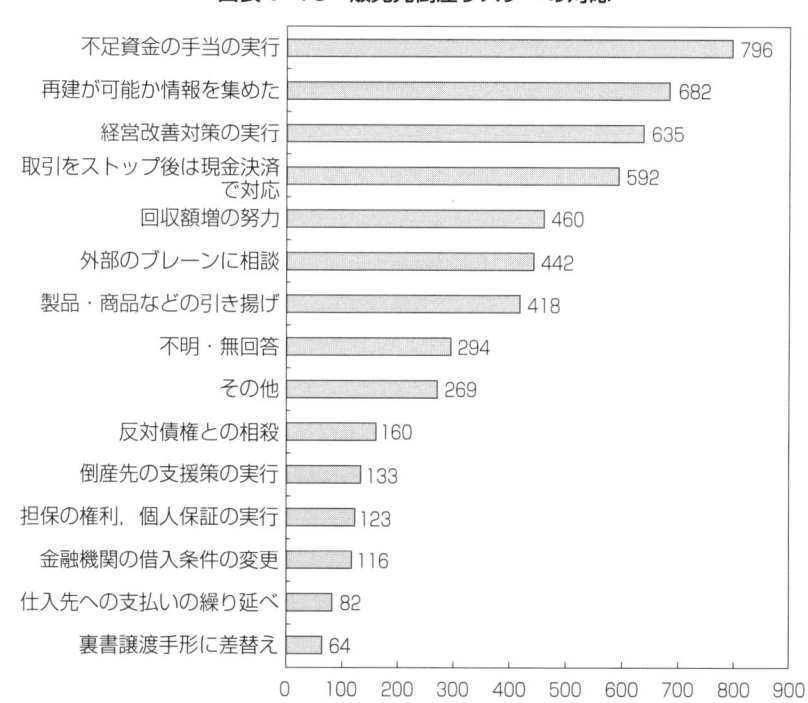

図表7-16　販売先倒産リスクへの対応

項目	件数
不足資金の手当の実行	796
再建が可能か情報を集めた	682
経営改善対策の実行	635
取引をストップ後は現金決済で対応	592
回収額増の努力	460
外部のブレーンに相談	442
製品・商品などの引き揚げ	418
不明・無回答	294
その他	269
反対債権との相殺	160
倒産先の支援策の実行	133
担保の権利，個人保証の実行	123
金融機関の借入条件の変更	116
仕入先への支払いの繰り延べ	82
裏書譲渡手形に差替え	64

(8%)などの回答が順に並んだ(図表7-16)。

⑨ 売上減少に対するリスク対応

販売先倒産により,減少した売上高を回復させるために行った対策として,複数回答で「新しい販売先を増やした」が1,565件(52%)と多く,次に「特に対策はとらない」を除いて「主たる販売先に取引高を増やしてもらった」が271件(8%)と続いた。「その他」が198件(6%)に続き,「下請企業振興協会や中小企業振興公社などに取引の斡旋を依頼した」が23件(1%)であった(図表7-17)。

調査回答企業は,連鎖倒産を回避するために独自の力で売上回復に努力しようとした姿勢がうかがえる。ただし,「特に対策はとらなかった」が1,059件(35%)にのぼり,「新規の販売先を増やす」に続いて大きかった。この事実は,信用リスクマネジメント教育の重要性と甘さを物語っている。

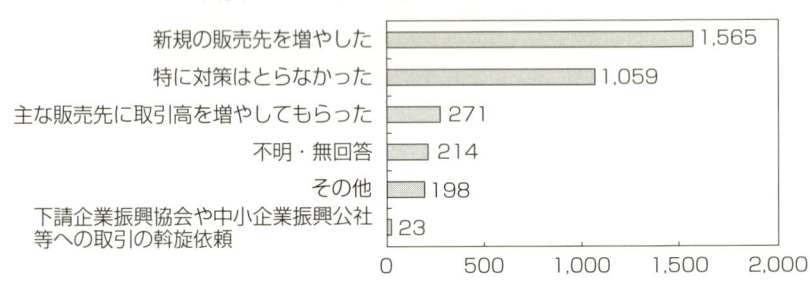

図表7-17 売上減少に対するリスク対応

項目	件数
新規の販売先を増やした	1,565
特に対策はとらなかった	1,059
主な販売先に取引高を増やしてもらった	271
不明・無回答	214
その他	198
下請企業振興協会や中小企業振興公社等への取引の斡旋依頼	23

5. 事後のリスク対応

販売先倒産を機会に実行した経営改善策を調べた調査結果を「事後のリスク対応」としてとらえ,ここでは経営管理機能の維持,保全のためのリスク対応を観察する。

販売先倒産で当該企業が連鎖倒産というリスクに遭遇した際,事後のリスク

対応として (1) 組織機能, (2) 金融機能, (3) 生産, 流通機能という3つの経営管理機能の維持, 保全にどのような事柄を実施したのか。この3つの経営機能の側面からアンケート実態調査のデータを用いて2次分析を試みた。

(1) 会社の組織機能強化のために実行したリスク対応

販売先倒産により調査回答企業は, 組織機能をどのように強化させたか。複数回答であるが,「代表者が率先して経営体質の改善に取り組んだ」が1,205件で最も多く, 全体の24％を占めた。連鎖倒産リスク回避のリスクマネジメントは, トップの陣頭指揮を重要視していることをうかがわせる。次に「情報収集能力の向上」が906件（18％）, 経営のスリム化の推進」が872件（17％）,「労使協力による経営改善」が795件（16％）と続く（図表7-18）。

連鎖倒産の危機にある中小企業は, 経営者自らがリーダーシップをとり, 経営体質改善, 情報収集, 組織のスリム化, 活性化などにあたるという, トップが率先して行う意思決定が最大のキーポイントになることが理解できる。

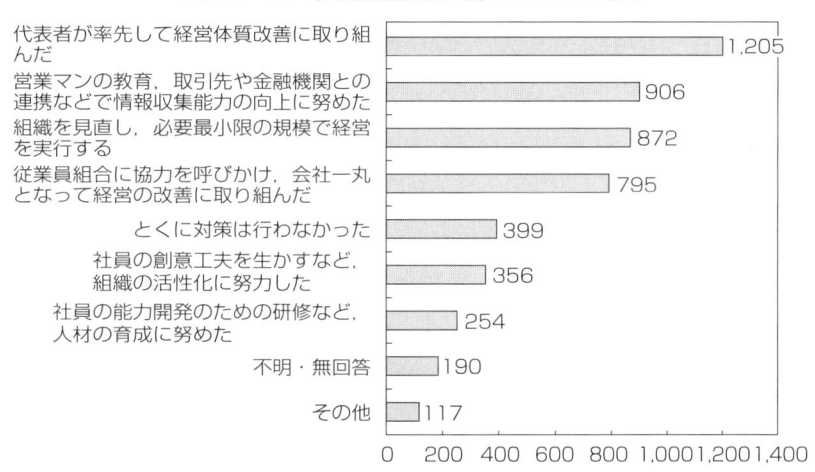

図表 7-18 組織機能強化に行ったリスク対応

項目	件数
代表者が率先して経営体質改善に取り組んだ	1,205
営業マンの教育, 取引先や金融機関との連携などで情報収集能力の向上に努めた	906
組織を見直し, 必要最小限の規模で経営を実行する	872
従業員組合に協力を呼びかけ, 会社一丸となって経営の改善に取り組んだ	795
とくに対策は行わなかった	399
社員の創意工夫を生かすなど, 組織の活性化に努力した	356
社員の能力開発のための研修など, 人材の育成に努めた	254
不明・無回答	190
その他	117

(2) 金融機能強化のために実行したリスク対応

販売先倒産を機に必要な資金を確保するために実行した対策は, 複数回答で

「経費の節減」が1,514件で全体の32%を占めた。次に「公的資金の融資・保証制度の利用を図り,借入枠に余裕をもたせた」が1,282件(27%),「短期借入金から長期借入金に切り替えた」が834件(18%),「遊休資産を処分して借入金を返済した」が227件(5%)と続いた。さらに「代表者や販売先からの借入金を資本金に振替えた」が123件(3%)あり,金融機能強化に対して並々ならない努力が払われていることが推測できる(図表7-19)。

販売先倒産による連鎖倒産リスクを回避するには,当該企業の金融機能を如何に強化し,高めるかが重要なポイントであることが理解できる。

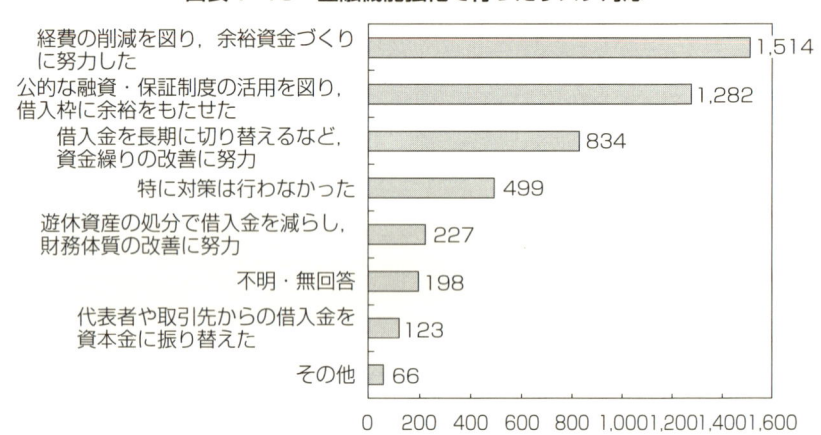

図表7-19 金融機能強化で行ったリスク対応

項目	件数
経費の削減を図り,余裕資金づくりに努力した	1,514
公的な融資・保証制度の活用を図り,借入枠に余裕をもたせた	1,282
借入金を長期に切り替えるなど,資金繰りの改善に努力	834
特に対策は行わなかった	499
遊休資産の処分で借入金を減らし,財務体質の改善に努力	227
不明・無回答	198
代表者や取引先からの借入金を資本金に振り替えた	123
その他	66

(3) 生産・流通機能強化のために実行したリスク対応

販売先の倒産を機に実行した生産・流通機能強化のためにとられたリスク対応は,複数回答で,「既存販売先との取引拡大や新規販売先の開拓に努力した」が1,628件(36%)と最も多かった。次に生産・原価管理の徹底や高性能設備・機器の導入など,「コストダウンに努力した」が897件(20%),「新規分野への進出や新製品の開発を行った」が725件(16%),「インターネットの活用など,情報化への対応を進めた」が310件(7%)の順である。なお,「リスク対応をとらなかった」が537件(12%)あるが,連鎖倒産リスク対策の必要性がここにある(図表7-20)。

調査回答企業の大部分が販売先の倒産で危機意識が高まり，何らかの生産・流通体制の見直し，生産・流通機能の維持，保全を行い，可能な限りのリスク対応を講じている実態が浮かんでくる。

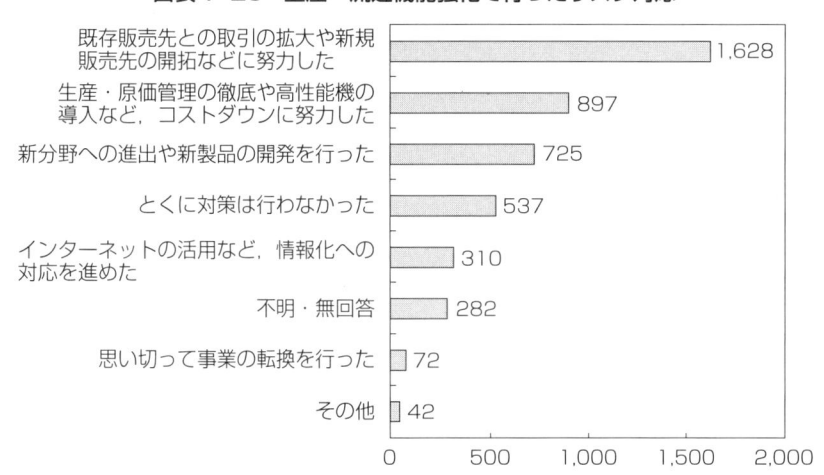

図表 7-20　生産・流通機能強化で行ったリスク対応

項目	件数
既存販売先との取引の拡大や新規販売先の開拓などに努力した	1,628
生産・原価管理の徹底や高性能機の導入など，コストダウンに努力した	897
新分野への進出や新製品の開発を行った	725
とくに対策は行わなかった	537
インターネットの活用など，情報化への対応を進めた	310
不明・無回答	282
思い切って事業の転換を行った	72
その他	42

6. 全般的リスク対応

　全般的リスク対応とは，販売先倒産の事前と事後にかかわらず，連鎖倒産リスクの本質的なリスク対応のパターンで，リスク対応全般を示している。中小企業経営者は，連鎖倒産を回避するために如何なるリスク対策を講じているのか。あるいは，どのような条件，環境整備を中小事業者は求めているのか。調査回答企業（自由回答）の包括的な連鎖倒産防止対策を探った（図表7-21）。

　調査回答企業が連鎖倒産を回避するために行ったリスク対応で「販売先企業に関する情報収集の徹底」が128件（27％）と最も多く，次に「取引先の分散化」が81件（17％）であった。さらに「与信限度額管理の徹底」が71件（15％），「現金決済への移行」が33件（7％），「当該企業の経営体質の強化」が24件（5％），「信用調査会社からの情報入手」，「資金調達手段の確保」がそ

れぞれ20件（4.2%），19件（4%）と続き，「内部留保の充実」，「問題ある取引企業との早期取引縮小・停止」，「優良企業との取引推進」がそれぞれ16件（3.4%），15件（3.2%），13件（2.8%）であった。「有効な防止対策はない」とする企業は40件で9%あった。

連鎖倒産防止の全般的なリスク対応で最も重要なファクターの1つは，取引先企業の情報の収集の徹底，2つは取引先の分散化，3つは与信限度額管理の徹底であった。

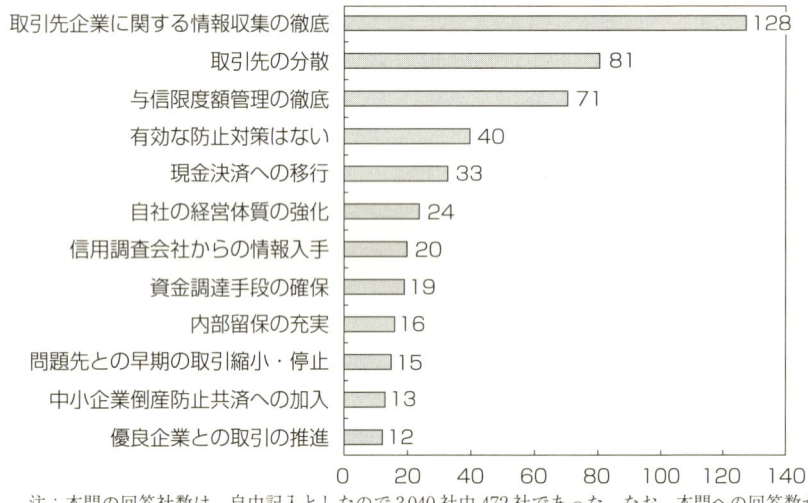

図表7-21　連鎖倒産防止の全般的なリスク対応

項目	件数
取引先企業に関する情報収集の徹底	128
取引先の分散	81
与信限度額管理の徹底	71
有効な防止対策はない	40
現金決済への移行	33
自社の経営体質の強化	24
信用調査会社からの情報入手	20
資金調達手段の確保	19
内部留保の充実	16
問題先との早期の取引縮小・停止	15
中小企業倒産防止共済への加入	13
優良企業との取引の推進	12

注：本問の回答社数は，自由記入としたので3,040社中472社であった。なお，本問への回答数が10社のものは割愛されている。

7．公的支援によるリスク対応

「公的支援によるリスク対応」は，当事者企業が連鎖倒産を回避する1つの手段としての公的支援制度の効果と評価を尋ねた結果をあらわしている。連鎖倒産リスク対応を支援する公的制度の効果と評価を述べたものである。「公的支援によるリスク対応」とは，当事者企業が連鎖倒産を回避する1つの手段と

しての公的支援制度利用の効果と評価を尋ねた結果をあらわしている。中小企業経営者による連鎖倒産防止リスク対応の実施を支援する公的機関の評価についてアンケート調査を行った。

(1) 公的支援機関の利用状況（複数回答）

公的な支援機関の制度で「中小企業倒産防止共済制度」が1,856件（46%）と利用者数が最も多い。次に「中小企業倒産対策融資制度（中小企業金融公庫・国民生活金融公庫など）」が718件（18%）であった。この他には「倒産関連特別保証制度（信用保証協会）」が292件（7%），商工会議所の「倒産防止特別相談室」が243件（6%），「倒産防止関連融資制度（都道府県・市など）」が198件（5%）であった。「その他」が106件（3%），「不明・無回答」が586件（19%）であった（図表7-22）。

回答件数が3,999件あり，公的支援機関を多くが利用したことがうかがえる。なかでも中小企業倒産防止共済制度を利用する経営者が多くを占めていた。

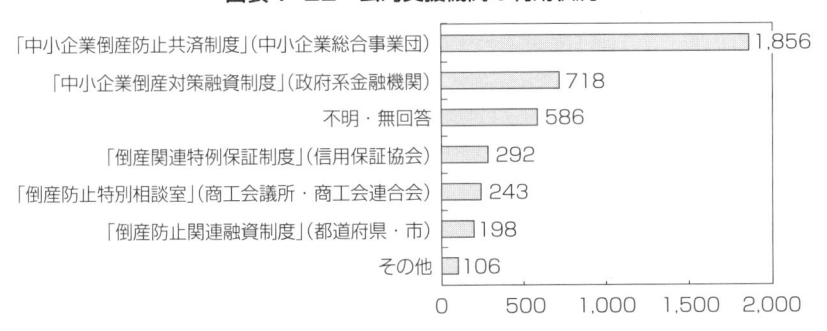

図表7-22 公的支援機関の利用状況

項目	件数
「中小企業倒産防止共済制度」（中小企業総合事業団）	1,856
「中小企業倒産対策融資制度」（政府系金融機関）	718
不明・無回答	586
「倒産関連特例保証制度」（信用保証協会）	292
「倒産防止特別相談室」（商工会議所・商工会連合会）	243
「倒産防止関連融資制度」（都道府県・市）	198
その他	106

(2) 公的スポンサー制度に期待する支援・助成対策（1）（自由記入）

中小事業者が連鎖倒産防止対策を実行するにあたって，公的スポンサーにどのような支援・助成を期待しているのか。調査回答企業のうち，「審査・融資・貸付の迅速な実行」が108件（27%）と最も多く，次に「返済ないし据置

期間の延長」が42件（11%），「無利子・低利子融資の拡大」，「無保証による融資の拡大」，「融資枠の拡大」が30～31件（8%）で続き，「保証協会による保証枠の拡大」，「融資条件の緩和」が15～16件（4%）であった（図表7-23）。自由回答であるので，かなり細かな期待・要請があり，改めてリスク対応としての公的スポンサーの役割の大きさが認識できた。しかし，一方では，「公的スポンサーには期待しない」とする回答も10%あったことを明記しなければならない。

図表 7-23　公的機関に期待する支援・助成対応

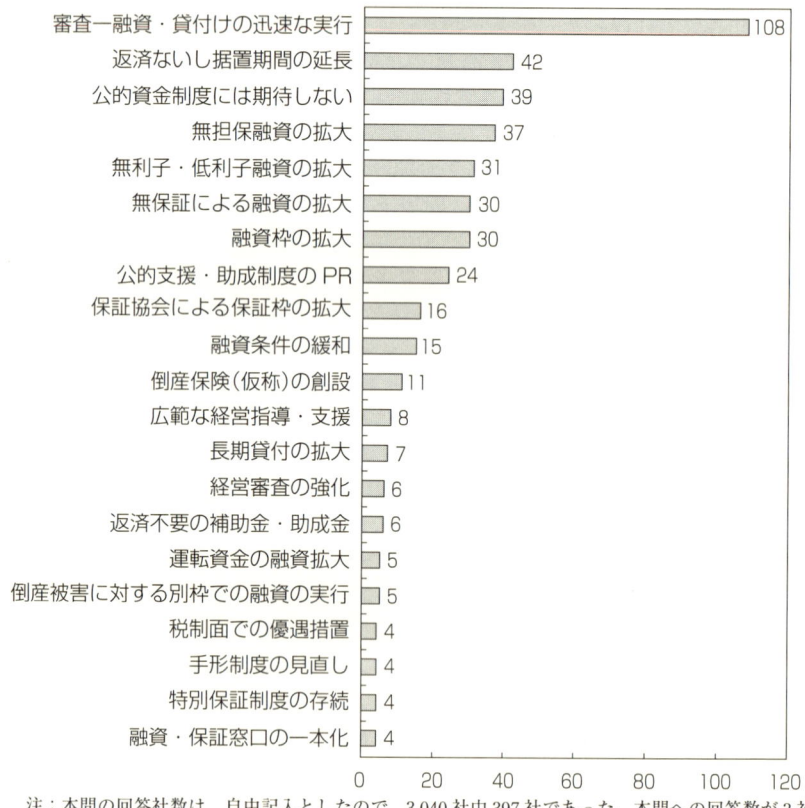

項目	件数
審査―融資・貸付けの迅速な実行	108
返済ないし据置期間の延長	42
公的資金制度には期待しない	39
無担保融資の拡大	37
無利子・低利子融資の拡大	31
無保証による融資の拡大	30
融資枠の拡大	30
公的支援・助成制度のPR	24
保証協会による保証枠の拡大	16
融資条件の緩和	15
倒産保険(仮称)の創設	11
広範な経営指導・支援	8
長期貸付の拡大	7
経営審査の強化	6
返済不要の補助金・助成金	6
運転資金の融資拡大	5
倒産被害に対する別枠での融資の実行	5
税制面での優遇措置	4
手形制度の見直し	4
特別保証制度の存続	4
融資・保証窓口の一本化	4

注：本問の回答社数は，自由記入としたので，3,040社中397社であった。本問への回答数が3社以下のものは除いてある。

8. リスク対応の評価

　本節では，各種リスク対応に関する評価を2つの評価基準をもとに行った。1つの評価基準は，「売上債権回収不能額が対月間売上高のどの程度の割合（％）」（評価基準①）を基準とした。各種リスク対応が効果的であれば，当該指標値の値（％）は低くなるはずである。もう1つの評価基準②は「売上債権回収の有無」である。各種リスク対応が良好であれば，売上債権の回収は円滑であり，不良であればその回収は不良となる。したがって，この2つの評価基準でリスク対応の有効性を評価した。

　ここでは時系列でみたリスク対応，すなわち「事前のリスク対応」，販売先の「倒産前後のリスク対応」，「事後のリスク対応」という3つのリスク対応に関する有効性の有無をクロス分析で行った。

(1) 評価基準①：売上債権回収不能額の割合（対月間売上高）

① 取引限度額設定の有無と評価基準①：「事前のリスク対応」の評価

　取引限度額を設定している企業と設定していない企業を評価基準①（売上債権回収不能額基準：売上債権回収不能額を対月間売上高で計ると，どの程度の割合になるか）で売掛債権回収リスクの評価を行った（図表7-24）。

　取引先（販売先）の場合，売上債権回収不能額が月間売上高の100％以上のケースでは，「上限設定企業」は82社で24％弱であるのに対し，「上限設定なしの企業」が207社で60％を超える割合を示した。売上債権回収不能額が30～100％未満の場合でも，「上限設定企業」が146社（28％）であるのに比べ，「上限設定なしの企業」では318社（56％）を占めた。債権回収リスクを減じるには，売掛債権に限度額を設定することの重要性を物語っている。

図表7-24　取引限度額設定の有無と評価基準①

[販売先]	100%以上		30～100%未満		10～30%未満		10%未満		不明・無回答		合　計	
回答企業合計数	347	100.0	569	100.0	834	100.0	1,030	100.0	260	100.0	3,040	100.0
上限設定あり	82	23.6	146	25.7	229	27.5	299	29.0	54	20.8	810	26.6
特に設けていない	207	59.7	318	55.9	456	54.7	538	52.2	143	55.0	1,662	54.7
その他	4	1.2	16	2.8	28	3.4	39	3.8	8	3.1	95	3.1
不明・無回答	54	15.6	89	15.6	121	14.5	154	15.0	55	21.2	473	15.6

② 債権回収リスク教育・訓練実施の実行と評価基準①:「事前のリスク対応」の評価

　債権回収リスク教育・訓練を「実施する企業」と「実施しない企業」を評価基準①（売上債権回収不能額基準：売上債権回収不能額を対月間売上高の割合で測定する）で評価を行った（図表7-25）。

　評価基準①（100%以上）でみると，債権回収リスク教育・訓練を実施していない企業が347社中163社（44%）と一番多くを占め，債権回収リスクの高いことが理解できる。何らかの回収リスク教育を実行することが債権回収不能額を減じる効果が認められる。

　評価基準①の「30～100%未満」をみると，評価基準①の「100%以上」と同様の結果を導いている。すなわち，「債権回収リスク教育・訓練を実施しない」企業数は569社中281社（47%）で，過半数近くを占め，何らかの債権回収リスク教育を実施することが債権回収不能額を減じる効果が認められる。

図表7-25　債権回収リスク教育・訓練の実行と評価基準①

	100%以上		30～100%未満		10～30%未満		10%未満		不明・無回答		合　計	
回答企業合計数	347	100.0	569	100.0	834	100.0	1,030	100.0	260	100.0	3,040	100.0
社内で研修	37	9.9	62	10.1	133	14.4	154	13.4	29	10.5	415	12.4
外部セミナーを受講	15	4.0	28	4.6	48	5.2	72	6.3	21	7.6	184	5.5
OJT	123	32.9	211	34.3	356	38.4	503	43.9	83	30.0	1,276	38.2
実施していない	163	43.6	281	45.7	350	37.8	364	31.8	121	43.7	1,279	38.3
その他	19	5.1	12	2.0	21	2.3	35	3.1	7	2.5	94	2.8
不明・無回答	17	4.5	21	3.4	18	1.9	18	1.6	16	5.8	90	2.7

注：複数回答のため回答企業合計数（3,040社）と回答件数の合計数とは一致しない。

③ 販売先情報リスク対応の実行と評価基準①:「事前のリスク対応」の評価

販売先情報収集リスクの対応と評価基準①(債権回収不能額)との関係をクロス分析した結果が図表7-26である。情報収集活動を実行するというリスク対応を行うことが債権回収不能額を減じる効果があるという仮説を検証した。

このクロス分析をみるかぎり,明確な両者の関係を読み取ることはできなかった。ほとんどの企業が何らかの情報収集のリスク対応を行っているが,債権回収不能額の多い,少ないには関連性が認められなかった。

債権回収不能額が月間売上高の100%を超える場合,何らかの情報収集のリスク対応を行っている件数合計は768件(49%)で,「情報収集を行っていない」件数は12件(1.5%)にとどまった。債権回収不能額が「30～100%未満」の場合でも同じ傾向がみられた。

図表7-26　情報リスク対応の実行と評価基準①

	100%以上		30～100%未満		10～30%未満		10%未満		不明・無回答		合計	
合計	347	100.0	569	100.0	834	100.0	1,030	100.0	260	100.0	3,040	100.0
営業活動による観察	269	17.3	452	16.9	678	17.2	825	16.9	182	16.1	2,406	17.0
金融機関	102	6.6	173	6.5	233	5.9	311	6.4	82	7.2	901	6.4
同業・取引先・団体	198	12.7	332	12.4	493	12.5	555	11.4	145	12.8	1,723	12.2
知人,友人	68	4.4	89	3.3	114	2.9	112	2.3	40	3.5	423	3.0
信用調査会社	117	7.5	255	9.5	404	10.3	550	11.3	93	8.2	1,419	10.0
マスメディア	14	0.9	24	0.9	32	0.8	57	1.2	12	1.1	139	1.0
小計	768	49.4	1,325	49.5	1,954	49.6	2,410	49.4	554	48.9	7,011	49.5
行っていない	12	0.8	14	0.5	18	0.5	30	0.6	7	0.6	81	0.6
その他	3	0.2	3	0.1	4	0.1	11	0.2	4	0.4	25	0.2
不明・無回答	5	0.3	8	0.3	8	0.2	14	0.3	14	1.2	49	0.3

注:複数回答のため回答企業数合計(3,040社)と回答件数の合計とは一致しない。

④ 信用不安発生リスク対応の実行と評価基準①:「倒産前後のリスク対応」の評価

販売先に対する信用不安が発生した際にリスク対応を実行したのか。当該リ

スク対応の実行の有無と評価基準①(債権回収不能額:対月間売上高の割合)との関係をクロス分析した。その結果が図表7-27である。

この図表をみるかぎり,「100%以上」の債権回収不能額(対月間売上高)でも,何らかの信用不安発生リスク対応を727件(94%)行っている。また「30～100%未満」の債権回収不能額でも同様の結果となっている。何らかのリスク対応が合計で727件(94%)も実行されても,「100%以上」の債権回収不能額が発生したことを示している。

図表7-27 信用不安発生リスク対応の実行と評価基準①

	100%以上		30～100%未満		10～30%未満		10%未満		不明・無回答		合　計	
合　　　計	347	100.0	569	100.0	834	100.0	1,030	100.0	260	100.0	3,040	100.0
外部ブレーンに相談	86	11.1	122	9.5	174	9.2	183	8.0	80	14.4	645	9.5
取引の縮小・停止	197	25.5	363	28.2	534	28.3	632	27.8	135	24.4	1,861	27.5
現金決済に切り替え	136	17.6	223	17.3	364	19.3	456	20.0	112	20.2	1,291	19.0
高利利用なら取引停止	69	8.9	130	10.1	187	9.9	212	9.3	41	7.4	639	9.4
資金手当の対策を検討	97	12.5	149	11.6	194	10.3	222	9.8	40	7.2	702	10.4
文書契約取引に切り替え	16	2.1	35	2.7	42	2.2	63	2.8	25	4.5	181	2.7
担保・個人保証の設定	28	3.6	42	3.3	91	4.8	126	5.5	27	4.9	314	4.6
納入商品等の引き揚げ	24	3.1	51	4.0	58	3.1	96	4.2	23	4.2	252	3.7
事情を確認,支援を検討	74	9.6	109	8.5	154	8.2	171	7.5	36	6.5	544	8.0
小　　計	727	94.0	1,224	95.0	1,798	95.4	2,161	94.9	519	93.7	6,429	94.9
とくに対応しない	31	4.0	43	3.3	58	3.1	78	3.4	19	3.4	229	3.4
その他	8	1.0	12	0.9	15	0.8	20	0.9	3	0.5	58	0.9
不明・無回答	7	0.9	10	0.8	14	0.7	17	0.7	13	2.3	61	0.9

注:複数回答のため回答企業数合計(3,040社)と回答件数の合計とは一致しない。

⑤ 信用不安発生時のリスク対応と評価基準①:「倒産前後のリスク対応」の評価

販売先の信用不安発生時に有効と考えるリスク対応は,現実に発生した債権回収不能額の大小とかかわりがあるのか。その評価を試みた。

評価基準①(売上債権回収不能額の割合)と有効と考えるリスク対応の関係をクロス分析で観察した(図表7-28)。

評価基準①で債権回収不能額の割合が最も高い「100%以上」を基準とした

場合，何らかの「有効と考えるリスク対応」の件数合計は739件で全体の94％を占めた。「100％以上」の債権回収不能額でも「早期の情報入手」（263件，34％）や「早期の取引縮小や停止」（212件，27％）など，リスク対応を実行することが有効と考えている。「30～100％未満」の債権回収不能額をみても，「100％以上」と同様に，何らかの有効なリスク対応（1,285件，95％）を実行することが重要と考えている。「有効なリスク対応はない」と考える件数合計は，評価基準①の「100％以上」でも34件（4％），「30～100％未満」でも45件（3％）ほどであった。

実際に被った債権回収不能額の大小にかかわりなく，「早期の情報収集」，「早期の取引停止・縮小」等の何らかのリスク対応の試みが重要と考えていた。

図表7-28　信用不安発生時に有効と考えるリスク対応と評価基準①

	100％以上		30～100％未満		10～30％未満		10％未満		不明・無回答		合　計	
合　計	347	100.0	569	100.0	834	100.0	1,030	100.0	260	100.0	3,040	100.0
早期の情報入手	263	33.5	449	34.0	680	35.1	878	37.2	200	34.6	2,470	35.4
早期の取引縮小・停止	212	27.0	371	28.1	600	31.0	716	30.3	153	26.5	2,052	29.4
文書契約，担保・保証	53	6.8	102	7.7	164	8.5	188	8.0	53	9.2	560	8.0
早期の商品引き揚げ	45	5.7	81	6.1	104	5.4	180	7.6	42	7.3	452	6.5
必要資金の手当て対策	89	11.3	171	12.9	213	11.0	187	7.9	47	8.1	707	10.1
取引先への報告・支援要請	39	5.0	40	3.0	32	1.7	47	2.0	14	2.4	172	2.5
外部ブレーンのアドバイス	38	4.8	44	3.3	64	3.3	76	3.2	37	6.4	259	3.7
小　計	739	94.1	1,258	95.2	1,857	95.8	2,272	96.1	546	94.5	6,672	95.5
有効な対策はない	34	4.3	45	3.4	58	3.0	66	2.8	19	3.3	222	3.2
その他	3	0.4	4	0.3	5	0.3	6	0.3	1	0.2	19	0.3
不明・無回答	9	1.1	14	1.1	18	0.9	19	0.8	12	2.1	72	1.0

注：複数回答のため回答企業数合計（3,040社）と回答件数の合計とは一致しない。

⑥　債権回収リスク対応の実行と評価基準①：「倒産前後のリスク対応」

債権回収不能額の大小とリスク対応との関係を観察した。債権回収リスクにリスク対応すれば，債権回収不能額は減少するという仮説を立ててクロス分析を行った。具体的には，リスク対応を実行した企業としなかった企業を評価基

準①(売上債権回収不能額基準:対月間売上高の割合)でみることにした(図表7-29)。

売上債権回収不能額が月間売上高の100％以上のケースでは,何らかのリスク対応を実行した回答社数は,全回答社数347件のうち66件(19％)であるのに対し,何のリスク対応もしなかった回答社数は251件(72％)にものぼった。

リスク対応を実行できなかった会社は,実行した会社の売上債権回収リスクが3.8倍も高くなることが判明した。次に売掛金回収不能額が月間売上高の30％～100％未満の会社数は合計569社あったが,リスク対応を実行した会社数は120社(21％)であったのに比べ,リスク対応を実行しなかった企業数は400社(70％)にのぼった。

リスク対応を実行しなかった企業の売掛債権回収リスクは,実行した会社の3.3倍の債権回収リスクを抱えたことになる。売掛債権回収不能額が月間売上高の10％～30％の割合の場合も,実行できなかった会社の当該リスクは3.4倍となり,前述と同程度の高いリスクを抱えることになった。

図表7-29 債権回収リスク対応の実行と評価基準①

	100％以上		30～100％未満		10～30％未満		10％未満		不明・無回答	
回答企業合計数	347	100.0	569	100.0	834	100.0	1,030	100.0	260	100.0
何らかのリスク対応を実行	66	19.0	120	21.1	172	20.6	237	23.0	45	17.3
リスク対応を実行できず	251	72.3	400	70.3	594	71.2	694	67.4	40	15.4
その他	27	7.8	40	7.0	55	6.6	94	9.1	20	7.7
不明・無回答	3	0.9	9	1.6	13	1.6	5	0.5	155	59.6

注:「何らかのリスク対応」とは,①担保権利を行使した,②代表者等からの保証による補償,③買掛金等の反対債権との相殺,④納入済商品等の引き揚げ,⑤売掛債権の譲渡を受けた,⑥粘り強い交渉による回収を包括したものを意味する。なお,「何らかのリスク対応」を実行した会社数は3,040社中640社で全体の21％であった。反対に売掛債権回収リスク対応を実行できなかった会社数は1,979社で全体の65％を占めている。

⑦ 資金不足リスク対応の実行と評価基準①:「倒産前後のリスク対応」の評価

資金不足のリスク対応を実行することが債権回収不能額の大小と関係すると

いう仮説を立てクロス分析を行った。貸倒れによる資金不足リスクの対応を実行した企業としなかった企業を評価基準①で観察した。債権回収不能額が月間売上高の「100％以上」の基準では，何らかの貸倒れリスク対応を実行した企業の回答件数合計が786件（99％）を占めた。また債権回収不能額が月間売上高の「30～100％未満」の基準では，何らかのリスク対応を実行した企業の回答件数合計は1,025件（98・6％）であった。当然のことであるが，貸倒れによる資金不足の手当は様々な手法を用いて実行され，このリスク対応を実行しないという企業は少なかった。債権回収不能額の大小と貸倒れによる資金不足リスク対応の実行の有無とはあまり関係は認められなかった（図表7-30）。

図表7-30　資金不足リスク対応の実行と評価基準①

	100％以上		30～100％未満		10～30％未満		10％未満		不明・無回答		合　計	
合　計	347	100.0	569	100.0	834	100.0	1,030	100.0	260	100.0	3,040	100.0
メインから追加借入	120	15.1	164	15.8	151	12.1	127	9.8	10	3.6	572	12.3
メイン外から追加借入	34	4.3	42	4.0	45	3.6	24	1.8	1	0.4	146	3.1
金融機関から新規借入	3	0.4	4	0.4	4	0.3	2	0.2	0	0.0	13	0.3
代表者等から調達	112	14.1	107	10.3	90	7.2	36	2.8	6	2.2	351	7.5
会社資産を一部売却	27	3.4	31	3.0	16	1.3	16	1.2	1	0.4	91	1.9
株主, 出資者から調達	9	1.1	11	1.1	9	0.7	6	0.5	0	0.0	35	0.7
主な取引先から援助	11	1.4	17	1.6	8	0.6	2	0.2	2	0.7	40	0.9
公的融資制度を利用	103	12.9	121	11.6	107	8.5	80	6.2	4	1.4	415	8.9
倒産防止共済貸付を利用	264	33.1	424	40.8	623	49.7	562	43.3	24	8.6	1,897	40.6
高利資金を一時借入	5	0.6	2	0.2	2	0.2	0	0.0	1	0.4	10	0.2
支払条件の緩和を依頼	23	2.9	17	1.6	11	0.9	4	0.3	0	0.0	55	1.2
前倒しで売上金を回収	15	1.9	8	0.8	4	0.3	3	0.2	0	0.0	30	0.6
手持ち資金で対応	60	7.5	77	7.4	137	10.9	261	20.1	3	1.1	538	11.5
小　計	786	98.6	1,025	98.6	1,207	96.3	1,123	86.5	52	18.7	4,193	89.8
リスク対応はしなかった	5	0.6	9	0.9	39	3.1	163	12.5	3	1.1	219	4.7
その他	6	0.8	6	0.6	6	0.5	13	1.0	0	0.0	31	0.7
不明・無回答	0	0.0	0	0.0	1	0.1	0	0.0	223	80.2	224	4.8

注：複数回答のため回答企業数合計（3,040社）と回答件数の合計とは一致しない。

⑧　組織リスク対応の実行と評価基準①：「事後のリスク対応」の評価

販売先倒産を契機に行った組織リスク対応の実行と評価基準①との関係につ

いてクロス分析を行った（図表7-31）。

組織機能強化のリスクマネジメントは，倒産前後のリスク対応から少し時間をおいて実行したリスク対応なので，評価基準①とのタイムラグが考えられるが，ある程度の関連性が認められるはずである。

評価基準①の100％以上の月間売上高分の不良債権を抱えた件数でみると，「リスク対応を実行しなかった」が643件中33件（5％）であった。「リスク対応を実行しない」が何らかの「リスク対応を実行した」グループよりも構成比が小さいことは，「リスク対応を実行しない」ほうが債権回収リスクは低いという結論にもなるが，「リスク対応を実行しなかった」の件数がきわめて少ないことから，統計学上，一概にこの結論を導くことはできない。「代表者が陣頭指揮で実行した」が200件（31％），「経営のスリム化を推進」が161件（25％），「労使協議による経営改善を図る」が120件（19％）と高い構成比をもっている。この事実は，経営者の懸命な努力をもってしても多額の不良債権を抱える可能性があることを示す証でもある。

図表7-31　組織リスク対応の実行と評価基準①

	100％以上		30～100％未満		10～30％未満		10％未満		不明・無回答		合　計	
回答企業数合計	347	100.0	569	100.0	834	100.0	1,030	100.0	260	100.0	3,040	100.0
代表者が陣頭指揮	200	31.1	267	26.5	347	24.0	351	21.1	40	12.1	1,205	23.7
経営のスリム化推進	161	25.0	236	23.4	243	16.8	209	12.6	23	6.9	872	17.1
人材育成	15	2.3	36	3.6	77	5.3	114	6.9	12	3.6	254	5.0
組織の活性化	29	4.5	50	5.0	107	7.4	150	9.0	20	6.0	356	7.0
情報収集能力の向上	63	9.8	138	13.7	265	18.3	405	24.3	35	10.6	906	17.8
労使協力による経営改善	120	18.7	185	18.3	256	17.7	207	12.4	27	8.2	795	15.6
対策は行わなかった	33	5.1	72	7.1	110	7.6	173	10.4	11	3.3	399	7.8
その他	18	2.8	21	2.1	34	2.3	40	2.4	4	1.2	117	2.3
不明・無回答	4	0.6	4	0.4	8	0.6	15	0.9	159	48.0	190	3.7

注：複数回答のため合計欄の企業数（3,040社）と回答件数の合計数とは一致しない。

⑨　生産・流通リスクのリスク対応の実行と評価基準①

図表7-32をみると，評価基準①の不良債権が最大の「100％以上」の件数が65件（12％），「30％～100％未満」（100件，12％）「10％～30％未満」（152

件，12％），「10％未満」（202件，13％）と件数は徐々に増加するが，構成比にほとんど変化は認められない。また，①「販路の拡大・新規開拓」，②「コストダウンの推進」，③「新分野進出・新製品開発」等の件数も増加するが，3つのリスク対応の構成比も合計もほとんど変化はなかった。したがって，「リスク対応を実行せず」という選択が少なく，有効な何らかの「リスク対応の実行」が多いことが，債権回収不能額の減少につながるという仮説は立証できなかった。「リスク対応実行せず」が比較的に多ければ，債権回収不能額が多くなるという結論を導くことはできなかった。

各種リスク対応の実行時期と債権回収不能額の生じた時期との間にタイムラグがあったことが考えられる。

図表7-32　生産・流通リスク対応の実行と評価基準①

	100％以上		30～100％未満		10～30％未満		10％未満		不明・無回答		合　計	
回答企業数合計	347	100.0	569	100.0	834	100.0	1,030	100.0	260	100.0	3,040	100.0
新分野進出・新製品開発	88	16.8	145	17.3	211	16.6	247	16.0	34	10.7	725	16.1
販路の拡大・新規開拓	214	40.8	335	40.1	483	38.0	529	34.3	67	21.1	1,628	36.2
コストダウンの推進	104	19.8	167	20.0	259	20.4	336	21.8	32	10.1	898	20.0
情報化への対応	24	4.6	47	5.6	85	6.7	141	9.1	13	4.1	310	6.9
事業を転換	11	2.1	14	1.7	30	2.4	18	1.2	0	0.0	73	1.6
対策は行わなかった	65	12.4	100	12.0	152	12.0	202	13.1	18	5.7	537	12.0
その他	6	1.1	6	0.7	12	0.9	16	1.0	4	1.3	42	0.9
不明・無回答	13	2.5	24	2.9	39	3.1	54	3.5	150	47.2	280	6.2

注：複数回答のため合計欄の企業数（3,040社）と回答件数の合計数とは一致しない。

⑩　金融リスクのリスク対応の実行と評価基準①：「事後のリスク対応」の評価

金融機能強化に関するリスク対応の実行と評価基準①との関係が下記の図表に示された。仮説では，「リスク対応を実行せず」が多く，有効なリスク対応の実行が少なければ，債権回収不能額が多くなること，反対に「リスク対応を実行せず」が少なく，有効な「リスク対応の実行」が多ければ，評価基準①の債権回収不能額は少なくなるという関係が成り立つ。しかし，図表7-33をみると，「短期借入れを長期借入に切り替え」，「経費の節減」，「公的制度の活用」

等のリスク対応の実行件数が多い値を示す一方,「リスク対応を実行せず」の件数は小さかった。「リスク対応を実行せず」が小さく,有効な「リスク対応の実行」が多ければ,債権回収不能額は小さくなる,という仮説が成立するが,事実は逆となった。

事実は,「リスク対応を実行せず」が多く,有効な「リスク対応の実行」が少ないと回収不能額が多くなければならないはずが,実際は少なかった。

この傾向は債権回収不能額が小さくなるにつれて,これら3つのリスク対応実行件数は増える一方で「リスク対応の実行をしなかった」の件数も大きくなる。従って,金融機能強化に関するリスク対応実行の有無と評価基準①との理論的整合性は得られなかった。

この結果は,リスク対応の実行と債権回収不能額との間にタイムラグがあり,リスク対応の実行の時期と債権回収不能額が生じた時期との間に時差があったことが考えられる。

図表7-33 金融リスク対応の実行と評価基準①

	100%以上		30～100%未満		10～30%未満		10%未満		不明・無回答		合 計	
回答企業数合計	347	100.0	569	100.0	834	100.0	1,030	100.0	260	100.0	3,040	100.0
長期借入に切り替え	138	22.2	195	20.4	239	17.8	231	15.4	31	9.7	834	17.6
経費の節減	213	34.2	311	32.5	463	34.5	472	31.4	55	17.2	1,514	31.9
遊休資産を処分	44	7.1	45	4.7	53	4.0	78	5.2	7	2.2	227	4.8
公的制度の活用	171	27.4	288	30.1	399	29.8	377	25.1	47	14.7	1,282	27.0
資本金の増強	31	5.0	41	4.3	37	2.8	13	0.9	1	0.3	123	2.6
リスク対応は行わなかった	20	3.2	58	6.1	120	8.9	286	19.1	15	4.7	499	10.5
その他	4	0.6	13	1.4	19	1.4	23	1.5	7	2.2	66	1.4
不明・無回答	2	0.3	7	0.7	11	0.8	21	1.4	157	49.1	198	4.2

注:複数回答のため合計欄の企業数(3,040社)と回答件数の合計数とは一致しない。

(2) 評価基準②:売上債権回収状況とリスク対応

① 取引限度額設定の有無と評価基準②:「事前のリスク対応」の評価

取引限度額を設けることにより債権回収リスクを減じるためのリスク対応を実行した場合と,しない場合の債権回収の有無をクロス分析で観察した。

第7章　連鎖倒産リスクマネジメントの実態　169

　図表7-34のとおり，「全額か一部債権回収」でき，上限を設定した件数は316件で全体の31％を占めた。一方，「全額か一部債権回収」ができ，「特に設定しない」件数は529社で全体の51％を占めている。この結果から判断すると，特に債権額の上限を設定しないほうが，債権額の上限を設定した場合よりも，債権回収は良好のようにみえる。しかし，「全額債権回収不能」で「特に債権限度額を設定しない」件数は945件に及び，その構成比は57％になる一方，「債権額に上限を設定」したが，「全額回収不能」となった件数は419件で，その構成は25％であった。「債権額に上限を設定した」という債権回収リスク対応を実行したほうが，「債権額に上限を設定しなかった」よりもリスク度合は2分の1以下に減じることが明らかとなった。

図表7-34　取引限度額設定の有無と評価基準②

[販売先]	全額か一部を回収		全額回収不能		その他		不明・無回答		合　計	
回答企業数合計	1,032	100.0	1,662	100.0	151	100.0	195	100.0	3,040	100.0
上限設定あり	316	30.6	419	25.2	43	28.5	32	16.4	810	26.6
とくに設けていない	529	51.3	945	56.9	74	49.0	114	58.5	1,662	54.7
その他	34	3.3	48	2.9	9	6.0	4	2.1	95	3.1
不明・無回答	153	14.8	250	15.0	25	16.6	45	23.1	473	15.6

②　債権回収リスク教育・訓練の実行と評価基準②：「事前のリスク対応」の評価

　債権回収リスクを回避もしくは減じるリスク教育の有無の評価をクロス分析で観察した。図表7-35から観察できることは，債権額の回収が全額か一部回収できたことと，社員に対する何らかの債権回収リスク教育を実行したほうが，債権回収が良好であったことを示している。「社内で研修」，「外部セミナーを受講」，「OJT」等の債権回収リスク教育を実施した場合，当該件数の合計は，694件（61％）を占めているのに対し，「リスク対応教育を実施しない」の件数は386件（34％）であった。何らかの債権回収リスク対応教育の実行により，債権回収リスクはほぼ2分の1に減じている。但し，何らかの「債権回収リスク対応教育」を実行しても「全額債権回収不能」になってしまった件数の合計は1,005件（55％）を占めた。一方，何らかの「債権回収リスク対応教

育」を実行せずに「全額債権回収不能」になった件数は737件（40％）であった。

「債権回収リスク対応教育」を実行したほうが「債権回収不能」の件数（割合）が高かったという，一見，理論的整合性がないようにみえる。しかし，債権回有リスク対応教育を懸命に実行しなかったならば，さらなる債権回収不能額が増加したという仮説も成り立つ。少なくとも，債権回収リスク対応教育を実行したことで，債権額の全額か一部は回収された比率が，当該教育を実行しないよりも，ほぼ倍近くに高まったという事実は導き出せた。

図表7-35　債権回収リスク教育・訓練の実行と評価基準②

	全額か一部を回収		全額回収不能		その他		不明・無回答		合計	
回答企業数合計	1,032	100.0	1,662	100.0	151	100.0	195	100.0	3,040	100.0
社内で研修	143	12.6	239	13.1	15	9.1	18	8.8	415	12.4
外部セミナーを受講	72	6.3	88	4.8	11	6.7	13	6.3	184	5.5
OJT	479	42.1	678	37.1	73	44.2	46	22.4	1,276	38.2
実施していない	386	33.9	737	40.3	49	29.7	107	52.2	1,279	38.3
その他	30	2.6	49	2.7	10	6.1	5	2.4	94	2.8
不明・無回答	29	2.5	38	2.1	7	4.2	16	7.8	90	2.7

注：複数回答のため回答企業数合計（3,040社）と回答件数の合計とは一致しない。

③　販売先情報リスク対応の実行と評価基準②：「事前のリスク対応」の評価

情報リスク管理を強化することで，売上債権回収リスクが減じることが可能かどうか，評価基準②をもとにクロス分析で観察した。その結果が図表7-36である。

評価基準②の売上債権回収額が「全額か一部回収できた」際に，何らかの「リスクに対応した情報収集活動を行った件数の合計が2,463件（98％）であった。情報収集を実行しなかった件数は18件で全体の1.9％の割合でしかなかった。売上債権回収を行うには，情報収集が重要であることを物語っている。一方，売上債権が全額回収不能であった際の何らかの情報活動実行件数は3,784件で全体の97.9％に及んだ。この比率は「売上債権の全額回収もしくは一部回

収」の比率とほとんど変化はなかった。売上債権が回収できても，できなくても，情報収集活動はほとんど行われていること自体に変わりはなかった。

図表7-36　販売先情報リスク対応の実行と評価基準②

	全額か一部を回収		全額回収不能		その他		不明・無回答		合　計	
合　　計	1,032	100.0	1,662	100.0	151	100.0	195	100.0	3,040	100.0
営業活動による観察	842	33.6	1,313	34.0	121	32.1	130	31.0	2,406	33.6
金融機関	316	12.6	474	12.3	50	13.3	61	14.6	901	12.6
同業・取引先・団体	580	23.1	936	24.2	93	24.7	114	27.2	1,723	24.0
知人，友人	123	4.9	254	6.6	17	4.5	29	6.9	423	5.9
信用調査会社	548	21.9	738	19.1	81	21.5	52	12.4	1,419	19.8
マスメディア	54	2.2	69	1.8	8	2.1	8	1.9	139	1.9
小　　計	2,463	98.3	3,784	97.9	370	98.1	394	94.0	7,011	97.8
行っていない	18	0.7	54	1.4	1	0.3	8	1.9	81	1.1
その他	13	0.5	8	0.2	2	0.5	2	0.5	25	0.3
不明・無回答	12	0.5	18	0.5	4	1.1	15	3.6	49	0.7

注：複数回答のため回答企業数合計（3,040社）と回答件数の合計とは一致しない。

④　信用不安発生時のリスク対応と評価基準②：「倒産前後のリスク対応」の評価

　信用不安発生時のリスク対応と評価基準②との関連性をクロス分析で観察した。信用不安が発生した時に何らかのリスク対応を実行した場合，評価基準②の「全額回収か一部回収」ができた件数合計は2,219件で全体の95.4%を占めた。特に「リスク対応を実行しなかった」件数は68件で全体の2.9%でしかなかった（図表7-37）。

　この結果から判断できることは，取引先に信用不安が発生した時，何らかのリスク対応を実行することで95%以上の債権回収が可能になることを示唆している。反面，「全額債権回収不能」である時も，何らかのリスク対応をほとんどの企業が行っていることも事実であった。

図表 7-37　信用不安発生時のリスク対応の実行と評価基準②

	全額か一部を回収		全額回収不能		その他		不明・無回答		合　計	
合　　計	1,032	100.0	1,662	100.0	151	100.0	195	100.0	3,040	100.0
外部ブレーンに相談	225	9.7	324	8.8	33	9.5	63	15.5	645	9.5
取引の縮小・停止	624	26.8	1,045	28.3	91	26.1	101	24.9	1,861	27.5
現金決済に切り替え	440	18.9	702	19.0	68	19.5	81	20.0	1,291	19.0
高利利用なら取引停止	219	9.4	366	9.9	29	8.3	25	6.2	639	9.4
資金手当の対策を検討	241	10.4	386	10.4	41	11.7	34	8.4	702	10.4
文書契約取引に切り替え	59	2.5	95	2.6	11	3.2	16	3.9	181	2.7
担保・個人保証の設定	126	5.4	157	4.2	18	5.2	13	3.2	314	4.6
納入商品等の引き揚げ	101	4.3	127	3.4	10	2.9	14	3.4	252	3.7
事情を確認, 支援を検討	184	7.9	304	8.2	27	7.7	29	7.1	544	8.0
小　　計	2,219	95.4	3,506	94.8	328	94.0	376	92.6	6,429	94.9
とくに対応しない	68	2.9	134	3.6	11	3.2	16	3.9	229	3.4
その他	22	0.9	28	0.8	5	1.4	3	0.7	58	0.9
不明・無回答	16	0.7	29	0.8	5	1.4	11	2.7	61	0.9

注：複数回答のため回答企業数合計（3,040社）と回答件数の合計とは一致しない。

⑤　信用不安発生時に有効と考えるリスク対応と評価基準②：「倒産前後のリスク対応」の評価

評価基準②（売上債権の回収状況の良否）と有効と思われるリスク対応の関係を図表7-38で示し，クロス分析を行った。

評価基準②で債権の回収状況が良好な「全額か一部を回収」を基準とした場合，何らかの「有効と思われるリスク対応」の件数合計は2,302件で全体の96％を占めた。但し，「全額回収不能」でも「早期の情報入手」や「早期の取引縮小や停止」などのリスク対応を実行することが有効と考えていた。

「全額か一部を回収」で「有効なリスク対応はない」という回答件数は73件で全体の3％しか占めていなかった。「全額回収不能」でも「有効なリスク対応はない」が127件で全体の3.3％を占めた。「全額か一部を回収」でも「全額回収不能」でも，有効と思われるリスク対応の中で「早期の情報入手」，「早期の取引縮小・停止」，「必要資金の手当て対応」は有効なリスク対応として回答している企業が多かった。

図表 7-38　信用不安発生時に有効と考えるリスク対応と評価基準②

	全額か一部を回収		全額回収不能		その他		不明・無回答		合　計	
合　　計	1,032	100.0	1,662	100.0	151	100.0	195	100.0	3,040	100.0
早期の情報入手	865	36.1	1,333	34.9	128	36.7	144	34.4	2,470	35.4
早期の取引縮小・停止	700	29.2	1,147	30.0	97	27.8	108	25.8	2,052	29.4
文書契約，担保・保証	206	8.6	301	7.9	33	9.5	20	4.8	560	8.0
早期の商品引き揚げ	155	6.5	244	6.4	23	6.6	30	7.2	452	6.5
必要資金の手当て対策	233	9.7	396	10.4	37	10.6	41	9.8	707	10.1
取引先への報告・支援要請	51	2.1	98	2.6	8	2.3	15	3.6	172	2.5
外部ブレーンのアドバイス	92	3.8	126	3.3	12	3.4	29	6.9	259	3.7
小　　計	2,302	96.0	3,645	95.4	338	96.8	387	92.4	6,672	95.5
有効な対策はない	73	3.0	127	3.3	4	1.1	18	4.3	222	3.2
その他	6	0.3	7	0.2	6	1.7	0	0.0	19	0.3
不明・無回答	17	0.7	40	1.0	1	0.3	14	3.3	72	1.0

注：複数回答のため回答企業数合計（3,040 社）と回答件数の合計とは一致しない。

⑥　債権回収リスク対応の実行と評価基準②：「倒産前後のリスク対応」

もう1つの評価基準②は「売上債権回収の有無」である。各種リスク対応が良好であれば売上債権の回収は進み，各種リスク対応が不良であればその回収は進まない。

図表 7-39 は評価基準②に基づいた「何らかのリスク対応を実行した」グループと，「リスク対応をしなかった」グループとの評価の結果である。

この図表から判断できることは，売上債権が「全額か一部回収」ができて「何らかのリスク対応を実行した」企業件数は 494 件（47.9％）を占めた。また，「全額か一部回収」できた企業で，「リスク対応をできなかった」企業件数は 402 件（39％）であった。

この結果は，「リスク対応を実行した」企業が「リスク対応を実行しなかった」企業よりも債権回収が多かったことを物語っている。また，全額回収不能を基準にすると，何らかのリスク対応を実行したが，全額回収不能となった企業件数は 117 件（7％）に過ぎないのに対して，「全額回収不能」を基準にすると，リスク対応ができなかった企業件数は 1,479 件（89％）を占めた。この事実は，何らかのリスク対応を実行しないと，かなりの確率で全額回収不能とな

る可能性が高いことが明らかとなった。但し，リスク対応を実行してもかなりの売上債権が回収できないことも多くを占めるという事実も知らなければならない。

図表 7-39 リスク対応の実行と評価基準②

	全額か一部を回収		全額回収不能		その他		不明・無回答		合計	
回答企業数合計	1,032	100.0	1,662	100.0	151	100.0	195	100.0	3,040	100.0
何らかのリスク対応を実行	494	47.9	117	7.0	27	17.9	2	1.0	640	21.1
リスク対応を実行できず	402	39.0	1,479	89.0	71	47.0	27	13.8	1,979	65.1
その他	126	12.2	53	3.2	50	33.1	7	3.6	236	7.8
不明・無回答	10	1.0	13	0.8	3	2.0	159	81.5	185	6.1

注：「何らかのリスク対応」とは，①「担保権利を行使した」，②「代表者等からの保証による補償」，③「買掛金等の反対債権との相殺」，④「納入済商品等の引き揚げ」，⑤「売掛債権の譲渡を受けた」，⑥「粘り強い交渉による回収」を包括したものを意味する。なお，「何らかのリスク対応」を実行した会社数は 3,040 社中 640 社で全体の 21％であった。反対に売掛債権回収リスク対応を実行できなかった会社数は 1,979 社で全体の 65％を占めている。

⑦ 資金不足リスク対応の実行と評価基準②：「倒産前後のリスク対応」の評価

貸倒れによる資金不足のリスク対応を実行もしくは不実行が，債権回収状況の良否と関係するという仮説を立てクロス分析を行った。貸倒れによる資金不足リスクの対応を実行した企業としなかった企業を評価基準②（売上債権回収状況の良否）で観察した（図表 7-40）。

債権回収状況が「全額か一部回収」の基準では，何らかの貸倒れリスク対応を実行した企業の回答件数合計が 1,445 件（91％）を占め，リスク対応を実行しなかった企業の回答件数の 90 件（5.7％）を大きく上回った。また売上債権回収状況が「全額回収不能」の基準では，何らかのリスク対応を実行した企業の回答件数合計は 2,514 件（95％）であったのに対して，リスク対応を実行しなかった回答件数は 114 件（4.3％）であった。

この事実は，「債権回収を全額か一部を回収」できた企業も「全額回収不能」であった企業も，何らかのリスク対応をほとんどが実行しているということである。

売上債権が回収できるかどうかは,リスク対応を実行するというだけでなく,その実行方法の仕方やタイミングにも問題が潜在しているかもしれない。

図表7-40 資金不足リスク対応の実行と評価基準②

	全額か一部を回収		全額回収不能		その他		不明・無回答		合　計	
合　計	1,032	100.0	1,662	100.0	151	100.0	195	100.0	3,040	100.0
メインから追加借入	200	12.6	340	12.8	25	11.4	7	3.3	572	12.3
メイン外から追加借入	51	3.2	86	3.3	8	3.6	1	0.5	146	3.1
金融機関から新規借入	6	0.4	6	0.2	0	0.0	1	0.5	13	0.3
代表者等から調達	107	6.7	230	8.7	9	4.1	5	2.4	351	7.5
会社資産を一部売却	27	1.7	62	2.3	2	0.9	0	0.0	91	1.9
株主,出資者から調達	18	1.1	14	0.5	2	0.9	1	0.5	35	0.7
主な取引先から援助	16	1.0	22	0.8	1	0.5	1	0.5	40	0.9
公的融資制度を利用	140	8.8	252	9.5	17	7.7	6	2.8	415	8.9
倒産防止共済貸付を利用	625	39.3	1,153	43.6	92	41.8	27	12.8	1,897	40.6
高利資金を一時借入	3	0.2	7	0.3	0	0.0	0	0.0	10	0.2
支払条件の緩和を依頼	19	1.2	33	1.2	3	1.4	0	0.0	55	1.2
前倒しで売上金を回収	10	0.6	20	0.8	0	0.0	0	0.0	30	0.6
手持ち資金で対応	223	14.0	289	10.9	21	9.5	5	2.4	538	11.5
小　計	1,445	90.9	2,514	95.0	180	81.8	54	25.6	4,193	89.8
対策はとらなかった	90	5.7	114	4.3	13	5.9	2	0.9	219	4.7
その他	14	0.9	16	0.6	1	0.5	0	0.0	31	0.7
不明・無回答	41	2.6	2	0.1	26	11.8	155	73.5	224	4.8

注:複数回答のため回答企業数合計(3,040社)と回答件数の合計とは一致しない。

⑧ 組織リスク対応の実行と評価基準②:「事後のリスク対応」の評価

組織機能強化にかかわるリスク対応の実行の有無が債権回収リスクに有効であったか否かを評価した(図表7-41)。何らかの組織強化のために実行したリスク対応が債権回収リスクに有効であった件数の合計は1,565件(87.6%)を占めた。他方,リスク対応を実行しなかったという件数の合計は151件(8.5%)であった。この結果から判断できることは,債権回収リスクを軽減するには,リスク対応を実行することが債権回収リスクの軽減に重要であることを物語っている。反面,「全額債権回収不能」となったにもかかわらず,債権回収リスクを減じるために実行した「組織機能強化のためのリスク対応」件数の合計は

2,537件（89.6％）にのぼった。このことは評価基準②と各種のリスク対応の実行時期とのタイムラグが考えられる。このタイムラグという仮説を除外すると，債権回収リスクを減じる組織機能強化に必要なリスク対応を数多く実行しても，「全額回収不能」という最悪のシナリオもありうることを示唆している。

図表7-41　組織リスク対応の実行と評価基準②

	全額か一部を回収		全額回収不能		その他		不明・無回答		合計	
回答企業数合計	1,032	100.0	1,662	100.0	151	100.0	195	100.0	3,040	100.0
代表者が陣頭指揮	412	23.1	718	25.4	58	22.7	17	7.7	1,205	23.7
経営のスリム化推進	298	16.7	516	18.2	44	17.2	14	6.3	872	17.1
人材育成	96	5.4	147	5.2	9	3.5	2	0.9	254	5.0
組織の活性化	140	7.8	192	6.8	20	7.8	4	1.8	356	7.0
情報収集能力の向上	379	21.2	472	16.7	47	18.4	8	3.6	906	17.8
労使協力による経営改善	240	13.4	492	17.4	48	18.8	15	6.8	795	15.6
小　　計	1,565	87.6	2,537	89.6	226	88.3	60	27.1	4,388	86.1
リスク対応を実行せず	151	8.5	231	8.2	13	5.1	4	1.8	399	7.8
その他	54	3.0	46	1.6	15	5.9	2	0.9	117	2.3
不明・無回答	16	0.9	17	0.6	2	0.8	155	70.1	190	3.7

注：複数回答のため回答企業数合計（3,040社）と回答件数の合計とは一致しない。

⑨　生産・流通リスク対応の実行と評価基準②：「事後のリスク対応」の評価

生産・流通リスク対応を実行するかどうかが債権回収リスクに有効であったか否かを評価した（図表7-42）。何らかの生産・流通機能強化にかかわるリスク対応の実行が債権回収リスクに有効（全額か一部回収）であった件数の合計（小計）は1,336件（84％）であった。他方，リスク対応を実行しなかった件数は179件（11％）を占めていた。この事実から判断すると，何らかのリスク対応を実行すれば債権回収が全部，もしくは一部が可能となる可能性は高くなることを意味する。

一方，「全額回収不能」となった基準でみると，何らかのリスク対応を実行した件数の合計（小計）は2,057件（83％）を占め，リスク対応を実行しな

第7章 連鎖倒産リスクマネジメントの実態　177

かった件数は322件（13％）であった。この事実は組織機能強化に必要なリスク対応の実行と同様の結果であった。すなわち，何らかのリスク対応を実行しても債権回収に有効性がなかったとも受け取れる結果を示すものである。これは評価基準②と各種のリスク対応の内容との間にタイムラグがあることによる結果とも考えられるが，今後の課題となる問題でもある。

図表7-42　生産・流通リスク対応実行の有無と評価基準②

	全額か一部を回収		全額回収不能		その他		不明・無回答		合　計	
回答企業数合計	1,032	100.0	1,662	100.0	151	100.0	195	100.0	3,040	100.0
新分野進出・新製品開発	292	18.4	384	15.5	36	16.1	13	6.1	725	16.1
販路の拡大・新規開拓	605	38.1	918	37.2	85	38.1	20	9.4	1,628	36.2
コストダウンの推進	303	19.1	528	21.4	49	22.0	18	8.5	898	20.0
情報化への対応	119	7.5	174	7.0	12	5.4	5	2.4	310	6.9
事業を転換	17	1.1	53	2.1	2	0.9	1	0.5	73	1.6
小　　計	1,336	84.1	2,057	83.3	184	82.5	57	26.9	3,634	80.9
リスク対応を実行せず	179	11.3	322	13.0	26	11.7	10	4.7	537	12.0
その他	17	1.1	22	0.9	3	1.3	0	0.0	42	0.9
不明・無回答	56	3.5	69	2.8	10	4.5	145	68.4	280	6.2

注：複数回答のため回答企業数合計（3,040社）と回答件数の合計とは一致しない。

⑩　金融リスク対応の実行と評価基準②：「事後のリスク対応」の評価

　図表7-43は，金融リスクのリスク対応の実行と評価基準②のクロス分析をあらわしている。何らかのリスク対応の実行により債権額の「全額か一部を回収」できた件数合計は1,409件（86％）を占め，リスク対応を実行しなかった件数は189件（12％）であった。

　この結果は債権回収額の「全額か一部を回収」できた企業の86％は何らかのリスク対応を実行したことを示すものである。他方，債権回収額の「全額を回収できなかった」企業の88％（2,309件）も何らかのリスク対応を実行していたことをあらわしている。

　一方，債権回収額を「全額か一部回収」できた企業でも，リスク対応を実行しなかった比率は11.5％（189件）にのぼった。債権回収が「全額回収不能」である企業の場合にも，回答企業のうち274件（10.4％）がリスク対応を実行

しなかった。

　何らかのリスク対応を実行しても全体件数の88%が債権の「全額回収不能」であったという事実をどう説明するのか。評価基準②とリスク対応の間にタイムラグがあったという推測は成り立つが、リスク対応の欠如だけでなく、実行の仕方やタイミングも追究する必要性があるように思われる。

図表 7-43　金融リスク対応の実行と評価基準②

	全額か一部を回収		全額回収不能		その他		不明・無回答		合　計	
合　　計	1,032	100.0	1,662	100.0	151	100.0	195	100.0	3,040	100.0
長期借入に切り替え	280	17.1	499	18.9	44	17.8	11	5.1	834	17.6
経費の節減	539	32.8	877	33.2	79	32.0	19	8.8	1,514	31.9
遊休資産を処分	93	5.7	113	4.3	15	6.1	6	2.8	227	4.8
公的制度の活用	466	28.4	731	27.7	67	27.1	18	8.4	1,282	27.0
資本金の増強	31	1.9	89	3.4	3	1.2	0	0.0	123	2.6
小　　計	1,409	85.8	2,309	87.5	208	84.2	54	25.1	3,980	83.9
リスク対応を実行せず	189	11.5	274	10.4	32	13.0	4	1.9	499	10.5
その他	24	1.5	34	1.3	5	2.0	3	1.4	66	1.4
不明・無回答	20	1.2	22	0.8	2	0.8	154	71.6	198	4.2

注：複数回答のため回答企業数合計（3,040社）と回答件数の合計とは一致しない。

9. 要　　約

　分析結果を要約すると以下のような結論を導くことができる。連鎖倒産リスクを回避するリスク対応は、時間軸を想定して3つに区分した。販売先倒産による連鎖倒産リスクを回避し、企業価値を維持するには、1つは連鎖倒産に直面する以前から日常的に備えておく「事前のリスク対応」、2つは取引先倒産前後に備える「倒産前後のリスク対応」、そして3つは取引先倒産を機会に行う「事後のリスク対応」に分類した。「事前のリスク対応」では、以下のリスク対応が多くの企業で実行されていた。

　(1) リスク教育の徹底
　営業担当、経理担当者に対して実務や社内研修を通して継続的に行われてい

る企業が一番多かった。その一方で，特に実施していない企業も同程度存在した。
    (2) 情報の早期収集
 販売先の営業動向の観察や同業他社等から早期に情報を得て，迅速にリスク対応をする。
    (3) 信用度の測定
 販売先，仕入先の信用度を測定して上限取引額を設定する。
    (4) 分散投資
 取引先を特定販売先に集中しないで，分散化することでリスクを軽減させる。

「倒産前後のリスク対応」で重要となるリスク対応は以下の通りであった。
    (1) 取引停止や中止の実行
 販売先が再建困難な時には，即座に取引停止や縮小に踏み切る。
    (2) 現金決済での取引の継続
 販売先に信用不安が発生した時点で，現金取引を行い，その後の動向で適切なリスク対応を行う。
    (3) 必要資金の手当て
 貸し倒れ発生に備えて必要資金の手当てを準備する。

「事後のリスク対応」については，組織リスク，生産・流通リスク，金融リスクに区分して実態調査が実施されたので，リスク対応を組織，生産・流通，金融の3つに分けて，その中で重要となったものをあげた。
    (1) 組織リスク対応
  ① 経営者のリーダーシップ
 経営体質改善に経営者が率先して取り組んだ。
  ② 情報収集能力の向上
 営業マンや取引先，金融機関等との連携で情報収集能力向上に努力した。
  ③ 適正規模経営・労使協力の実行

組織の見直し，必要最小限での経営の実行に努めた。

(2) 生産・流通リスク対応
① 既存販売先の取引拡大・新規販売先の市場開拓
② 生産・原価管理の徹底
③ 新分野進出・新製品開発

(3) 金融リスク対応
① 経費削減
② 公的融資制度の活用
③ 借入金借り換え：短期借入金の長期借入金への借り換えを実行する。

リスク対応の評価を行うと，特に有効であったリスク対応は以下の通りであった。

(1) 取引限度額の設定（事前のリスク対応）

債権回収リスクに有効なリスク対応の1つは，取引限度額に上限を設けることであった。取引限度額に上限を設ける企業は売上債権回収不能額が設けない企業よりも債権回収リスクが相対的に小さかった。

(2) 債権回収リスク教育の徹底（事前のリスク対応）

債権回収リスク教育を実施しない企業のリスク対応の評価基準①（債権回収不能額の程度）は，当該教育を実施する企業に比べ相対的に大きかった。当該リスク教育を実行することで債権回収リスクを回避する効果が認められた。

(3) 債権回収に対するリスク対応の徹底（倒産前後のリスク対応）

リスク対応の評価基準①（債権回収不能額の程度）をみると，「担保権利を行使」，「代表者等からの補償」等の何らかのリスク対応を実行しなかった企業の売掛債権回収リスクは，実行した会社の3倍以上の債権回収リスクを抱えたことになった。またリスク対応の評価基準②（債権回収の状況）をみると，何らかのリスク対応を実行すると債権回収状況が良好となり，当該リスク対応実行しないと不良（債権回収不能）となる割合が増すことが確認できた。

なお,「事後のリスク対応」の評価については,リスク対応の中で有効と判断できる明白な評価をえたリスク対応はなかった。その理由と考えられる1つは,現実に発生した「債権回収不能額の割合（程度）」や「債権回収の状況」と,実行したリスク対応との間にタイムラグが存在することである。したがって,必ずしも組織リスク,生産・流通リスク,金融リスクに対するリスク対応は有効でなかったとはいえない。2つめの理由は,販売先倒産がすでに発生した後では,いかなるリスク対応も役立たないことを意味するのかもしれない。

　上述の有効なリスク対応をみると,連鎖倒産を回避し,維持,存続を図るためのリスク対応は,販売先の倒産が発生するかなり以前から,日常的にリスク対応をしておくこと,また倒産直前,直後の時期に迅速なリスク対応を実行することの重要性を物語っている。早期の発見,早期のリスク対応が連鎖倒産を回避し,持続型企業再生を図る最も効果的なリスクマネジメントであった。

〔注〕
1　財団法人企業共済協会『連鎖倒産防止マニュアル』（財団法人企業共済協会,2002年3月）ならびに財団法人企業共済協会『販売先がアブナイ―連鎖倒産防止の心得―』（財団法人経済産業調査会,2002年12月）。この調査成果は,財団法人企業共済協会が実施した「連鎖倒産防止マニュアル作成に係る検討委員会」が行ったもので,筆者は座長としてこの検討委員会に参画した。

第8章
経営再建・事業活性化
リスクマネジメントの実態[1]
―『経営再建・事業活性化マニュアル』[2]の２次分析を中心として―

1. 概　要

　企業再生は，わが国経済，企業が抱える重要な課題の１つとなっている。金融再生法，産業再生法，民事再生法，私的整理ガイドラインの制定や産業再生機構，中小企業再生支援協議会の発足など，矢継ぎ早に企業再生の支援環境が整備され，再生をめざす企業を経営するターンアラウンド・マネジャーも充実してきた。だが，企業再生は，法制度の整備や再生手法の質的，量的な充実だけでは完結しない。対症療法的な企業再生から本格的な企業再生を達成して，その再生状態を常に維持，向上させ，いわゆる「持続型再生」をめざさなければならない。

　企業再生の最終目標は，経済の成長，発展に寄与することにあり，そのためには持続型再生であることが不可欠となる。持続可能な経営を維持するには，リスク要因を回避するだけでなく，リスクを取り込み，チャンスに変えるための管理（リスクマネジメント）が必要となる。[3] 換言すれば，企業価値の維持だけでなく，その向上にも役立つリスク管理が必要となる。それは，いわゆる統合的リスクマネジメント（ERM）を意味する。

　これまで，わが国における企業再生論の多くは，企業再生に伴うリスクについて言及せず，企業再生の到達目標が明示されないまま，また対象となる企業規模が問われないまま，その理論と実証（事例）が論じられてきた。特に，それは，アド・ホックで事例的，実務的な側面だけが強調され，統一的，体系的な持続型再生の理論構築が未達成という感をぬぐうことができない。

本章は，企業再生を論じる上で，まず企業再生に伴う「リスク要因」について言及し，次に研究対象とする企業規模を「中小企業」に限定した。さらに，企業再生の「到達目標」は持続型企業再生とし，そのために企業の再生過程を時系列的，段階的に3つに分けて論じた。

経営危機や経営困難に直面した中小企業が，持続型再生を果たすには，時期に応じたリスク対応が必要であると考えるからである。

したがって，本章は，企業再生を「応急再生」，「本格再生」，「安定再生」（持続型企業再生）という3つの再生過程に分け，それぞれの再生過程で必要なリスク対応を統計的に追究し，リスク対応の有効性を実態調査によって確認した。[4]

2. 実証分析の接近方法

上記のような認識に立つとき，企業再生の実態調査を通じて次の諸問題について解明した。1つは，企業が経営危機や経営困難で直面するリスク要因は何か，2つは，そのリスク要因を回避し，解消するために有効なリスク対応は何か。3つは，当該リスク対応は再生過程のどの時期で実行されるのか。4つは，リスク対応の有効性を評価しなければならない。この4つの点を明らかにし，5つは，これら4つの実態調査で得られた2次分析[5]の結果とスラッター(Slatter S.)[6]の所論を交えながら，企業再生の条件とは何かを導き出したい。

3. 経営再建・事業活性化に関する
   アンケート実態調査の概要

本実態調査は，経営危機や経営困難に直面したが，経営改善，経営改革にチャレンジして経営体制を立て直した中小企業を対象にした。[7]本調査の目的は，経営再建，もしくは事業の活性化を果たすための一般性，法則性がある再

生条件を追究することにあった。

　調査対象の企業は，中小企業3,493社の中から有効回答のあった541社に関する回答結果に基づいて分析が行われた。調査対象企業の業種は，卸売業，製造業，建設業，小売業・飲食業，サービス業，運輸・通信業の6業種で，アンケートの調査時期は，2003年9月24日〜10月10日である。

　アンケート調査の内容は，経営危機，経営困難にある中小企業が再生を果たす際に経験した①リスク要因の実態：「経済環境・市場」，「人員・組織」，「生産・流通」，「金融」の変化から生じるリスク要因の実態，②実行時期別リスク対応（応急再生，本格再生，安定再生という3つの再生過程で必要なリスク対応）とその有効性（評価）の実態，③企業再生上の「障害要因」の実態，そして最後に，④中小企業が再生を果たすための必須条件の実態解明が中心であった。

4. リスク要因の実態

　調査対象企業が1995年以降のバブル期とバブル崩壊期に体験したリスク要因を①経済環境の変化にかかわるリスク要因，②人員・組織にかかわるリスク要因，③生産・流通にかかわるリスク要因，④金融（資金繰り）にかかわるリスク要因，⑤経営活動全般で最大のリスクと思われるリスク要因の5つの分野に分けて，541社の回答結果を分析した。

(1) 経済環境にかかわるリスク要因

　経済環境にかかわるリスク要因は，以下の12項目のリスク要因を仮定して，実際，経営危機や経営困難の時に実行したリスク要因の重要度を541社から求めた（図表8-1）。[8]

図表 8-1　経済環境にかかわる 12 項目のリスク要因

①	価格競争が激化し，市場が金額ベースで縮小した。
②	需要が頭打ち状態となり，市場が数量ベースで縮小した。
③	競争の激化で業界の勢力図が大きく変化した。
④	海外からの低価格攻勢によって，国内勢が苦戦した。
⑤	海外への生産拠点の移転と製品輸入が増加した。
⑥	多品種・少量生産が定着して製品寿命が短縮した。
⑦	市場のボーダーレス化により，競争条件が激変した。
⑧	情報化・ネット化の進展で，市場戦略が急激に変化した。
⑨	自社の経営資源を活用できる新規市場が発見できなかった。
⑩	規制緩和により新規参入が急激に増加し，競争が激化した。
⑪	有力な競合・代替商品やサービスが登場した。
⑫	環境問題などで，在来型商品が市場から撤退した。

出典：(財) 企業共済協会『経営再建・事業活性化マニュアル』（2005 年）作成のために使用した回答結果データ・ファイルをもとに，筆者が作成した。

　アンケート調査の分析結果は，「価格競争の激化に伴う金額ベースの市場の縮小」が当該再生企業の最大リスク要因（419 社 = 77％）[9]であった。次に，「需要の頭打ちによる数量ベースでの市場の縮小」が多かった（333 社 = 62％）。中小企業が再生を果たす上で，「市場の縮小」が最も高いリスク要因であった。

図表 8-2　経済環境の変化にかかわるリスク要因

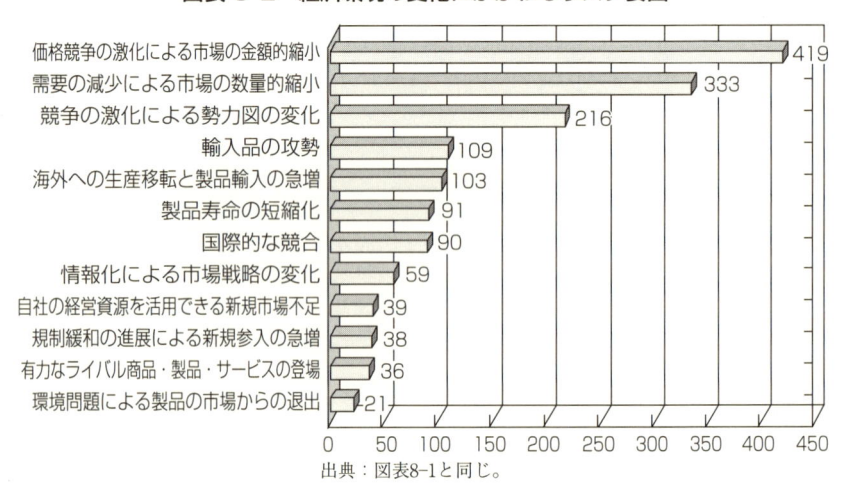

項目	件数
価格競争の激化による市場の金額的縮小	419
需要の減少による市場の数量的縮小	333
競争の激化による勢力図の変化	216
輸入品の攻勢	109
海外への生産移転と製品輸入の急増	103
製品寿命の短縮化	91
国際的な競合	90
情報化による市場戦略の変化	59
自社の経営資源を活用できる新規市場不足	39
規制緩和の進展による新規参入の急増	38
有力なライバル商品・製品・サービスの登場	36
環境問題による製品の市場からの退出	21

出典：図表8-1と同じ。

「市場の縮小」というリスク要因をどう回避し，対応するかが，再生を果たす重要なキーポイントとなった。

「市場の縮小」以外には，「競争激化による業界勢力図の変化」(216社＝40％) が，これら2つのリスク要因に次ぐものとしてあげている。

「市場の縮小」を回避し，どう対応するのか，そして，「価格競争の激化」にどう耐えうるかが，再生のキーポイントになる。なお，図表8-2は経済環境の変化にかかわるリスク要因の重要度をランク付けしたものである。

(2) 人員・組織・情報にかかわるリスク要因

人員・組織・情報にかかわるリスク要因として仮定できる以下の13項目のリスク要因をとりあげ，その重要度を541社のアンケート調査で回答を求めた（図表8-3）。

この13項目の中で最も高い割合を示した項目は，「売上・受注不振で従業員の一部が過剰となった」(212社＝39％) であった。この結果とは相反して，「生産・営業面で中核となる人材が不足したこと」(186社＝31％) をあげる再生企業が次に高かった。3番目に多い項目は，「経営者をサポートできる幹部

図表8-3　人員・組織・情報にかかわるリスク要因

①	売上・受注不振で従業員の一部が過剰となった。
②	生産・営業面で中核となる人材が不足した。
③	経営者をサポートする幹部社員の人材が不足した。
④	経営管理体制が脆弱で，無駄，無理，斑が顕著であった。
⑤	販売費・一般管理費などのコストが増大し，価格競争力が低下した。
⑥	従業員が高齢化し，生産性や経営効率が低下した。
⑦	人員や事業の整理など経営改善対策が難航した。
⑧	研究開発力が脆弱で，市場の変化への対応が遅れた。
⑨	開発や技術にこだわり過ぎて，利益管理が弱かった。
⑩	新しい技術や素材の導入や活用ができなかった。
⑪	情報化など，新しい経営方法を導入できなかった。
⑫	経営者が高齢化し，的確な後継者がいなかった。
⑬	採用が困難で，従業員が全体として不足した。

出典：図表8-1と同じ。

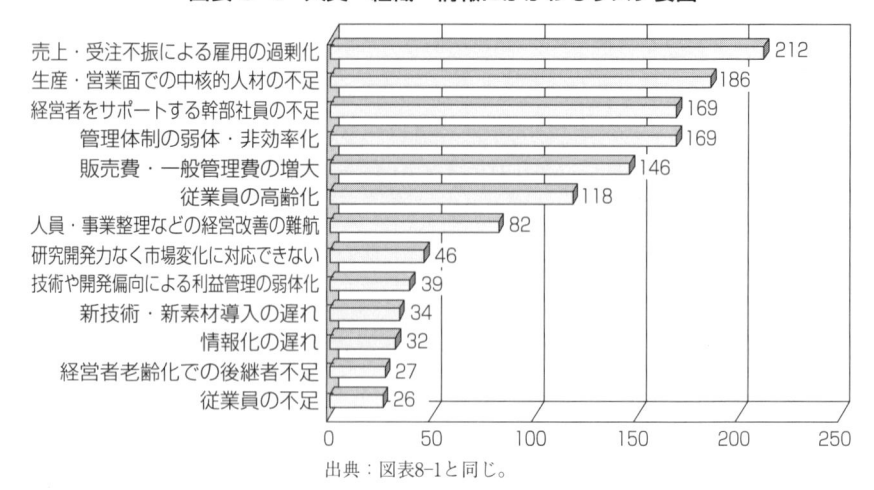

図表 8-4　人員・組織・情報にかかわるリスク要因

項目	数値
売上・受注不振による雇用の過剰化	212
生産・営業面での中核的人材の不足	186
経営者をサポートする幹部社員の不足	169
管理体制の弱体・非効率化	169
販売費・一般管理費の増大	146
従業員の高齢化	118
人員・事業整理などの経営改善の難航	82
研究開発力なく市場変化に対応できない	46
技術や開発偏向による利益管理の弱体化	39
新技術・新素材導入の遅れ	34
情報化の遅れ	32
経営者老齢化での後継者不足	27
従業員の不足	26

出典：図表8-1と同じ。

社員の不足であること」（169社＝31%）であった。職種の違いによる人員の過不足現象は「人材雇用の二面性」を垣間みることができる。なお、図表8-4は、人員・組織・情報にかかわるリスク要因の重要度を高い順にあらわしたものである。

(3) 生産・流通にかかわるリスク要因

　生産・流通にかかわるリスク要因として仮定できる下記の14項目のリスク要因をとりあげて、その重要度を541社から回答を求めた。

　仮定した14個のリスク要因の中で、最も比率の高かったものは、「売上高が市場全体の縮小に伴ってダウンしたこと」（290社＝54%）であった。次に高い比率は、「2期以上連続して売上高が減少したこと」（188社＝38%）で、3番目は、「販売・受注価格が採算ライン割れまで低下した」（152社＝35%）であった（図表8-5）。

　生産・流通にかかわる最大のリスク要因は、売上高の減少にどう対応するのか。それに伴う採算性の悪化を如何に回避し、立て直すのか。それは、再生を果たす中小企業にとって最も大きな課題となった。なお、生産・流通にかかわるリスク要因の重要度別ランクは、図表8-6に示した。

図表8-5 生産・流通にかかわるリスク要因

① 市場全体の縮小と連動して売上高が減少した。
② 売上高が2期以上連続して前期を下回った。
③ 販売・受注価格が採算ライン割れまで低下した。
④ 価格・納期・決済などの条件が全般に悪化した。
⑤ 新規の販売先の開拓が困難となった。
⑥ 価格競争力などの不足から販売先が減少した。
⑦ 債権の回収を優先して、取引を縮小・停止した。
⑧ 営業利益が3期連続して赤字となった。
⑨ 原材料費、外注費など、売上原価が増大した。
⑩ 売上・受注不振で事業設備が一部過剰となった。
⑪ 不採算・低収益の部門を整理、縮小、売却した。
⑫ 売れ筋となる品揃えが難しく、在庫が増加した。
⑬ 品質・機能の競争力が不足して、販売先が減少した。
⑭ 納期・決済等の要求が厳しく、取引を停止した。

出典：図表8-1と同じ。

図表8-6 生産・流通にかかわるリスク要因

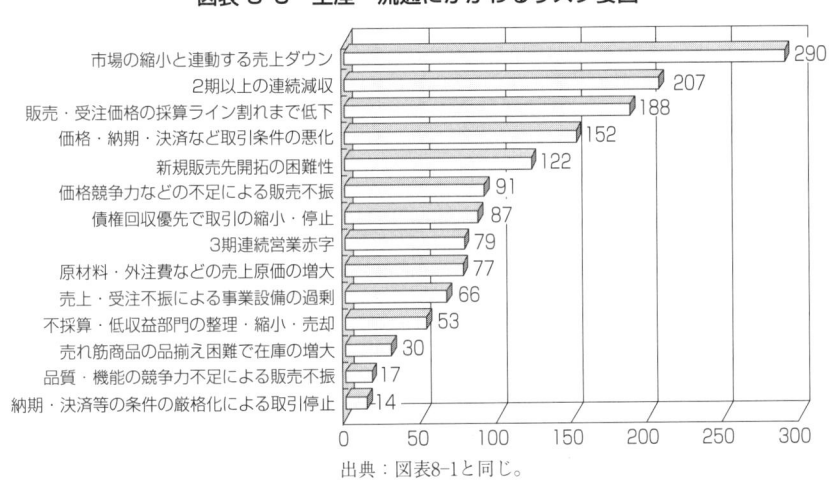

項目	件数
市場の縮小と連動する売上ダウン	290
2期以上の連続減収	207
販売・受注価格の採算ライン割れまで低下	188
価格・納期・決済など取引条件の悪化	152
新規販売先開拓の困難性	122
価格競争力などの不足による販売不振	91
債権回収優先で取引の縮小・停止	87
3期連続営業赤字	79
原材料・外注費などの売上原価の増大	77
売上・受注不振による事業設備の過剰	66
不採算・低収益部門の整理・縮小・売却	53
売れ筋商品の品揃え困難で在庫の増大	30
品質・機能の競争力不足による販売不振	17
納期・決済等の条件の厳格化による取引停止	14

出典：図表8-1と同じ。

(4) 金融にかかわるリスク要因

金融（資金繰り）にかかわるリスク要因として次の12項目のリスク要因を仮定し、その重要度を541社のアンケート調査で回答を求めた（図表8-7）。

図表 8-7　金融にかかわるリスク要因

① 債権回収の長期化と貸し倒れが発生した。
② 金融機関の貸し渋りにあい，資金繰りが困窮した。
③ 経営者やその親族で資金調達を行った。
④ デフレが進行し，含み資産益が縮小・消滅した。
⑤ 販売先が支払サイトを延長し，資金繰りが困窮した。
⑥ 販売先の支払遅延が続発して，資金繰りが悪化した。
⑦ 赤字決算が続き，一時的な債務超過に陥った。
⑧ 取引条件が悪化し，減収・減益・営業赤字に転落した。
⑨ 金融機関の貸し剥がしで資金繰りが困窮した。
⑩ 遊休資産のほか，事業資産の一部を売却した。
⑪ 仕入先が決済条件を厳しくし，早期回収を急いだ。
⑫ 希望退職など，リストラ関連の損失が発生した。

出典：図表8-1と同じ。

金融にかかわるリスク要因の中で高い割合を示したものは，「債権回収の遅延や貸し倒れが発生したこと」（218社＝40％）であった。2番目は「金融機関の貸し渋りで資金繰りが困難になったこと」（196社＝36％）であった。3番目は「経営者や親族が資金を提供したこと」（192社＝35％）であった。

債権回収の遅延や貸し倒れの発生，金融機関の貸し渋りが中小企業の資金繰り，資金調達の悪化につながった。その資金困窮状態は，経営者個人やその親

図表 8-8　金融にかかわるリスク要因

項目	件数
回収遅延の長期化と貸倒の発生	218
金融機関の貸し渋りで資金繰りが圧迫	196
代表者・親族による不足資金の調達	192
デフレ進行で資産含み益の縮小・消滅	151
販売先が支払サイトを延長し，手形比率を高めた	99
販売先の支払遅延が続発し資金繰り悪化	96
一時的な債務超過に陥る	87
取引条件の悪化で営業赤字に転落	83
金融機関の貸し剥がしで資金繰りが圧迫	77
資金繰りのために遊休資産・事業資産の一部売却処分	62
仕入先が決済条件を厳しく早期回収に徹する	37
希望退職などリストラ関連の損失が発生	31

出典：図表8-1と同じ。

族の資金をもって克服した。なお，図表 8-8 は，金融，特に資金調達にかかわるリスク要因の重要度別ランクを示している。

(5) 総合的なリスク要因

再生を果たした中小企業が経営困難や危機を意識する直接の契機となった下記の 8 つのリスク要因を仮定し，それらのリスク要因の重要度を 541 社のアンケート調査から求めた（図表 8-9）。

図表 8-9　総合的なリスク要因

① 市場の競争激化と価格競争力の後退による有力な顧客が減少した。
② 売上数量減と販売・受注価格の低下による営業赤字へ転落した。
③ 債権回収の遅延や貸し倒れの続発により資金繰りが困窮した。
④ 主力となる商品市場の成熟化ないし，収縮に起因する業績低迷が長期化した。
⑤ 金融機関の貸し渋り・貸し剥がしにより資金繰りが悪化した。
⑥ 取引・決済条件の悪化による収益力が中期的に低下した。
⑦ 3 期連続営業赤字などの業績不振により債務超過やその恐れが生じた。
⑧ 経営者の高年齢化，適切な後継者が不在で，経営体制が弱体化した。

出典：図表 8-1 と同じ。

再生を果たした中小企業が特に経営危機を意識する直接の契機として選んだ総合的な意味でのリスク要因のトップは「市場の競争激化と価格競争力の後退による有力な顧客の減少」（201 社 = 37%）であった。次に「売上数量の減少と販売・受注価格の低下による営業赤字への転落」（196 社 = 36%）が高い割合を示した。3 番目は「売上債権の回収難による資金繰りの悪化」（187 社 = 35%）であった。

総合的なリスク要因の中で最も高いリスクの多くは，市場の収縮が売上高の減少に直結し，さらに貸し倒れの発生，債権回収難という流動資産の劣化から赤字へ転落する，という 1 つのリスクモデルが確認できた。このリスクモデルから脱却できるかどうかが再生可能性の鍵となる。図表 8-10 は，経営上の総合的なリスク要因の視点から，その重要度を示している。

図表 8-10　総合的なリスク要因

- 市場の競争激化と価格競争力の後退による有力顧客の減少　201
- 売上数量減と販売・受注価格の低下による営業赤字への転落　196
- 債権回収の遅延・貸倒れ連続による資金繰りの悪化　187
- 主力商品市場の成熟に起因する長期業績低迷　164
- 金融機関の貸し渋り・貸し剥がしなどによる資金繰りの悪化　159
- 取引決済条件の悪化による収益力の中期的な低迷　111
- 3期連続営業赤字などの業績不振による債務超過の恐れ　79
- 代表者の高齢化，適切な後継者不在による経営体制の弱体化　46

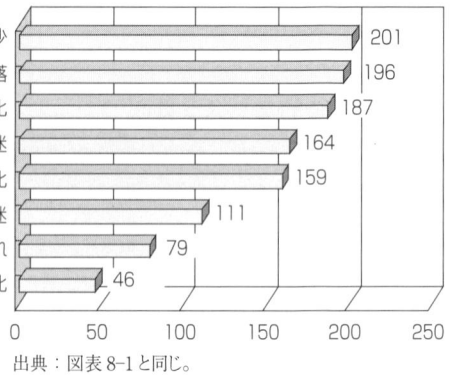

出典：図表 8-1 と同じ。

(6) 企業再生上の障害要因

経営活動の困難や危機を体験した企業が企業再生を果たす上で最も障害となった要因を列挙してもらうために，障害となりうる以下の8項目の要因について仮説を立て，541社に回答を求めた（図表 8-11）。

分析結果は図表 8-12 の通り，「本業における収益力不足」（218社＝40％）が再生を果たす上で最も障害となった要因であった。次に，「従業員の再生に対する協力体制の不備」（146社＝27％）がそれに続き，3つめは，「金融機関の貸し渋り，貸し剥がし」のリスクであった。4つめは，「商品・サービスの

図表 8-11　企業再生上の障害要因

① 本業の収益力が脆弱である。
② 従業員の再生に向けての協力体制が不備である。
③ 人材が不足している。
④ 金融機関の貸し渋り，貸し剥がしがあった。
⑤ 商品・サービスの価格，品質等の競争力が脆弱である。
⑥ 市場におけるブランド力が不足している。
⑦ 経営者の体力，能力意欲が不足している。
⑧ 再生支援に必要なスポンサーが欠如している。
⑨ 仕入先など大口債権者が非協力的である。

出典：図表 8-1 と同じ。

価格，品質等の競争力不足」（140社＝26%）があがった。

経営の困難，危機を体験し，再生をめざした中小企業の多くは，本業による収益力不足や従業員の協力体制の不備，金融機関の貸し渋り，貸し剥がしなどが大きな障害要因であるが，それを換言すれば，このような障害要因を取り除くことが企業再生の前提条件ともいえる。なお，図表8-12は，調査対象企業が企業再生の障害要因としてあげた多少の順，すなわち重要度別のランク付けを行ったものを示した。

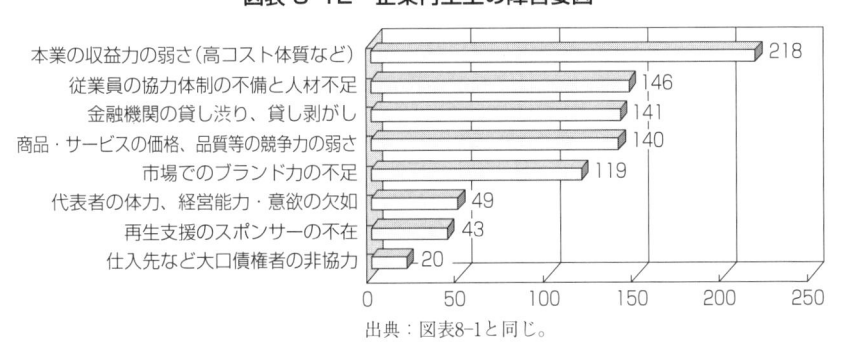

図表 8-12　企業再生上の障害要因

項目	件数
本業の収益力の弱さ（高コスト体質など）	218
従業員の協力体制の不備と人材不足	146
金融機関の貸し渋り，貸し剥がし	141
商品・サービスの価格，品質等の競争力の弱さ	140
市場でのブランド力の不足	119
代表者の体力，経営能力・意欲の欠如	49
再生支援のスポンサーの不在	43
仕入先など大口債権者の非協力	20

出典：図表8-1と同じ。

5. リスク対応と評価

当該中小企業は，経営上の困難や経営危機に直面した際，どのようなリスク対応を実行したのか，そして，実行時期別にみた場合，「応急再生」，「本格再生」，「安定再生」のどの時期に必要なリスク対応を行ったのか。

したがって，当該中小企業が体験したリスク要因に対して，実行した「リスク対応」の重要度を経営基本機能別，すなわち「人員・組織」，「生産・流通」，「金融」，「情報」という4つの機能別に整理・体系化した。次に，実行時期別の再生過程で実行したリスク対応の重要度とその有効性（評価）を統計的に解明する。

(1) 人員・組織にかかわるリスク対応

① リスク対応

人員・組織にかかわる経営上の困難や危機に直面した中小企業は、どのリスク対応をいつの時期に実行したのか。ここでは仮説として下記に示した①から⑭までの14項目のリスク対応をとりあげ、実行したリスク対応の重要度を統計的に整理し、体系化した（図表8-13）。

図表8-13 リスク対応

① 自社の弱みの克服：自社の弱みの克服を最大目標として対応を図った。
② 自社の強みの発揮：自社の強みを磨くことに専念、最大限に発揮した。
③ 経営の安定：経営の安定を優先：規模の拡大により、経営の安定を優先する経営に転換した。
④ 成長部門の拡大を推進：成長拡大部門の拡大強化を最優先する経営を推進した。
⑤ 経営資源を再配置：市場の動向に対応して人員など経営資源を再配置した。
⑥ 他社との資本・技術提携に活路：新たな資本・技術提携などによる市場対応を図った。
⑦ 新規市場に参入：新規市場参入を決断して経営資源を積極的に推進した。
⑧ 従業員の整理と再配置：過剰な従業員の再配置ないし整理縮小を推進した。
⑨ 社員の能力開発を推進：中核・若手を主体とする従業員の能力開発を推進した。
⑩ 後継者育成を推進：後継代表者の育成を優先課題として権限の委譲を進めた。
⑪ 有望市場に市場を集中：有望市場を選択し、経営資源を集中する経営を推進した。
⑫ 販売費・一般管理費の節減：賃金、賞与などの販売費・一般管理費を節減し、雇用の維持を図った。
⑬ 若手登用など、組織を活性化：若手社員の登用、権限委譲など組織の活性化を図った。
⑭ 経営のスリム化：経営のスリム化を徹底し、「ムダ」、「ムリ」、「ムラ」を排除した。

出典：図表8-1と同じ。

これらの14項目の中で、「販売費・一般管理費の節減を通じて、雇用の維持を図ったこと」（285社 = 52.68％）[11]が、最も重要度が高いリスク対応となった。次に、「経営のスリム化を徹底して、無駄、無理、斑を排除したこと」（247社 = 45.66％）であった。3番目は、「規模の拡大よりも、経営の安定を優先する経営に転換したこと」（219社 = 40.48％）で、4番目は、「従業員の整理と再配置」（199社 = 36.78％）であった。

この分析結果は，4章「リスク要因の実態」2節「人員・組織・情報にかかわるリスク要因」の中で，最も高い値の「売上・受注不振による過剰人員」と関連性が深い。すなわち，経営の困難や危機に直面した企業は，再生を試みる際には，まず過剰人員による経費を節減し，経営のスリム化をめざして，従業員の整理や再配置に努める。

リスク対応は，当然ながら，リスク要因の実態に即して実行していることが分析結果から確認できた。なお，図表8-14は，人員・組織にかかわるすべてのリスク対応の重要度を示す。

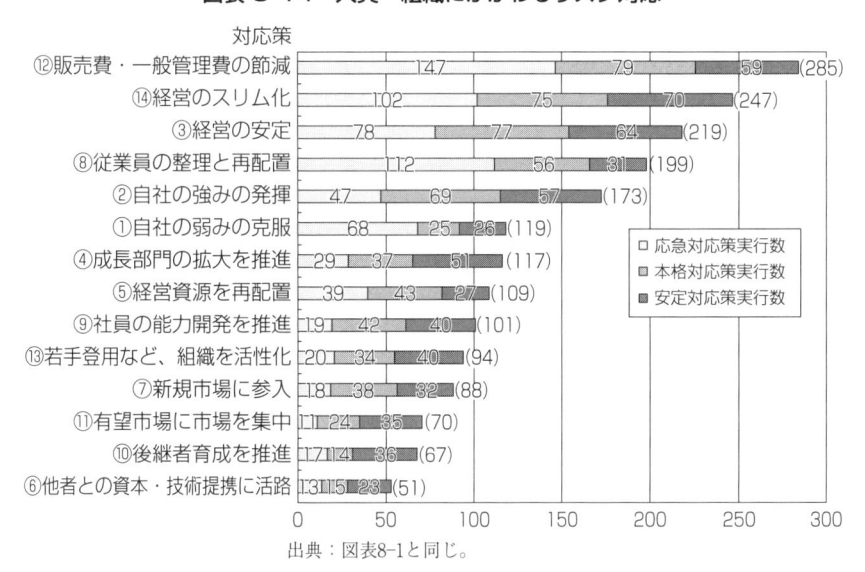

図表8-14　人員・組織にかかわるリスク対応

対応策	応急対応策実行数	本格対応策実行数	安定対応策実行数	合計
⑫販売費・一般管理費の節減	147	79	59	(285)
⑭経営のスリム化	102	75	70	(247)
③経営の安定	78	77	64	(219)
⑧従業員の整理と再配置	112	56	31	(199)
②自社の強みの発揮	47	69	57	(173)
①自社の弱みの克服	68	25	26	(119)
④成長部門の拡大を推進	29	37	51	(117)
⑤経営資源を再配置	39	43	27	(109)
⑨社員の能力開発を推進	19	42	40	(101)
⑬若手登用など，組織を活性化	20	34	40	(94)
⑦新規市場に参入	18	38	32	(88)
⑪有望市場に市場を集中	11	24	35	(70)
⑩後継者育成を推進	17	14	36	(67)
⑥他者との資本・技術提携に活路	13	15	23	(51)

出典：図表8-1と同じ。

② 実行時期別のリスク対応

「応急再生」，「本格再生」，「安定再生」の過程で，どの時期に実行したリスク対応であるのか，実行時期別リスク対応の重要度を観察した[12]。

「応急再生」の過程で実行したリスク対応は，「販売費・一般管理費の削減」の比率（51.58％）[13]が最も高かった。次に「経営のスリム化」（41.30％），そして「経営の安定化」（35.62％），「従業員の整理と再配置」（56.28％），「自社の弱

みの克服」(56.67%) の順であった。

　この結果は，「応急再生」の過程で実行したリスク対応として，まず販売費・一般管理費など，経費の削減をはじめとする減量経営から行い，経営の安定化をめざすことが理解できる。「本格再生」の過程で実行したリスク対応は，「自社の強みの発揮」が最も高い比率 (39.88%) を示した。次に，「経営資源の再配置」(39.45%)，「社員の能力開発の推進」(41.58%) と続いている。

　「応急再生」の過程で経営の安定化にかかわるリスク対応を実行し，「本格再生」では，「自社のコアとなる得意分野」を推進し，「経営資源の再配置」や「社員の能力開発」というリスク対応が確認できた。さらに，「安定再生」の過程では，「有望な市場への集中」(50.00%) を実行し，「後継者の育成」(53.73%) や「他社との資本や技術提携」(45.10%) に活路を求め，さらには「若手の登用など，組織の活性化」(42.55%) に努めるという実態が確認できる。

　なお，図表8-15は，「人員・組織にかかわる時期別リスク対応」の重要度（割合）を示している。

図表8-15　人員・組織にかかわるリスク対応（割合）

対応策	応急対応策実行率	本格対応策実行率	安定対応策実行率
⑫販売費・一般管理費の節減	51.58%	27.72%	20.70%
⑭経営のスリム化	41.30%	30.36%	28.34%
③経営の安定	35.62%	35.16%	29.22%
⑧従業員の整理と再配置	56.28%	28.14%	15.58%
②自社の強みの発揮	27.17%	39.88%	32.95%
①自社の弱みの克服	57.14%	21.01%	21.85%
④成長部門の拡大を推進	24.79%	31.62%	43.59%
⑤経営資源を再配置	35.78%	39.45%	24.77%
⑨社員の能力開発を推進	18.81%	41.58%	39.60%
⑬若手登用など，組織を活性化	21.28%	36.17%	42.55%
⑦新規市場に参入	20.45%	43.18%	36.36%
⑪有望市場に市場を集中	15.71%	34.29%	50.00%
⑩後継者育成を推進	25.37%	20.90%	53.73%
⑥他者との資本・技術提携に活路	25.49%	29.41%	45.10%

出典：図表8-1と同じ。

③ リスク対応の評価

当該中小企業は，人員・組織面からのリスク対応を評価したが，ほとんどのリスク対応が効果，もしくは有効であり，無効であったという評価は少なかった[14]（図表8-16）。

「応急再生」の過程で「販売費管理費の削減」，「経営のスリム化」，「経営の安定化」というリスク対応の無効率は10％を割り，90％以上が効果あり，もしくは有効であった。

「本格再生」の過程で行ったリスク対応，すなわち「自社の強みの発揮」，「経営資源の再配置」，「社員の能力開発の推進」の無効率は，それぞれ12％，10.10％，19.61％と，応急再生の無効率よりも高かった。

「安定再生」の過程で行った「有望な市場への集中」，「後継者の育成」，「他社との資本や技術提携」，「若手の登用など，組織の活性化」等のリスク対応の無効率は，それぞれ22.5％，20.90％，35.85％，23.16％と続き，「安定再生」のリスク対応の有効性は，「応急再生」や「本格再生」の過程で行ったリス

図表8-16　人員・組織にかかわるリスク対応の評価（割合）

対応策	効果率	有効率	無効果率
⑫販売費・一般管理費の節減	38%	52%	10%
⑭経営のスリム化	36%	54%	10%
③経営の安定	26%	65%	10%
⑧従業員の整理と再配置	38%	52%	10%
②自社の強みの発揮	30%	58%	12%
①自社の弱みの克服	20%	57%	24%
④成長部門の拡大を推進	28%	50%	22%
⑤経営資源を再配置	22%	65%	14%
⑨社員の能力開発を推進	18%	63%	20%
⑬若手登用など，組織を活性化	24%	53%	23%
⑦新規市場に参入	27%	48%	26%
⑪有望市場に市場を集中	27%	51%	23%
⑩後継者育成を推進	22%	57%	21%
⑥他者との資本・技術提携に活路	17%	47%	36%

出典：図表8-1と同じ。

対応の有効性よりも乏しいことが確認できた。

(2) 生産・流通にかかわるリスク対応

① リスク対応

　生産・流通にかかわる経営上の困難や危機に直面した中小企業は，どのリスク対応をいつの時期に実行したのか。ここでは仮説として下記の図表8-17に示した①から⑫までの12項目のリスク対応をとりあげ，実行したリスク対応の重要度を統計的に整理し，体系化した。

　リスク対応の重要度からみると，「価格競争力の強化」(243社＝44.92％)が，最も高かった。次に，「不採算部門を整理・縮小」(133社＝24.58％)，3番目は，「品質や機能面で競争力を強化」(124社＝22.92％)であった。

　Ⅳ章「経営リスク要因の実態」3節「生産・流通にかかわるリスク要因」の中で，「市場の縮小に伴う売上高の減少」や「販売・受注価格が採算ライン割

図表8-17　生産・流通にかかわるリスク対応

①	価格競争力を強化：全社のコストダウンを推進して価格競争力を高めた。
②	品質・機能の競争力を強化：新商品の開発を推進して，品質・機能競争力を高めた。
③	海外生産・輸入国際化対応推進：生産の海外展開，輸入拡大などの国際化対応を図った。
④	設備・研究開発投資を推進：競争力強化のための設備投資，研究投資を推進した。
⑤	一部商品を市場から撤退：競争力や成長性を点検し，一部は市場から撤退した。
⑥	設備を更新し，生産性を向上：事業設備を更新し，生産，営業効率の引き上げを図った。
⑦	不採算部門を整理・縮小：不採算・非効率部門の整理・縮小，売却を図った。
⑧	業務・資本提携を実行：仕入先や販売先と業務・資本提携し，経営を強化した。
⑨	共同・協業化を推進：同業者との共同化・協業化でコストダウンを図った。
⑩	販路の拡大・開拓を推進：他地域・異業種など販路を拡大し，新規開拓を図った。
⑪	取引決済条件を改善：取引先を折衝して，取引，決済条件の改善を図った。
⑫	他社と提携し，新商品を開発：同業，異業種交流や事業提携で新商品開発を図った。

出典：図表8-1と同じ。

れにまで低下」が最も高いリスク要因であったが，このリスク対応として，価格競争力を高めるために品質や機能面で価格競争力を強化し，不採算部門を整理，縮小することが，生産・流通という機能を回復するために実行した重要なリスク対応であったことが確認できる。

なお，図表8-18は，生産・流通にかかわるリスク対応の重要度別の図を示している。

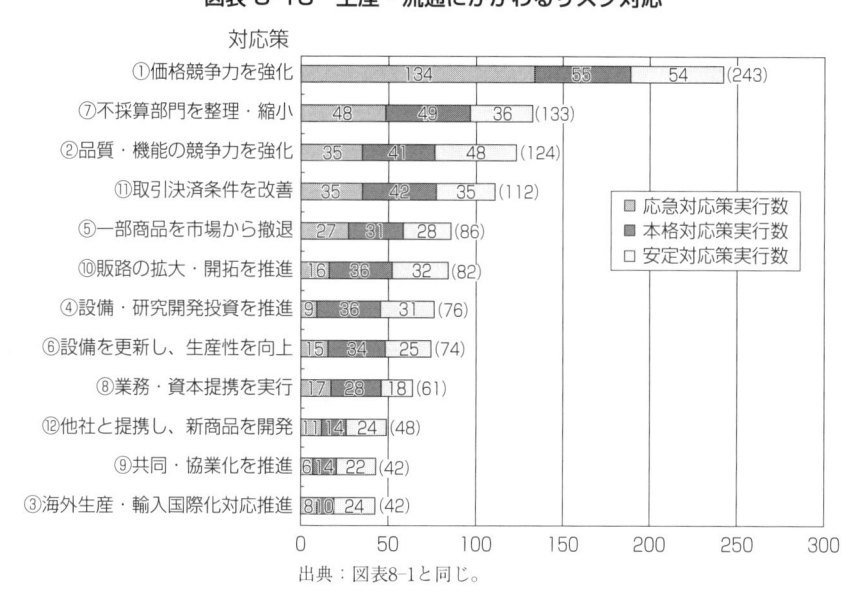

図表8-18　生産・流通にかかわるリスク対応

対応策	応急対応策実行数	本格対応策実行数	安定対応策実行数	計
①価格競争力を強化	134	55	54	(243)
⑦不採算部門を整理・縮小	48	49	36	(133)
②品質・機能の競争力を強化	35	41	48	(124)
⑪取引決済条件を改善	35	42	35	(112)
⑤一部商品を市場から撤退	27	31	28	(86)
⑩販路の拡大・開拓を推進	16	36	32	(82)
④設備・研究開発投資を推進	9	36	31	(76)
⑥設備を更新し，生産性を向上	15	34	25	(74)
⑧業務・資本提携を実行	17	28	18	(61)
⑫他社と提携し，新商品を開発	11	14	24	(48)
⑨共同・協業化を推進	6	14	22	(42)
③海外生産・輸入国際化対応推進	8	10	24	(42)

出典：図表8-1と同じ。

②　実行時期別リスク対応

当該リスク対応を実行時期別にみると，「応急再生」の過程で実行したリスク対応の中，最も高いものは，「価格競争力の強化」（134社 = 55.14%）で，次に「不採算部門を整理・縮小」（48社 = 36.09%）であった。「本格再生」の過程で実行したリスク対応の中で最も高いものは，「取引決済条件の改善」（42社 = 37.50%）で，次に，「販路の拡大・開拓」（36社 = 43.90%），「設備・研究開発投資を推進」（36社 = 47.37%），「業務・資本提携」（28社 = 45.90%）という順であった。

「安定再生」の過程では，最高が「海外生産・輸入国際化への対応」（24社＝57.14％）で，次に「他社との提携や新商品の開発」（24社＝50.00％），「共同・協業化」（22社＝52.38％）という順であった。なお，図表8-19は，生産・流通にかかわる実行時期別リスク対応の重要度別の図である。

図表8-19　生産・流通にかかわるリスク対応（割合）

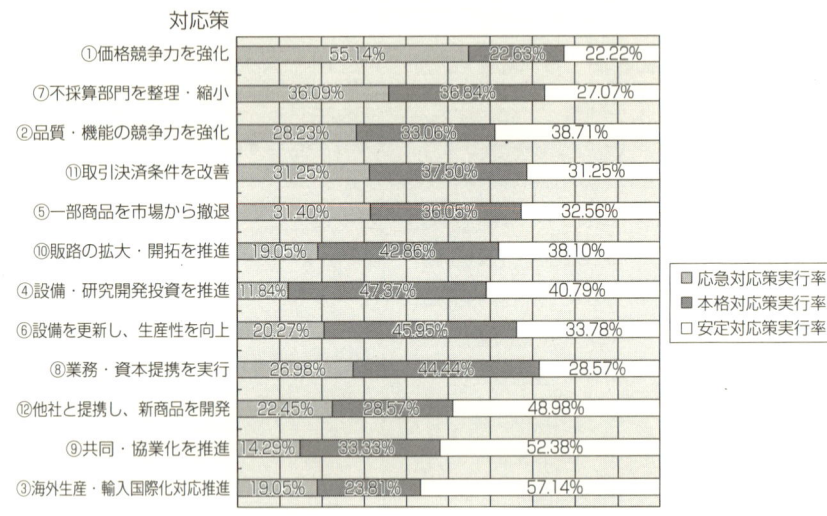

対応策	応急対応策実行率	本格対応策実行率	安定対応策実行率
①価格競争力を強化	55.14%	22.65%	22.22%
⑦不採算部門を整理・縮小	36.09%	36.84%	27.07%
②品質・機能の競争力を強化	28.23%	33.06%	38.71%
⑪取引決済条件を改善	31.25%	37.50%	31.25%
⑤一部商品を市場から撤退	31.40%	36.05%	32.56%
⑩販路の拡大・開拓を推進	19.05%	42.86%	38.10%
④設備・研究開発投資を推進	11.84%	47.37%	40.79%
⑥設備を更新し、生産性を向上	20.27%	45.95%	33.78%
⑧業務・資本提携を実行	26.98%	44.44%	28.57%
⑫他社と提携し、新商品を開発	22.45%	28.57%	48.98%
⑨共同・協業化を推進	14.29%	33.33%	52.38%
③海外生産・輸入国際化対応推進	19.05%	23.81%	57.14%

出典：図表8-1と同じ。

③　リスク対応の評価

「応急再生」の実行時期別リスク対応の評価は，「価格競争力の強化」や「不採算部門の整理・縮小」の無効率は11％から15％の間で，効果，有効率が比較的高かった（図表8-20）。

「本格再生」の実行時期別リスク対応の評価は，「取引決済条件の改善」，「販路の拡大・開拓」，「設備・研究開発投資の推進」「業務・資本提携」の無効率が，25％前後であった。「安定再生」の実行時期別リスク対応の評価は，「海外生産・輸入国際化への対応」，「他社との提携や新商品の開発」，「共同・協業化」の無効率が30％から40％に達している。したがって，「安定再生」の実行時期別リスク対応の有効性は，「応急再生」や「本格再生」で行うリスク対応

の有効性が少ないことが確認できた。

図表 8-20　生産・流通にかかわるリスク対応の評価（割合）

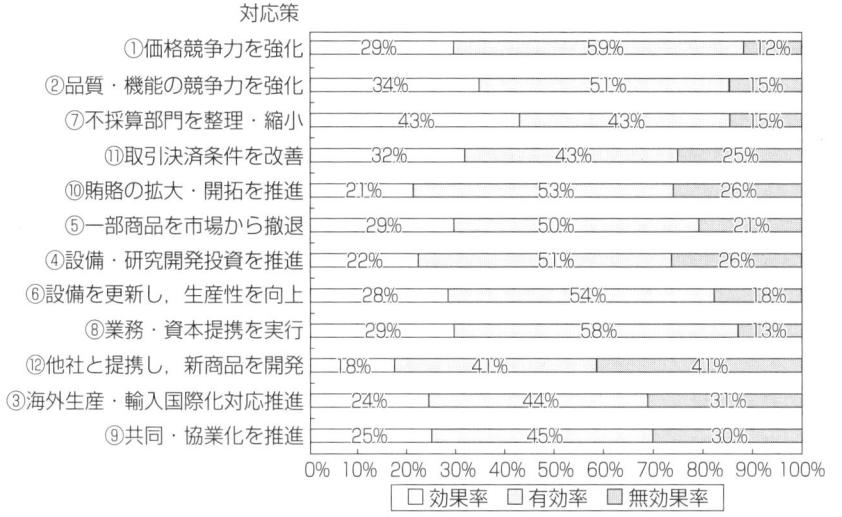

対応策	効果率	有効率	無効果率
①価格競争力を強化	29%	59%	1.2%
②品質・機能の競争力を強化	34%	51%	1.5%
⑦不採算部門を整理・縮小	43%	43%	1.5%
⑪取引決済条件を改善	32%	43%	25%
⑩賄賂の拡大・開拓を推進	21%	53%	26%
⑤一部商品を市場から撤退	29%	50%	21%
④設備・研究開発投資を推進	22%	51%	26%
⑥設備を更新し，生産性を向上	28%	54%	1.8%
⑧業務・資本提携を実行	29%	58%	1.3%
⑫他社と提携し，新商品を開発	1.8%	41%	41%
③海外生産・輸入国際化対応推進	24%	44%	31%
⑨共同・協業化を推進	25%	45%	30%

出典：図表8-1と同じ。

(3) 金融（資金繰り）にかかわるリスク対応

① リスク対応

金融にかかわる経営上の困難や危機に直面した中小企業は，どのリスク対応を実行し，いつの時期に実行したのか。ここでは仮説として下記の①から⑨の項目のリスク対応をとりあげ，実行したリスク対応の重要度を統計的に整理し，体系化した（図表8-21）。

金融にかかわるリスク対応の重要度をみると，最高のリスク対応は，「公的融資・助成制度」（214社＝39.56％）で，次に，「経営の代表者・親族が資金を提供」（206社＝38.08％），3番目は，「メインバンクからの追加借入れ」（169社＝31.24％）の順であった。

4章「リスク要因の実態」4節「金融にかかわるリスク要因」の中で，最も高いリスク要因は，「債権回収の遅延や貸し倒れが発生したこと」であった

図表 8-21　金融にかかわるリスク対応

①	手元資金を充実：資産を処分して手元資金を充実した。
②	代表・親族が資金提供：代表者・親族などが資金を提供した。
③	遊休・非効率資産を売却：遊休・非効率な資産などを売却した。
④	取引先から資金・保証提供：取引先から資金・保証の提供を得た。
⑤	短期借入れから長期借入れに切り替え：短期借入れから長期借入れに切り替えた。
⑥	メインバンクから追加借入れ：メインバンクから追加借入れができた。
⑦	メインバンク以外から追加借入れ：メインバンク以外から追加借入れができた。
⑧	新規取引の銀行から資金調達：新規取引の銀行から資金が調達できた。
⑨	公的融資・助成制度を利用：公的な融資，助成制度を活用した。

出典：図表8-1と同じ。

が，そのリスク対応として，「公的融資・助成制度」，「経営の代表者や親族からの資金提供」，「メインバンクからの追加借り入れ」などが金融機能回復の重要なリスク対応であることが確認できた。なお，図表8-22は，金融にかかわるすべてのリスク対応の重要度を図で示した。

図表 8-22　金融にかかわるリスク対応

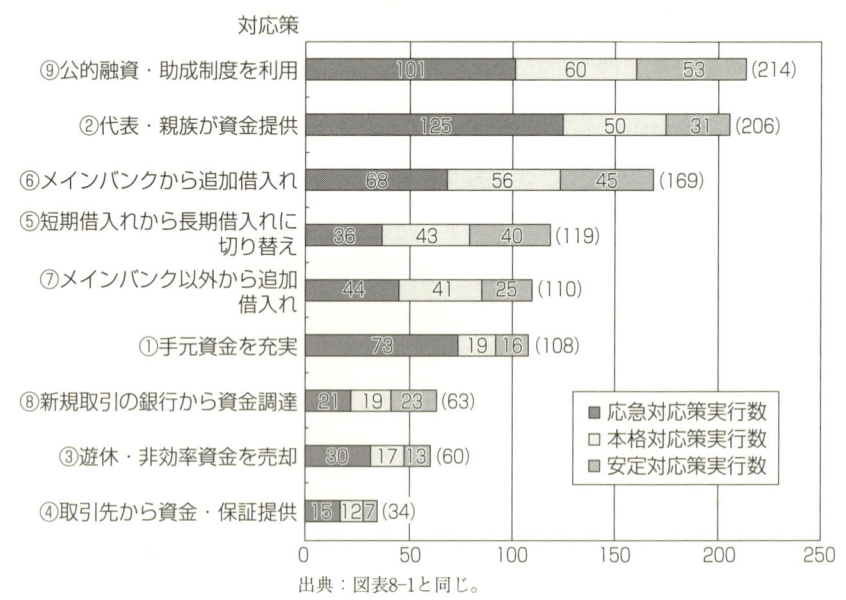

対応策	応急対応策実行数	本格対応策実行数	安定対応策実行数	合計
⑨公的融資・助成制度を利用	101	60	53	(214)
②代表・親族が資金提供	125	50	31	(206)
⑥メインバンクから追加借入れ	68	56	45	(169)
⑤短期借入れから長期借入れに切り替え	36	43	40	(119)
⑦メインバンク以外から追加借入れ	44	41	25	(110)
①手元資金を充実	73	19	16	(108)
⑧新規取引の銀行から資金調達	21	19	23	(63)
③遊休・非効率資金を売却	30	17	13	(60)
④取引先から資金・保証提供	15	12	7	(34)

出典：図表8-1と同じ。

② 時期別リスク対応

リスク対応を実行時期別でみると,「応急再生」で最も高いリスク対応は,「経営の代表者・親族が資金を提供」(125社=60.68％)で,次に,「自己資本(手元資金)の充実」(108社=67.59％)であった。「本格再生」の過程では,「メインバンクからの追加借入れ」(68社=33.14％),「短期借入金から長期借入金への転換」(43社=36.13％),「メインバンク以外からの借入れ」(41社=37.27％)であった。

「安定再生」では,「新規取引の銀行からの資金調達」(23社=36.51％)が高い値を示した。

金融のリスク対応は,まず「応急再生」の過程で,公的融資か自己資金の手当てを図り,次に,「本格再生」の過程では,現在取引のある金融機関を利用した。

「安定再生」の過程では,新たな金融機関から資金調達を進めるという,金融リスクに対する1つの再生モデルが確認できた。なお,図表8-23は,金融

図表8-23 金融にかかわるリスク対応(割合)

対応策	応急対応策実行率	本格対応策実行率	安定対応策実行率
⑨公的融資・助成制度を利用	47.20%	28.04%	24.77%
②代表・親族が資金提供	60.68%	24.27%	15.05%
⑥メインバンクから追加借入れ	40.24%	33.14%	26.63%
⑤短期借入れから長期借入れに切り替え	30.25%	36.13%	34.45%
⑦メインバンク以外から追加借入れ	40.00%	37.27%	22.73%
①手元資金を充実	67.59%	17.59%	14.81%
⑧新規取引の銀行から資金調達	33.33%	30.16%	36.51%
③遊休・非効率資金を売却	50.00%	28.33%	21.67%
④取引先から資金・保証提供	44.12%	35.29%	20.59%

出典:図表8-1と同じ。

にかかわるリスク対応を実行時期別にみた重要度（割合）の図を示している。

③ リスク対応の評価

「応急再生」のリスク対応の評価では，「経営の代表者・親族が資金を提供」や「自己資本（手元資金）の充実」の無効率が8％前後と低く，90％以上が効果もしくは有効であった。「本格再生」の過程では，「メインバンクからの追加借入れ」，「短期借入金から長期借入金への転換」，「メインバンク以外からの借入れ」の無効率が，5％から10％であった（図表8-24）。

図表8-24　金融にかかわるリスク対応の評価（割合）

対応策	効果率	有効率	無効果率
⑨公的融資・助成制度を利用	61%	33%	6%
②代表・親族が資金提供	50%	42%	8%
⑥メインバンクから追加借入れ	49%	46%	5%
⑤短期借入れから長期借入れに切り替え	41%	50%	9%
①手元資金を充実	48%	44%	8%
⑦メインバンク以外から追加借入れ	52%	42%	6%
⑧新規取引の銀行から資金調達	40%	50%	10%
③遊休・非効率資産を売却	39%	48%	13%
④取引先から資金・保証提供	56%	32%	12%

出典：図表8-1と同じ。

(4) 情報にかかわるリスク対応

① リスク対応

情報にかかわる経営上の困難や危機に直面した中小企業は，どのリスク対応をいつの時期に実行したのか。ここでは仮説として下記に示した①から⑧の8項目のリスク対応をとりあげ，リスク対応の重要度を統計的に整理し，体系化した（図表8-25）。

情報にかかわるリスク対応の重要度をみると，最高の数値を示した対応策は，「信用不安がある取引先との取引を縮小・停止した」（213社＝39.37％）

第8章 経営再建・事業活性化リスクマネジメントの実態　205

図表 8-25　情報にかかわるリスク対応策

① 市場情報による企画・開発力の強化を図った。
② 情報システムなど経営体制の革新を図った。
③ 信用情報などによるリスク管理を徹底した。
④ 信用不安がある取引先との取引を縮小・停止した。
⑤ 弁護士・会計士の活用など情報機能を強化した。
⑥ 金融機関など取引先との情報交換を図った。
⑦ 第一線社員も含めて全社の情報共有を図った。
⑧ コンプライアンスにかかわる情報収集を図った。

出典：図表8-1と同じ。

で，次に，「信用情報などによるリスク管理を徹底」（154社＝28.47％），3番目は，「金融機関など取引先との情報交換を行った」（127社＝23.34％）であった。

4章「リスク要因の実態」，2節「人員・組織・情報にかかわるリスク要因」

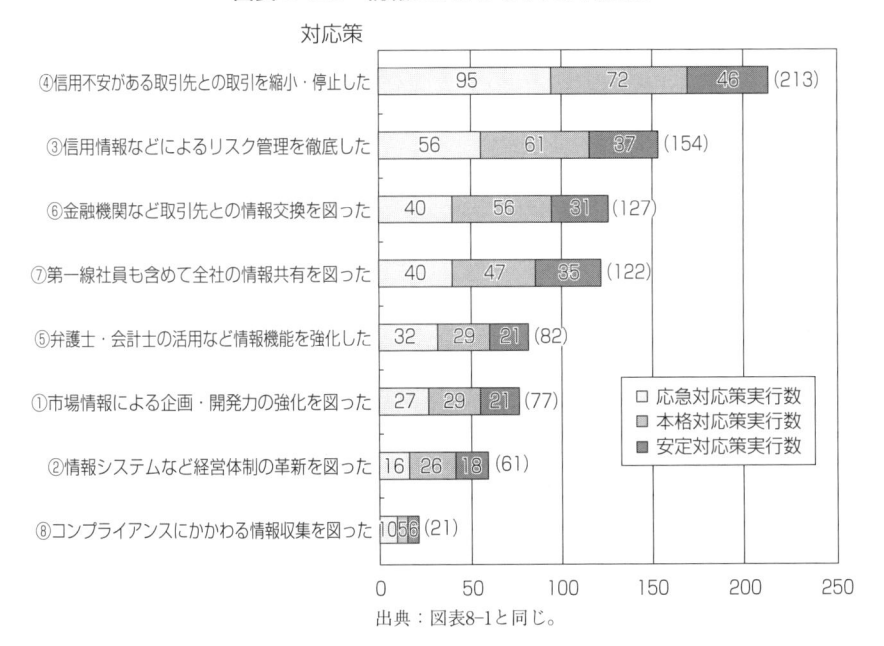

図表 8-26　情報にかかわるリスク対応策

対応策	応急対応策実行数	本格対応策実行数	安定対応策実行数	合計
④信用不安がある取引先との取引を縮小・停止した	95	72	46	(213)
③信用情報などによるリスク管理を徹底した	56	61	37	(154)
⑥金融機関など取引先との情報交換を図った	40	56	31	(127)
⑦第一線社員も含めて全社の情報共有を図った	40	47	35	(122)
⑤弁護士・会計士の活用など情報機能を強化した	32	29	21	(82)
①市場情報による企画・開発力の強化を図った	27	29	21	(77)
②情報システムなど経営体制の革新を図った	16	26	18	(61)
⑧コンプライアンスにかかわる情報収集を図った	10	5	6	(21)

出典：図表8-1と同じ。

の中で,「情報化の遅れ」にかかわるリスク要因の値（541社中32社）はそれほど高くはないが, リスク対応の分析結果は, 情報システムの強化が今後ますます重要であることが確認できた。なお, 図表8-26は, 情報にかかわるリスク対応の重要度の図である。

② 実行時期別のリスク対応

リスク対応を時期別でみると,「応急再生」の過程で実行したリスク対応で最高の数値を示したものは,「信用不安がある取引先との取引を縮小・停止」（95社＝44.60％）で, 次に,「コンプライアンスにかかわる情報収集」（21社＝47.62％）であった。「本格再生」の過程では,「信用情報などによるリスク管理」（61社＝39.61％）,「金融機関など取引先との情報交換」（56社＝44.09％）,「第一線社員も含めて全社の情報の共有化」（47社＝38.52％）,「情報システムなど経営体制の革新」（26社＝43.33％）などが高い値であった。

「安定再生」のリスク対応では,「応急再生」,「本格再生」よりも高い比率を

図表8-27　情報にかかわるリスク対応（割合）

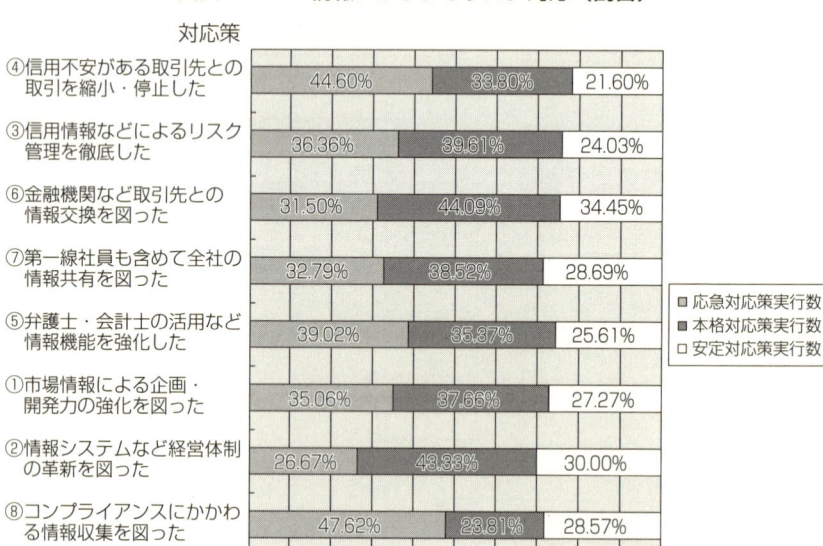

対応策	応急対応策実行数	本格対応策実行数	安定対応策実行数
④信用不安がある取引先との取引を縮小・停止した	44.60%	33.80%	21.60%
③信用情報などによるリスク管理を徹底した	36.36%	39.61%	24.03%
⑥金融機関など取引先との情報交換を図った	31.50%	44.09%	34.45%
⑦第一線社員も含めて全社の情報共有を図った	32.79%	38.52%	28.69%
⑤弁護士・会計士の活用など情報機能を強化した	39.02%	35.37%	25.61%
①市場情報による企画・開発力の強化を図った	35.06%	37.66%	27.27%
②情報システムなど経営体制の革新を図った	26.67%	43.33%	30.00%
⑧コンプライアンスにかかわる情報収集を図った	47.62%	23.81%	28.57%

出典：図表8-1と同じ。

示したものはなかった。「安定再生」のリスク対応は，数値の高さでの第一順位は存在せず，第二位，第三位のリスク対応の中に組み込まれていた。なお，図表 8-27 は，情報のかかわるすべてのリスク対応の重要度（割合）の図である。

③ リスク対応の評価

「応急再生」では，「コンプライアンスにかかわる情報収集」（無効率＝47.06％），「信用情報などによるリスク管理の徹底」（無効率＝17.33％），「金融機関などによる情報交換」（無効率＝18.48％），「弁護士・会計士の活用など情報機能」（無効率＝16.67％）は，無効率の割合が高かった（図表 8-28）。

この分析結果は，情報にかかわるリスク対応は，一部特定の対応策を除いて，ほぼ「効果」，「有効」の割合が高く，情報をあらゆる場面で収集しておくことが，経営危機や経営困難の状態に有効であることが確認できた。

図表 8-28 情報にかかわるリスク対応の評価（割合）

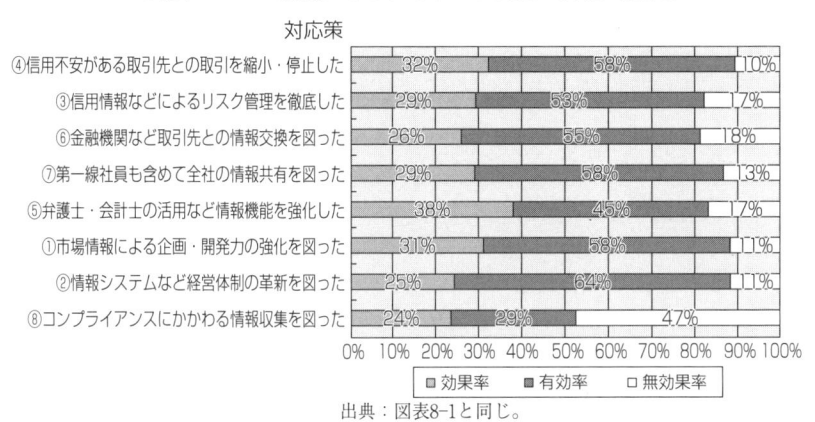

対応策	効果率	有効率	無効果率
④信用不安がある取引先との取引を縮小・停止した	32%	58%	10%
③信用情報などによるリスク管理を徹底した	29%	53%	17%
⑥金融機関など取引先との情報交換を図った	26%	55%	18%
⑦第一線社員も含めて全社の情報共有を図った	29%	58%	13%
⑤弁護士・会計士の活用など情報機能を強化した	38%	45%	17%
①市場情報による企画・開発力の強化を図った	31%	58%	11%
②情報システムなど経営体制の革新を図った	25%	64%	11%
⑧コンプライアンスにかかわる情報収集を図った	24%	29%	47%

出典：図表 8-1 と同じ。

6. リスク対応の基本統計量と相関分析[15]

これまで，「応急再生」，「本格再生」，「安定再生」という 3 つの実行時期別

のリスク対応を重要度別にグラフ化してきた。

ここでは，この3つの再生過程で実行したリスク対応の重要度を基本統計量を求めるとともに，リスク対応は有効な組み合わせで実行されるものと考えられるのでリスク対応間の相関分析を行った。

(1) 人員・組織にかかわるリスク対応の基本統計量

人員・組織にかかわるリスク対応として仮定したものは前述の通り，以下の①から⑭までの14項目で，541社に対して，実行時期別のリスク対応のうち，どの対応策を行ったのか（図表8-29）。

アンケート調査のデータを処理し，各リスク対応を時期別に，「応急再生」の過程で実行したリスク対応を「1」，「本格再生」の過程で実行したリスク対応を「2」，「安定再生」の過程で実行したリスク対応を「3」として，実行時期

図表8-29　実行時期別のリスク対応

①	自社の弱みの克服：自社の弱みの克服を最大目標として対応を図った。
②	自社の強みの発揮：自社の強みを磨くことに専念，最大限に発揮した。
③	経営の安定：経営の安定を優先：規模の拡大により，経営の安定を優先する経営に転換した。
④	成長部門の拡大を推進：成長拡大部門の拡大強化を最優先する経営を推進した。
⑤	経営資源を再配置：市場の動向に対応して人員など経営資源を再配置した。
⑥	他社との資本・技術提携に活路：新たな資本・技術提携などによる市場対応を図った。
⑦	新規市場に参入：新規市場参入を決断して経営資源を積極的に推進した。
⑧	従業員の整理と再配置：過剰な従業員の再配置ないし整理縮小を推進した。
⑨	社員の能力開発を推進：中核・若手を主体とする従業員の能力開発を推進した。
⑩	後継者育成を推進：後継代表者の育成を優先課題として権限の委譲を進めた。
⑪	有望市場に市場を集中：有望市場を選択し，経営資源を集中する経営を推進した。
⑫	販売費・一般管理費の節減：賃金，賞与などの販売費・一般管理費を節減し，雇用の維持を図った。
⑬	若手登用など，組織を活性化：若手社員の登用，権限委譲など組織の活性化を図った。
⑭	経営のスリム化：経営のスリム化を徹底し，ムダ，ムリ，ムラを排除した。

出典：図表8-1と同じ。

別のリスク対応を定量化し，当該リスク対応の基本統計量，すなわちサンプル数，平均値，標準偏差，分散，メデイアン（中央値），モード（最頻値）を求めた。この方法は，以下の「生産・流通」，「金融」，「情報」にかかわる基本統計量を求める際にも，同様の手法を用いた。

平均値，メデイアン，モードは，分布の中心の位置をあらわす尺度であり，「応急再生」，「本格再生」，「安定再生」の過程に必要なリスク対応の分布状態の中心の位置をあらわす代表値である。なお，図表8-30は，人員・組織機能における実行時期別リスク対応の基本統計量を示した一覧表である。なお，①〜⑭の番号は，上記のリスク対応に付けたもので，当該リスク対応をあらわす。また，①〜⑭までのリスク対応のサンプル数は，アンケート調査回答企業541社のうち，当該リスク対応に回答した企業数を示す。なお，図表8-33, 8-36, 8-39についても同様の処理を行なった。

リスク対応の代表値をモードの値とするならば，人員・組織にかかわる実行時期別リスク対応では，「応急再生」の過程で実行したリスク対応は，「自社の弱みの克服」，「経営の安定」，「従業員の整理と再配置」，「販売費・一般管理費

図表 8-30 人員・組織機能にかかわるリスク対応の基本統計量

基本統計量	①	②	③	④	⑤	⑥	⑦
サンプル数	119	173	219	117	109	51	88
平均値	1.6471	2.0578	1.9361	2.1880	1.8807	2.1961	2.1591
標準偏差	0.8157	0.7732	0.8027	0.8052	0.7630	0.8170	0.7368
分散	0.6653	0.5978	0.6443	0.6484	0.5821	0.6674	0.5429
メデイアン	1	2	2	2	2	2	2
モード	1	2	1	3	2	3	2

基本統計量	⑧	⑨	⑩	⑪	⑫	⑬	⑭
サンプル数	199	101	67	70	285	94	247
平均値	1.5930	2.2079	2.2836	2.3429	1.6912	2.2128	1.8704
標準偏差	0.7436	0.7355	0.8430	0.7346	0.7921	0.7701	0.8244
分散	0.5529	0.5409	0.7106	0.5396	0.6275	0.593	0.6796
メデイアン	1	2	3	2.5	1	2	2
モード	1	2	3	3	1	3	1

出典：図表8-1と同じ。

の節減」,「経営のスリム化」の5つのリスク対応であった。

「本格再生」の過程で実行したリスク対応は,「自社の強みの発揮」,「経営資源を再配置」,「新規市場に参入」,「社員の能力開発を推進」の4つのリスク対応であった。

「安定再生」の過程で実行したリスク対応は,「成長部門の拡大を推進」,「他社との資本・技術提携に活路」,「後継者育成を推進」,「有望市場に市場を集中」,「若手登用など,組織を活性化」の5つのリスク対応であった。

企業再生にあたって,実行時期別のリスク対応は,まず「応急再生」の過程では,自社の弱点を発見し,それを克服するとともに,経営を安定させる。すなわち,販売費一般管理費を削減し,経営のスリム化を図る。

「本格再生」の過程では,自社の強みを発揮し,経営資源を再配置して,新規市場に経営資源を積極的に進めるとともに,社員の能力開発に努める。

「安定再生」の過程では,「成長部門の拡大を推進」し,「技術提携,資本提携を模索」して,「経営資源をコアとなる市場に集中」させる。そのためには「若手社員の登用」など,組織の活性化に努めることになる。この分析結果は,Ⅴ章1節2項の「時期別リスク対応」の分析結果とほぼ同様の結論であることが確認できた。

(2) 人員・組織にかかわるリスク対応の相関分析

経営活動の困難や危機に直面した企業が再生を果たすためには,単独のリスク対応を実行するだけで再生に成功するものではなく,リスク対応の有効な組み合せで企業再生は可能となる。ここでは,前述の14個の人員・組織にかかわるリスク対応間の相関関係を調べた。

本章の1節で14個のリスク対応を示したが,リスク対応間の相関関係をみると図表8-31の通りであった。

この相関分析表から,リスク対応間の統計的に有意な相関関係を整理すると以下の13グループとなる。

「グループ1」:①と⑨ ,「グループ2」[16]:②と④,⑨,⑬ 「グループ3」:③と⑧,⑫,⑭ 「グループ4」:④と⑦,⑩,⑪ 「グループ5」:⑤と⑥,⑦,

図表8-31 人員・組織機能にかかわるリスク対応の相関分析表

無相関の検定 * : 5%　** : 1%

無相関	①	②	③	④	⑤	⑥	⑦	⑧	⑨	⑩	⑪	⑫	⑬	⑭
①	1.0000	0.1670	0.1005	0.0471	0.0217	0.1081	0.2445	0.1242	0.4400	0.1112	0.1806	0.0547	0.1732	0.1500
②	0.1670	1.0000	0.1303	0.2322	0.1929	0.2160	0.1631	0.1178	0.3289 **	0.3008	0.2836	0.0019	0.4522	0.1333
③	0.1005	0.1303	1.0000	-0.0123	0.1044	-0.1617	-0.0672	0.2605 **	0.2359	0.1406	0.2201	0.1669 *	0.1791	0.2671 **
④	0.0471	0.2322 *	-0.0123	1.0000	0.1454	0.2590	0.3572 **	-0.1815	0.1674	0.4186	0.3094	-0.1170	0.1482	0.1663
⑤	0.0217	0.1929	0.1044	0.1454	1.0000	0.4217 *	0.4690 **	0.1733	0.0755	0.2328	0.4318	-0.0004	0.2697	0.1763
⑥	0.1081	0.2160	-0.1617	0.2590	0.4217 *	1.0000	0.6063 **	0.1915	0.0858	0.5781	0.4048	-0.3020	0.3430	-0.0038
⑦	0.2445	0.1631	-0.0672	0.3572 **	0.4690 **	0.6063 **	1.0000	0.1388	0.1004	0.4054 *	0.5472 **	0.0181	0.2572	0.2977 *
⑧	0.1242	0.1178	0.2605 **	-0.1815	0.1733	0.1915	0.1388	1.0000	0.2882 *	0.1802	0.2439	0.2412 **	0.1338	0.3304 **
⑨	0.4400 **	0.3289 **	0.2359	0.1674	0.0755	0.0858	0.1004	0.2882 *	1.0000	0.3202	0.3297	-0.0266	0.4126 **	0.1695
⑩	0.1112	0.3008	0.1406	0.4186	0.2328	0.5781	0.4054 *	0.1802	0.3202	1.0000	0.4926 **	0.0343	0.2797	0.0990
⑪	0.1806	0.2836	0.2201	0.3094 *	0.4318	0.4048	0.5472 **	0.2439	0.3297	0.4926 **	1.0000	-0.3130 *	0.3065	-0.0058
⑫	0.0547	0.0019	0.1669 *	-0.1170	-0.0004	-0.3020	0.0181	0.2412 **	-0.0266	0.0343	-0.3130 *	1.0000	0.2702 *	0.4759 **
⑬	0.1732	0.4522	0.1791	0.1482	0.2697	0.3430	0.2572	0.1338	0.4126 **	0.2797	0.3065	0.2702 *	1.0000	0.3674 **
⑭	0.1500	0.1333	0.2671 **	0.1663	0.1763	-0.0038	0.2977 *	0.3304 **	0.1695	0.0990	-0.0058	0.4759	0.3674 **	1.0000

出典：図表8-1と同じ。

⑪ 「グループ6」：⑥と⑦, ⑩, ⑪ 「グループ7」：⑦と⑩, ⑪, ⑭ 「グループ8」：⑧と⑨, ⑫, ⑭ 「グループ9」：⑨と⑬ 「グループ10」：⑩と⑪ 「グループ11」：⑪と⑫ 「グループ12」：⑫と⑬, ⑭ 「グループ13」：⑬と⑭

(3) 生産・流通にかかわるリスク対応の基本統計量

生産・流通にかかわるリスク対応として仮定したものは，図表8-32に示した通り，①から⑫までの12項目で，541社に対して，「応急再生」，「本格再生」，「安定再生」の過程で必要なリスク対応のうち，どれを実行したのか，541社にアンケート調査を実施した。

人員・組織にかかわる基本統計と同様の処理を行って基本統計量を求めた。なお，図表8-33は，生産・流通における実行時期別にみたリスク対応の基本統計量を示した表である。

モードの値を実行時期別リスク対応の代表値とした場合，「応急再生」の過程で実行したリスク対応は，「価格競争力を強化」だけであった。「本格再生」の過程で実行したリスク対応は，「設備・研究開発投資を推進」，「一部商品を市場から撤退」，「設備を更新し，生産性を向上」，「不採算部門を整理・縮小」，「業務・資本提携を実行」，「販路の拡大・開拓を推進」，「取引決済条件を改善」であった。「安定再生」の過程で必要なリスク対応は，「品質・機能の競争力を強化」，「海外生産・輸入国際化対応推進」，「共同・協業化を推進」，「他社と提携し，新商品を開発」の4つであった。

この分析結果は，Ⅴ章2節2)項の「生産・流通にかかわる時期別リスク対応」の分析結果とほぼ同様の結論であることが確認できた。

実行時期別にみたリスク対応を概観すると，まず，「応急再生」の過程で「全社的なコストダウン」，「本格再生」の過程で「生産・流通部門を整理・縮小」，「取引決済条件の改善」，「安定再生」の過程で，「品質・機能の強化」，「海外生産への進出」，「他社との協業化」，「新商品開発」などのリスク対応によって，持続型企業再生をめざすという1つの再生モデルが確認できた。

図表 8-32　生産・流通にかかわるリスク対応

①	価格競争力を強化：全社のコストダウンを推進して価格競争力を高めた。
②	品質・機能の競争力を強化：新商品の開発を推進して，品質・機能競争力を高めた。
③	海外生産・輸入国際化対応推進：生産の海外展開，輸入拡大などの国際化対応を図った。
④	設備・研究開発投資を推進：競争力強化のための設備投資，研究投資を推進した。
⑤	一部商品を市場から撤退：競争力や成長性を点検し，一部は市場から撤退した。
⑥	設備を更新し，生産性を向上：事業設備を更新し，生産，営業効率の引き上げを図った。
⑦	不採算部門を整理・縮小：不採算・非効率部門の整理・縮小，売却を図った。
⑧	業務・資本提携を実行：仕入先や販売先と業務・資本提携し，経営を強化した。
⑨	共同・協業化を推進：同業者との共同化・協業化でコストダウンを図った。
⑩	販路の拡大・開拓を推進：他地域・異業種など販路を拡大し，新規開拓を図った。
⑪	取引決済条件を改善：取引先を折衝して，取引，決済条件の改善を図った。
⑫	他社と提携し，新商品を開発：同業，異業種交流や事業提携で新商品開発を図った。

出典：図表 8-1 と同じ。

図表 8-33　生産・流通機能にかかわるリスク対応の基本統計量

基本統計量	①	②	③	④	⑤	⑥
サンプル数	243	124	42	76	86	74
平均値	1.6708	2.1048	2.381	2.2895	2.0116	2.1351
標準偏差	0.8156	0.8114	0.7854	0.6652	0.7996	0.7227
分散	0.6653	0.6584	0.6168	0.4425	0.6394	0.5223
メデイアン	1	2	3	2	2	2
モード	1	3	3	2	2	2
基本統計量	⑦	⑧	⑨	⑩	⑪	⑫
サンプル数	133	63	42	84	112	49
平均値	1.9098	2.0159	2.381	2.1905	1.9554	2.2653
標準偏差	0.7896	0.7452	0.7222	0.7315	0.7836	0.8024
分散	0.6234	0.5553	0.5215	0.5351	0.6141	0.6439
メデイアン	2	2	3	2	2	2
モード	2	2	3	2	2	3

出典：図表 8-1 と同じ。

(4) 生産・流通にかかわるリスク対応の相関分析

生産・流通にかかわる12個のリスク対応間の相関関係を調べた。12個のリスク対応の相関関係をみると次ページの図表8-35の通りであった。

この相関関係表から，統計的に有意なリスク対応間の組み合わせを相関分析で整理すると以下の8グループとなる。

「グループ1」：①と②，⑥，⑪「グループ2」：②と③，④，⑤，⑥，⑧，⑫「グループ3」：③と⑧，⑨，⑩，⑫「グループ4」：④と⑤，⑩，⑫「グループ5」：⑤と⑥，⑦，⑨，⑩，「グループ6」：⑥と⑧，⑨「グループ7」：⑧と⑪「グループ8」：⑩と⑫

(5) 金融にかかわるリスク対応の基本統計量

金融にかかわるリスク対応で仮定したものは，以下の①から⑨までの9項目で，「応急再生」，「本格再生」，「安定再生」の過程で実行したリスク対応のうち，どれを実行したのか，541社にアンケート調査を実施した（図表8-34）。

図表8-34 「応急再生」，「本格再生」，「安定再生」の過程で実行したリスク対応

①	手元資金を充実：資産を処分して手元資金を充実した。
②	代表・親族が資金提供：代表者・親族などが資金を提供した。
③	遊休・非効率資産を売却：遊休・非効率な資産などを売却した。
④	取引先から資金・保証提供：取引先から資金・保証の提供を得た。
⑤	短期借入れから長期借入れに切り替え：短期借入れから長期借入れに切り替えた。
⑥	メインバンクから追加借入れ：メインバンクから追加借入れができた。
⑦	メインバンク以外から追加借入れ：メインバンク以外から追加借入れができた。
⑧	新規取引の銀行から資金調達：新規取引の銀行から資金が調達できた。
⑨	公的融資・助成制度を利用：公的な融資，助成制度を活用した。

出典：図表8-1と同じ。

上記のアンケート調査の回答データを処理し，「人員・組織」，「生産・流通」で行なった処理をし，基本統計量を求めた。図表8-36は，金融機能回復にかかわる時期別にみたリスク対応の基本統計量を示した図表である。

モードを実行時期別のリスク対応の代表値とみるならば，「応急再生」の過程で実行したリスク対応は，「手元資金を充実」，「代表・親族が資金提供」，

第8章 経営再建・事業活性化リスクマネジメントの実態 215

図表 8-35 生産・流通機能にかかわるリスク対応の相関分析

無相関の検定 *：5% **：1%

単相関	①	②	③	④	⑤	⑥	⑦	⑧	⑨	⑩	⑪	⑫
①	1.0000	0.3767	0.0724	-0.0450	0.2294	0.3914	0.1448	0.0763	0.0340	-0.0648	0.2659	0.1403
②	0.3767 **	1.0000	0.5464	0.4820	0.3420	0.4061	-0.0115	0.4848	0.3430	0.2852	0.2422	0.5016
③	0.0724	0.5464 **	1.0000	0.2642	0.3379	0.1828	-0.0362	0.6203	0.5593	0.7083	0.1940	0.6101
④	-0.0450	0.4820 **	0.2642	1.0000	0.3929	0.1606	0.0637	0.2732	0.2516	0.4036	0.1943	0.4638
⑤	0.2294	0.3420 *	0.3379	0.3929 *	1.0000	0.4643	0.4640	0.3012	0.4985	0.5846	0.3165	0.2611
⑥	0.3914 **	0.4061 *	0.1828	0.1606	0.4643 *	1.0000	0.2850	0.6073	0.6652	0.1295	0.3447	0.1742
⑦	0.1448	-0.0115	-0.0362	0.0637	0.4640 **	0.2850	1.0000	0.1045	0.4072	0.2174	0.1724	-0.1399
⑧	0.0763	0.4848 **	0.6203 **	0.2732	0.3012	0.6073 **	0.1045	1.0000	0.3062	0.3316	0.3970	0.2951
⑨	0.0340	0.3430	0.5593 *	0.2516	0.4985 *	0.6652 **	0.4072	0.3062	1.0000	0.4433	0.3830	0.2393
⑩	-0.0648	0.2852	0.7083 **	0.4036	0.5846 **	0.1295	0.2174	0.3316	0.4433	1.0000	0.2887	0.7212 **
⑪	0.2659 *	0.2422	0.1940	0.1943	0.3165	0.3447	0.1724	0.3970 *	0.3830	0.2887	1.0000	0.2877
⑫	0.1403	0.5016 **	0.6101 **	0.4638 *	0.2611	0.1742	-0.1399	0.2951	0.2393	0.7212 **	0.2877	1.0000

出典：図表 8-1 と同じ。

図表 8-36　金融機能にかかわるリスク対応の基本統計量

基本統計量	①	②	③	④	⑤	⑥	⑦	⑧	⑨
サンプル数	108	206	60	34	120	169	110	63	214
合計	159	318	103	60	245	315	201	129	380
平均値	1.4722	1.5437	1.7167	1.7647	2.0417	1.8639	1.8273	2.0476	1.7757
標準偏差	0.7386	0.7410	0.7977	0.7692	0.8000	0.8063	0.7729	0.8438	0.8181
分散	0.5455	0.5491	0.6364	0.5917	0.6399	0.6501	0.5974	0.7120	0.6693
メデイアン	1	1	1.5	2	2	2	2	2	2
モード	1	1	1	1	2	1	1	3	1

出典：図表 8-1 と同じ。

「遊休・非効率資産を売却」,「取引先から資金・保証提供」,「メインバンクから追加借入れ」,「メインバンク以外から追加借入れ」,「公的融資・助成制度を利用」で,「本格再生」の過程では,「短期借入れから長期借入れに切り替え」,また「安定再生」の過程では,「新規取引の銀行から資金調達」のみであった。これを整理すると以下の通りとなる。

「応急再生」や「本格再生」の過程では, まず自己資金の調達に腐心し, それで不充分な資金の手当ては既存の取引銀行(メインバンク, 非メインバンク)や公的資金の助成を受ける。さらに「安定再生」の過程では, 新規の取引銀行から資金を調達する, という1つの再生モデルが確認できた。

V章3節2)項の「実行時期別リスク対応」の分析結果とこのモードを代表値とした分析結果を比較すると, モードが代表値の場合は,「応急再生」の過程で実行したリスク対応に集中して多いことがわかる。しかし, 金融, 特に資金繰りにかかわるリスク対応の一般的なプロセスとして考えられることは, まず,「応急再生」では, 自己資金の調達(公的融資も含めて)を図ることに専念し, 次に,「本格再生」で銀行借入れを視野に入れ,「安定再生」の過程では, 新規の金融機関の開拓に着手する, という1つの再生モデルが確認できる。

(6)　金融にかかわるリスク対応の相関分析

金融にかかわるリスク対応間の相関関係を調べた。本章の5節で9個のリス

図表 8-37　金融機能にかかわるリスク対応の相関分析

：無相関の検定 *：5% **：1%

単相関	①	②	③	④	⑤	⑥	⑦	⑧	⑨
①	1.0000 –	0.4508	0.6387	0.6752	0.0935	0.1959	0.2839	0.4192	0.1776
②	0.4508 **	1.0000 –	0.3253	0.4377	0.2966	0.4854	0.4290	0.4195	0.2926
③	0.6387 **	0.3253	1.0000 –	0.8263	0.1965	0.3372	0.2420	0.6445	0.5182
④	0.6752 **	0.4377	0.8263 **	1.0000 –	0.2113	0.6415	0.7055	0.6615	0.4295
⑤	0.0935	0.2966 *	0.1965	0.2113	1.0000 –	0.5664	0.5498	0.3843	0.3464
⑥	0.1959	0.4854 **	0.3372	0.6415 **	0.5664 **	1.0000 –	0.7757	0.6781	0.5824
⑦	0.2839	0.4290 **	0.2420	0.7055 **	0.5498 **	0.7757 **	1.0000 –	0.8099	0.5051
⑧	0.4192	0.4195 *	0.6445 *	0.6615 *	0.3843	0.6781 **	0.8099 **	1.0000 –	0.4566
⑨	0.1776	0.2926 **	0.5182 **	0.4295	0.3464	0.5824	0.5051	0.4566 **	1.0000 –

出典：図表 8-1 と同じ。

ク対応を示したが，それぞれのリスク対応の相関関係をみると図表 8-37 の通りであった。

この相関関係表から，統計的に有意なリスク対応の組み合わせを整理すると以下の 8 グループとなる。

「グループ 1」：①と②，⑥，⑪　「グループ 2」：②と③，④，⑤，⑥，⑧，⑫　「グループ 3」：③と⑧，⑨，⑩，⑫　「グループ 4」：④と⑤，⑩，⑫　「グループ 5」：⑤と⑥，⑦，⑨，⑩　「グループ 6」：⑥：⑧，⑨　「グループ 7」：⑧と⑪　「グループ 8」：⑩と⑫

(7) 情報にかかわるリスク対応の基本統計量

情報にかかわるリスク対応として仮定したものは，図表 8-38 の①から⑧までの 8 項目で，実行時期別のリスク対応のうち，どれを実行したのか，アンケート調査で 541 社に回答を得た。

上記のアンケート調査の回答データを処理し，「人員・組織」，「生産・流通」，「金融」にかかわるリスク対応の基本統計量と同様の処理を行った。図表 8-39 は，情報にかかわるリスク対応の基本統計量を示した表である。

図表 8-38　実行時期別のリスク対応のうち，どれを実行したのか

①	市場情報による企画・開発力の強化を図った。
②	情報システムなど経営体制の革新を図った。
③	信用情報などによるリスク管理を徹底した。
④	信用不安がある取引先との取引を縮小・停止した。
⑤	弁護士・会計士の活用など情報機能を強化した。
⑥	金融機関など取引先との情報交換を図った。
⑦	第一線社員も含めて全社的な情報の共有を図った。
⑧	コンプライアンスにかかわる情報収集を図った。

出典：図表 8-1 と同じ。

図表 8-39　情報機能にかかわるリスク対応の基本統計量

基本統計量	①	②	③	④	⑤	⑥	⑦	⑧
サンプル数	77	60	154	213	82	127	122	21
合計	148	122	289	377	153	245	239	38
平均値	1.9221	2.0333	1.8766	1.7700	1.8659	1.9291	1.9590	1.8095
標準偏差	0.7857	0.7520	0.7673	0.7804	0.7927	0.7443	0.7830	0.8518
分散	0.6173	0.5656	0.5887	0.6091	0.6283	0.5540	0.6131	0.7256
メディアン	2	2	2	2	2	2	2	2
モード	2	2	2	1	1	2	2	1

出典：図表 8-1 と同じ。

　モードを実行時期別のリスク対応の代表値とみるならば，「応急再生」の過程では，「信用不安がある取引先との取引を縮小・停止」，「弁護士・会計士の活用など情報機能を強化」，「コンプライアンスにかかわる情報収集」であった。「本格再生」の過程では，「市場情報による企画・開発力の強化」，「情報システムなど経営体制の革新」「信用情報などによるリスク管理を徹底」「金融機関など取引先との情報交換」「第一線社員も含めて全社的な情報の共有」であった。なお，「安定再生」の過程ではなかった。

　この分析結果から，情報にかかわるリスク対応は，迅速であることが経営困難，危機を回避し，解消する重要な事項なので，すべてのリスク対応が「応急再生」と「本格再生」の過程で実行されることが確認できた。

(8) 情報にかかわるリスク対応の相関分析

情報にかかわるリスク対応について，8個のリスク対応間の相関関係を調べた。

本章の7節で8個のリスク対応を示したが，8個のリスク対応間の相関関係をみると図表8-40の通りとなった。

この相関関係表から，統計的に有意なリスク対応の組み合わせを整理すると以下の7グループとなる。

「グループ1」：①と②，⑦，⑧ 「グループ2」：②：③ 「グループ3」：③と④，⑦ 「グループ4」：③と④，⑦ 「グループ5」：⑤と⑥，⑦ 「グループ6」：⑥と⑦，⑧ 「グループ7」：⑦と⑧

情報に対するリスク対応は，すべて的確，迅速で，かつ同時並行的に行われるという傾向がみられた。企業再生における情報に対する対応策は，的確で，かつ迅速であることが最も重要であるということが確認できる。

図表8-40 情報機能にかかわるリスク対応の相関分析

：無相関の検定 ＊：5％ ＊＊：1％

単相関	①		②		③		④		⑤		⑥		⑦		⑧	
①	1.0000	-	0.4812		0.2668		0.0822		0.1848		0.3408		0.5403		0.7771	
②	0.4812	*	1.0000	-	0.4045		0.1250		0.2462		0.0802		0.3268		0.3612	
③	0.2668		0.4045	*	1.0000	-	0.4581		0.1311		0.2494		0.3215		0.2136	
④	0.0822		0.1250		0.4581	**	1.0000	-	0.3612		0.6007		0.3504		0.4176	
⑤	0.1848		0.2462		0.1311		0.3612	*	1.0000	-	0.4306		0.4012		0.3858	
⑥	0.3408		0.0802		0.2494		0.6007	**	0.4306	**	1.0000	-	0.4081		0.7649	
⑦	0.5403	**	0.3268		0.3215	*	0.3504		0.4012	*	0.4081	*	1.0000	-	0.7749	
⑧	0.7771	**	0.3612		0.2136		0.4176		0.3858		0.7649	**	0.7749	**	1.0000	-

出典：図表8-1と同じ。

7. 要　約

　本章の目的は，中小企業の視点から，企業再生に関する実態調査の2次分析を通じて，持続型企業再生の条件を追究することにあった。そのために，中小企業541社を調査対象企業として，まず企業再生に伴うリスク要因について統計分析を行った。次に，企業の再生過程の時期を段階的に「応急再生」，「本格再生」，「安定再生」（持続型企業再生）の3つに分け，それぞれの再生過程で実行したリスク対応の分析結果を体系化した。最後に，中小企業の持続型企業再生の条件を追究した。

　再生を目指す中小企業が直面した最大のリスク要因は，経済環境の変化によるもので，価格競争の激化や需要の落ち込みによる市場の縮小であることが確認できた。このリスク要因は多種多様な企業内部のリスク要因を生じさせた。

　人員・組織面の主たるリスク要因として，売上・受注の不振によって従業員の一部が過剰となる半面，コアとなる従業員の不足もあらわれた。生産・流通面の主なリスク要因としては，市場の縮小に伴う売上高の減少や販売や受注価格の採算ライン割れが生じた。金融面の主となるリスク要因として，債権回収の遅延，貸し倒れ，金融機関の貸し渋りによる資金繰りの悪化を招いた。

　経済環境の変化による価格競争や需要低迷による市場の収縮は，売上高の減少に直結する。このことから，それは余剰人員による経費の増加や売上債権の回収難が流動資産の劣化を招き，最終的には赤字へ転落する，という1つのリスクモデルが確認できた。

　調査対象となった541社の中小企業は，経営上の困難や経営危機に直面した際，再生過程のどの時期で，如何なるリスク対応を実行したのか。

　当該中小企業は，人員・組織面では，「応急再生」の過程で「過剰人員や過剰在庫の経費の増大」を減じるために「経営のスリム化」を目指した。「従業員の整理や再配置」に努め，「経営の安定化」を図った。「本格再生」の過程では，「自社の強みを発揮して，コアとなる組織部門の強化」に集中し，「安定再

生」の過程では,「後継者の育成」や「有望な市場への集中」に努力を傾注するという,人員・組織面の再生モデルが確認できた。

　生産・流通の面では,「市場の縮小に伴う売上高の減少」や「販売・受注価格が採算ライン割れにまで低下した」というリスクに対応するために,「応急再生」の過程で「価格競争力の強化」や「不採算部門の整理,縮小」を対応策として実行した。「本格再生」の過程では,リスク対応として「取引決済条件の改善」や「販路の拡大・開拓」,「設備・研究開発投資」を推進した。さらに「安定再生」の過程で,「海外生産・輸入国際化への対応」,「他社との提携や新商品の開発」を実行する,という生産・流通面の再生モデルが明らかとなった。

　金融面(資金繰り)では,「債権回収の遅延や貸し倒れ」が発生し,「金融機関の貸し渋り」などのリスクに直面したが,「応急再生」の過程で「自己資金や公的融資」で資金を調達し,「本格再生」の過程では,既存取引がある金融機関から融資を実行し,「安定再生」の過程では,「新たな金融機関による資金調達」を行うという,金融面に関する1つの再生モデルが確認できた。

　「人員・組織」,「生産・流通」,「金融」という再生過程で実行した時期別のリスク対応は,内容的にスラッターの再生理論と類似した再生モデルであった[17]。

　リスク対応の評価については,ほとんど有効性があった。しかし,「安定再生」の過程で実行したリスク対応の評価は,他の時期で実行したリスク対応よりも評価は低かった。この分析結果は,企業再生を応急的,緊急的に実行したリスク対応は比較的容易であるが,それを維持し,継続させるための「安定再生」の過程で実行するリスク対応は他の2つの対応策よりも難しいという結果が確認できた。

　「応急再生」,「本格再生」,「安定再生」という3つの再生過程で実行したリスク対応の重要度を「人員・組織」,「生産・流通」,「金融」,「情報」という4つの経営機能の側面に分けて,時期別リスク対応の重要度をモード(最頻値)とメイデイアン(中央値)で測定することにより,先に行った分析結果の内容を検証してみた。

リスク対応の重要度をモード（最頻値）で測定すると，人員・組織面，生産・流通面，金融面，情報面のすべてに，先に述べた時期別リスク対応の重要度の分析結果とほぼ同様の結論が得られた。

　機能別リスク対応間の相関分析の結果は，リスク対応が，時期に適したリスク対応の組み合わせで行れるという，1つの結論を得ることができる。

　リスクに直面した中小企業は，時期に適したリスク対応の有効な組み合わせを実行して企業再生を果たす訳であるが，それを可能にするには，前提条件が必要となる。

　この実証分析によれば，主として次の6つの前提条件が必要となる。[18] 1つは，本業に収益力があること，2つには，従業員の再生に向けての協力体制が可能であること，3つには，金融機関や大口債権者が協力的であること，4つには，商品・サービスの価格・品質に競争力があること，5つには，商品・サービスにブランド力があること，6つには，経営者の再生への意欲や能力があることであった。

　実態調査の2次分析により，企業再生に必要なこの前提条件を踏まえて，再生可能な中小企業は，まず経営困難もしくは経営危機をもたらしたリスクを発見し，評価して，リスクに対して，段階的に，「応急再生」，「本格再生」，「安定再生」という3つの再生過程に応じたリスク対応で有効な組み合わせを実行することが，持続型企業再生の条件であるという1つの結論を得ることができた。

〔注〕
1　本章は，2006年5月に開催の「危機管理システム研究学会」年次大会（昭和大学）で報告し，それを「中小企業の再生に関する実証分析」と題して『商工金融』（財団法人商工総合研究所）2006年11月号に掲載したものにリスクマネジメントの視点から加筆，修正したものである。また，「日本経営教育学会編『経営者論』中央経済社，2009年」の拙稿（第16章）「経営者のためのリスクマネジメント」では，経営者の視点で本データを加工し，まとめたものである。
2　（財）企業共済協会『経営再建・事業活性化マニュアル』2005年。なお，筆者は，本調査検討委員会の座長として参画した。
3　リスクとは，組織にとって不利な影響を与え得る事象をいい，リスクの要素をリスク要因とする。ERMとは「はしがき」で述べた通り，「企業価値を維持，増大していく」ために，あらゆるリスクを統合的に管理するリスクマネジメントをさす。本章では，経

済産業省『先進企業から学ぶ事業リスクマネジメント』（経済産業省 2005 年 3 月）の 14 〜 16 頁等を参考にしている。
4 リスク対応とは，経営活動の困難や危機をもたらすリスク要因を回避，もしくは除去するために必要な対応策を意味する。
5 2 次分析とは，前述の通り，最初の研究，すなわち 1 次分析では明らかにされなかった点について，1 次分析で用いたデータを別の視点から，再び解明する分析をさす。本章では，1 次分析のデータを ERM の視点から再考察した。2 次分析の意味については，以下の文献を参考にしている。佐藤博樹・石田浩・池田謙一『社会調査の公開データ—2 次分析への招待—』（東京大学出版会 2002 年 12 月）。
6 Slatter S., *Corporate Turnaround*, Penguin Books, 1999.
翻訳書：ターンアラウンド・マネジメント・リミテッド『ターンアラウンド・マネジメント』ダイヤモンド社，2003 年。Slatter S., *Corporate Recovery*, Penguin Books, 1984.
7 中小企業の定義は「中小企業基本法」に基づくもので，本アンケート調査では① 1995 年以降に「経営困難・経営危機」を体験したものの，その後の経営努力によってとりあえず存続する中小企業，②財団法人企業共済協会が 2001 年に実施した「連鎖倒産防止マニュアル作成のためのアンケート調査」に記名回答し，連鎖倒産の危機を免れた中小事業者，③信用調査会社（東京商工リサーチ）の企業情報データベースに基づく中小企業で，経営困難，経営危機を解消して企業再生を果たした中小企業を意味する。なお，ここで「経営危機」とは，3 期連続して営業赤字を経験した企業，もしくは債務超過を経験した企業をさしている。「経営困難」とは，売上高が前期比 20％以上減少した会社，3 期以上連続して売上高が減少した企業，1 期でも営業赤字に転落した企業，2 期以上連続経常赤字を経験した企業，月間売上高以上の貸し倒れの被害にあった企業を意味する。
8 リスク要因の重要度とは，経営困難や危機にある調査対象企業が直面したリスク要因を体験した頻度である。調査対象企業がどのリスク要因を相対的に多く体験したのか。当該リスク要因を体験した頻度が多いほど，そのリスク要因は企業再生にとって重要度が高い要因と理解した。
9 （419 社＝ 77％）の意味は，541 社中，419 社がこのリスク対応を実行し，百分率の「77％」は，419 社を 541 社で除した値を示す。以下，同様である。
10 リスク対応の重要度とは，機能別，時期別にリスク対応を観察する場合に，経営困難や経営危機に直面した企業が，当該リスク対応を実行した頻度数をさす。
11 カッコ内の数値は，リスク対応の重要度を示し，アンケート調査回答企業 541 社に占める当該リスク対応を実行した会社数を示し，カッコ内の百分率は，541 社に占める当該リスク対応を実行した社数の百分比である。以下，同様の計算を行っている。
12 時期別リスク対応の重要度とは，当該リスク対応が「応急再生」，「本格再生」，「安定再生」のいずれかの過程で採用された頻度の多さをあらわし，ここでは割合（百分比）で示した。
13 当該リスク対応が「応急再生」，「本格再生」，「安定再生」のいずれかの再生過程で採用された割合（百分比）を示し，3 つの再生過程全体では 100％となる。
14 「効果」とは，当該リスク対応が実行されたとき，期待通りの効果があった対応策であったことを意味し，「有効」とは，期待通りではないが，効果があったことを意味する。
15 統計分析ソフトは，主に（株）社会情報サービス『エクセル統計 2002』を使用した。
16 相関関係の見方は，「グループ 2」でみると，リスク対応の②と④，②と⑨，②と⑬が統計的に有意な 2 変数間の関係を示す。以下，同様の見方を示す。
17 「応急再生」は，スラッターが唱える The Emergency Phase（緊急局面），「本格再生」

は，The Strategic Change Phase（戦略的変化局面），「安定再生」は，The Growth Phase（成長局面）で行われる対応策とほぼ同様の内容を意味する。ただし，彼はリスクマネジメントの視点からとらえず，経営戦略上の理論的記述で，その考え方が実証分析の結果から得られたものであるかどうかについては言及していない。Slatter S., op, sit. pp.100-102. 同, 前掲書, 114〜116頁。

18 本実態調査では，6つの前提条件は，中小企業の再生上の障害要因として列挙しているが，筆者は，障害要因を取り除くことが，リスク対応を実行する以前の再生に必要な条件とみなした。この前提条件の主要なものは，太田三郎『前掲書』21頁でも，再生の前提条件としてとりあげている。

あとがき

　本書の目的は，リスクマネジメントの視点から企業の持続型再生条件を探ることにあった。2009年，世界の自動車業界を代表するクライスラーやGMが倒産する時代を迎えて，持続可能な企業再生に必要なリスク対応とは何かを追究したのである。

　倒産もしくは極度の業績悪化から再生を果たした企業が直面する企業再生のモデルは概ね4つに分けられる。1つは，グローバル化に伴う業績低迷企業にみられる「競争激化リスク型再生企業」，2つは，過度の多角化による業績悪化で倒産した「多角化リスク型企業再生」，3つは，販売不振が倒産リスクとなった「販売不振リスク型企業再生」，4つは，製品に対する訴訟問題が倒産危機を導いた「訴訟リスク型企業再生」の再生モデルである。この4つの再生モデルの事例分析を日米企業により，次のリスク対応の結論をえることができた。

1. 経営環境の変化をいち早く察知する情報システムを確立する。
2. 選択と集中を徹底する。
3. 単独再生が不可能であればM＆Aも企業再生の選択肢となる。
4. 訴訟問題等，当該企業の経営力だけでは再生困難であれば，法的手続きも企業再生の手段となる。

　連鎖倒産リスクマネジメントの実態分析から以下の結論をみいだすことができた。まず連鎖倒産を回避する全般的なリスク対応は次の2つであった。

1. 日常的にリスク対応の準備を行う。
2. 早期のリスク発見，早期のリスク対応を実行する。

さらに，時系列的にみた連鎖倒産のリスク対応は，次の事項がポイントになった。

1. 事前のリスク対応：
    ①リスク教育を徹底する。
    ②情報を早期に収拾する。
    ③取引限度額を徹底させる。
    ④分散投資を徹底する。
2. 前後のリスク対応：
    ①取引停止や中止を実行する。
    ②現金決済での取引を継続する。
    ③必要資金の手当て
3. 事後のリスク対応：
    (1) 組織リスク対応：
        ①経営者のリーダーシップ
        ②情報収集能力の向上
        ③適正規模による経営
        ④労使協力の実行
    (2) 生産・流通リスク対応：
        ①既存取引先の取引を拡大する。
        ②新規取引先を開拓する。(新規取引先の市場開拓)
        ③生産管理，原価管理を徹底する。
        ④新規分野への進出・新製品を開発する。
    (3) 金融リスク対応：
        ①経費削減を徹底する。
        ②公的融資制度を活用する。
        ③借入金借り替えを行う。

なお，リスク対応の評価（有効性）が高かったリスク対応は，次の通りであった。

1. 事前のリスク対応：
   ①取引限度額に上限を設けた企業の債権回収リスクが相対的に小さかった。
   ②債権回収リスク教育を徹底することで当該リスクを回避する有効性が認められた。
2. 倒産前後のリスク対応：
   ①取引先倒産前後に担保権利を行使した。
   ②代表者等からの補償などを実行しなかった企業は，実行した企業に比べ債権回収不能リスクが3倍以上高かった。
3. 事後のリスク対応：事後のリスク対応の有効性は「債権回収不能額の割合」と「債権回収の状況」という評価基準ではほとんど認められなかった。

有効性が低かった理由として考えられることは，取引先の倒産が発生し，時間がかなり経過した後では，いかなるリスク対応も役立たない可能性が高いことが考えられる。このことから，「取引先の倒産リスクは経営上，常にあり得るリスク」として，日常的にリスク対応の準備を行っておくこと，仮にリスクが発生したならば，早期にリスク対応を実行することが管理の要であることが明らかとなった。

経営再建・事業活性化リスクマネジメントの実態調査の分析からは，次のことが判明した。
1. 再生を目指す中小企業が直面する最大のリスク要因は，経済環境の変化によるもので，価格競争の激化や需要の落ち込みによる市場の縮小であり，このリスク要因は多種多様な企業内部のリスク要因を生んだ。
2. 人員・組織面のリスク要因では，従業員の一部が過剰となる反面，コアとなる従業員の不足もあらわれたこと，生産・流通面のリスク要因では，市場の縮小に伴う売上高の減少や販売や受注価格の採算割れが生じたこと，金融面のリスク要因では，債権回収の遅延や貸し倒れの発生，金融機関の貸し渋りによる資金繰りの悪化があらわれた。
3. 経済環境の変化による価格競争や需要低迷による市場の縮小は，売上高

の減少に直結した。それは，売上高に比して余剰人員による経費の増加や売上債権回収難が流動資産の劣化を招き，最終的には赤字へと転落するという1つの倒産リスクのモデルが確認できた。

経営再建・事業活性化のリスク対応を時間軸で捉え，①「応急再生」のリスク対応，②「本格再生」のリスク対応，③「安定再生」のリスク対応の3つに分け，明らかになった結論は次の通りであった。

1. 人員・組織面のリスク対応の「応急再生」では，①経営のスリム化をめざして自社の弱点，たとえば過剰従業員・過剰在庫の経費の増大を削減する，②従業員の整理や再配置をした。「本格再生」では，自社の強みを発揮してコアとなる組織部門の強化に集中した。そして「安定再生」では，後継者の育成，有望な市場への集中に努力を傾注した。
2. 生産・流通面のリスク対応の「応急再生」では，価格競争の強化策の実行や不採算部門の整理・縮小をした。「本格再生」の段階では，取引決済条件の改善，販路の拡大・開拓，設備投資・研究開発投資を拡大した。さらに，「安定再生」では，海外生産・輸入国際化への対応，他社との提携，新製品・新サービスの開発に着手した。
3. 金融面のリスク対応の「応急再生」では，自己資金や公的資金で資金を調達した。次に「本格再生」では，既存取引がある金融機関から融資を実行した。さらに，「安定再生」では，新たな金融機関による資金調達を試みた。

これら1. 2. 3のリスク対応の評価（有効性）は概ね評価されたが，「安定再生」のリスク対応の評価は，他の2つの段階における評価よりも若干低いことが判明した。

その理由として，①企業再生を応急的，緊急的に実行したリスク対応や応急措置から本格再生に必要なリスク対応は，比較的実行が容易であるが，それを維持し，継続させるためのリスク対応は，直接有効な評価に結びつかない。その原因は，それらのリスク対応が長期的な視野に立って成果が期待できるもの

で，短期的には有効性に結びつかないという側面をもつものと考えられる。今回の調査期間が比較的短期であり，安定再生が再生時点から5年以上を経過しているという状況に至ったサンプル会社が少なかったことに起因する可能性もある。

メディアン，モードなど，基本統計量から実行時期別のリスク対応の実行度を測定すると次の結論がえられた。
1. 人員・組織にかかわるリスク対応で実行度が高い時期別リスク対応
    (1)応急再生：自社の弱みの克服，経営の安定，従業員の整理と再配置，販売管理費の節減，経営のスリム化を実行した。
    (2)本格再生：自社の強みの発揮，経営資源の再配置，新規市場への参入，社員の能力開発を推進した。
    (3)安定再生：成長部門の拡大推進，他社との資本・技術提携に活路，後継者育成を推進，有望市場に市場を集中，若手登用などで組織を活性化した。

以上により，組織にかかわる再生モデルでは，「応急再生」で，自社の弱点を克服するとともに経営の安定化を図り，「本格再生」で自社の強みを発揮して経営資源を再配置し，新規市場に経営資源を積極的に進め，社員の能力開発にも努めた。「安定再生」で，成長部門の拡大を推進し，他社との技術提携・資本提携を模索しつつ，コアとなる市場に資源を集中させた。そのためには若手社員の登用など，組織の活性化に努めたのである。

2. 生産・流通にかかわるリスク対応で実行度が高い時期別リスク対応
    (1)応急再生：価格競争力を強化した。
    (2)本格再生：設備・研究開発投資を推進，一部商品の市場撤退，設備更新で生産性を向上，不採算部門を整理・縮小，業務・資本提携を縮小，販路の拡大や開発推進，取引決済条件を改善した。
    (3)安定再生：品質・機能の競争力を強化，海外生産・輸入国際化の推進，

共同・協業化の推進,他社との提携で新商品を開発した。

したがって,生産・流通にかかわる再生モデルでは,「応急再生」で,まず価格競争力を強化するために,全社的なコストダウンの推進を実施し,「本格再生」では,生産・流通部門の整理・縮小の実施,取引決済条件の改善に努め,「安定再生」に至っては,品質・機能の強化,海外生産の進出,他社との協業化や新商品を開発した。

3. 金融にかかわるリスク対応で実行度が高い時期別リスク対応
　(1)応急再生：手元資金の充実,代表・親族が資金提供,遊休・非効率資産の売却,取引先から資金・保障の提供,メインバンクから追加借り入れ,公的融資,助成制度を利用した。
　(2)本格再生：短期借入れから長期借入への切り替えを行った。
　(3)安定再生：新規取引銀行からの資金調達をした。

上述の通り,金融にかかわる再生モデルでは,まず「応急再生」で,手元資金の充実のために代表や親族からの資金調達,遊休・非効率資産の売却,取引先からの資金・保障提供,メインバンクからの追加融資を受け,「本格再生」で短期借り入れから長期借入への切り替えを実行し,「安定再生」では,さらに新規取引銀行から資金を調達した。このように再生プロセスを描くことができた。

以上,リスクマネジメントの視点から,倒産・再生理論（仮説）にもとづく4つの事例分析,連鎖倒産リスクマネジメントの実態分析,経営再建・事業活性化リスクマネジメントの実態分析を試みて,いくつかの結論をえることができた。

最後に,これらのリスク対応の結論から,共通項としての「持続型再生の基本条件」を導きだすことができた。それは,経営者のリーダーシップであった。
　経営者は組織をまとめ,自社の強み,弱みを把握し,経済合理性に則った人員や資源配分を行い,生産・流通や金融にかかわる諸問題を適切に解決するリ

スク対応能力が備わっていなければならない。

　企業価値の維持，向上のために成長部門の拡大を推進すること，他社との資本・技術提携に活路を見い出すこと，後継者育成を推進すること，有望市場に市場を集中すること，若手登用を行うこと，組織を活性化すること，経営環境の変化に対応した情報システムを確立すること，選択と集中を徹底すること，再生手法にM＆Aや法的手続きを活用することなど，すべて「経営者の経営者たる能力」に帰するリスク対応が再生の基本条件となる。

　持続型再生の基本条件は「人」であり，「経営者たる人」のリーダーシップのもとで「金融」や「生産・流通」の再生が行われる。ERMによる「企業価値の維持」，「企業価値の向上」は，「経営者たる人」のリスク対応能力が先にあって，すべてのリスク対応が成り立つのである。

和文索引

〔あ 行〕

アージェンティ……………………28
アスベスト……………………… 109
アスベスト訴訟問題……………… 110,120
アスベストの除去損害賠償請求…… 113
アルトマン（Altman, E. I.）………17
安定再生……………………… 184

イーグル……………………………23
イオン株式会社……………………72
一時型再生…………………………39

売上債権回収不能額基準………… 160,164
売掛金の回収難……………………35
売掛債権回収リスク……………… 142
売掛債権回収リスクの評価……… 159

エンタープライズ・リスクマネジメント… 4
応急再生……………………… 10,30,184

大口債権者……………………… 106

〔か 行〕

海外市場戦略の失敗………………69
海外市場への拡大…………………76
海外多店舗化………………………70
海外プラント工事の採算割れ……43
会社更生法…………………………70
会社挫折……………………………28
外部環境リスク……………………7
外部的制約…………………………21
外部的変化…………………………21
外部的要因…………………………21
価格競争力の後退………………… 191
価格競争力を強化………………… 199
革新的な技術………………………51
貸し渋り,貸し剥がし…………… 192
貸し倒れリスク…………………… 148,150
過小資本……………………………35
カミ（Kami, M. J.）………………25

環境の変化…………………………29
機会損失……………………………25
企業共済協会………………………(2)
企業再生……………………………35
企業再生上の障害要因…………… 192
企業再生の到達目標……………… 184
企業成長の条件……………………27
企業倒産……………………………28
企業内部のリスク要因…………… 220
企業リスク…………………………5
技術的支払不能……………………25
技術的変化……………………… 22,37
規模別分布状況………………… 137
基本統計量……………… 209,214,217
キャッシュフロー計算書…………98
ギヤリング…………………………28
業種別分布状況………………… 136
競争激化リスク型再生モデル…… 40,66
競争条件の変化……………………21
競争的変化…………………………37
共同再生計画案………………… 104
業務提携の強化……………………57
巨大プロジェクト…………………30
銀行取引停止処分制度……………16
金融機能……………………………36
金融リスク…………………………6
金融リスク対応………………… 168

クラス・アクション…………… 114
グランツ……………………………24
グローバルなリスク………………60
クロス分析……………………… 135,172

経営管理機能………………………12
経営基本機能の回復………………34
経営資源の再配置……………… 196
経営者のリーダーシップ……… 179
経営上の戦略意思決定……………10
経営の安定化…………………… 195
経営のスリム化………………… 195,208

経済合理性……………………12
経済的倒産……………………17
経済的変化……………………37
経常赤字………………………44
原価統制………………………26

コア事業に特化………………69,70
後継者の育成…………………196
公的支援によるリスク対応…135,136,156
公的融資・助成制度…………202
行動するエンジニアリング会社……52
コールド・アイ・レビュー制度………62
顧客のニーズ…………………29
コンドル………………………23
コンプライアンス……………207
コンプライアンス違反………13

〔さ　行〕

債権回収不能額………………161
債権回収リスク教育…………160,169
債権回収リスク対応…………164
在庫状態の悪化………………35
採算割れ現象…………………45
再生曲線………………………38
再生経営者……………………22
再生戦略………………………18
再生のための条件……………34
再生モデルの形成過程………38
最頻値…………………………209
財務健全性……………………10
財務的困窮……………………44
債務免除………………………57
サブプライム・ローン問題…12
3期連続の営業赤字…………44

シアーズ………………………24
支援者の協力…………………34
資金不足リスク対応…………164,175
事後のリスク対応……………134,135,136,152
自社のコア事業………………82,196
市場占有率……………………29
市場の競争激化………………191
事前のリスク対応……………134,135,139
持続型再生……………………11,31,39,63,183
私的整理………………………15
自動停止項……………………89

資本の固定化…………………60
社員の能力開発………………196
社会的変化……………………22,37
社債償還不履行………………16
ジャスコ………………………72
収益性・効率性指標の変化…48
従業員の協力体制の不備……193
従業員の整理と再配置………195
集合代表訴訟…………………114
受注競争激化…………………43
受注採算性の強化……………60
受注体制の刷新………………51
受注量の変動…………………54
商品配給システム……………101
情報収集能力の向上…………179
情報の早期収集………………179
情報リスク……………………140
初期段階における企業再生…63
新規運転資金…………………57
新再生計画……………………55,58
進取的リスクマネジメント…4,5
信用性の低下…………………35
信用度の測定…………………179
信用不安………………………143

衰退リスク……………………21
スラッター（Slatter, S.）……18

生産・流通機能………………36
生産・流通機能の失敗………69
生産・流通リスク……………6
生産・流通リスク対応………176
政治的制約……………………21,22
政府規制………………………37
設備投資の過大………………35
全額回収不能…………………176,178
全国銀行協会連合会…………16
全社的の統制…………………26
全般的リスク対応……………134,135,136,155
占有を継続する債務者………129
戦略的倒産……………………129

相関分析………………………210,214,216
早期の情報収集………………163
組織機能………………………35
組織の活性化…………………196

組織リスク……………………………… 6
組織リスク対応………………………… 175
訴訟リスク型再生モデル……………… 40
損益計画表………………………………58
損害賠償訴訟…………………………… 109

〔た 行〕

ターンアラウンド・マネジャー……… 183
ダイオキシン・タスクチーム…………54
大規模赤字プロジェクト……………… 51
第三者割当増資………………………… 57
第三者割当増資の実施………………… 53
ダイナソー………………………… 23,24
多角化リスク型再生モデル…………… 40
他社倒産の余波………………………… 35
ダブル・ステップアップ・プラン 2008 …64
単独再生…………………………… 103,106

チャプター・イレブン………………… 92
中央値…………………………………… 209
中小企業倒産対策融資制度…………… 157
中小企業倒産防止共済制度…………… 157
千代田化工建設………………………… 43

DIP ファイナンス……………………… 89
低迷型再生……………………………… 39
適正規模経営・労使協力の実行……… 179
デューイング（Dewing, A. S.）……… 105

東京商工リサーチ……………………… 14
統合的リスクマネジメント…………… 183
倒産関連特別保証制度………………… 157
倒産前後のリスク対応… 134,135,136,143
倒産防止関連融資制度………………… 157
倒産予兆………………………………… 143
倒産リスク……………………………… 35
倒産リスクの除去と改善……………… 33
倒産リスクの高さ……………………… 13
倒産リスクの特定……………………… 33
投資持株会社…………………………… 130
トータス…………………………… 23,24
トップマネジメント・チーム…………28
取引先の分散化………………………… 156

〔な 行〕

内部的要因……………………………… 21

内部留保………………………………… 44
2次分析………………………………… 135
ニューヨーク南部地区連邦倒産裁判所
　……………………………………85,109

ネクステージ上海……………………… 71

〔は 行〕

バークシャー・ハザウェイ… 109,115,130
バイヤー・プランナー・ストアー・
　プロセス……………………………… 101
繁栄の復活……………………………… 87
販売先倒産リスク……………………… 151
販売費・一般管理費の削減…………… 195
販売不振………………………………… 35
販売不振リスク型再生モデル………… 41

ビーバー（Beaver, W. H.）…………… 16
非再生…………………………………… 39
必要資金の手当て……………………… 179
ビボルト（Bibeault, D. B.）……… 17,21
標準偏差………………………………… 209
品質管理………………………………… 33

フォーチュン誌………………………… 112
不健全資産……………………………… 75
不採算部門を整理・縮小……………… 198
プラット（Platt, H. D.）……………… 23
プラント・ライフサイクル・
　エンジニアリング……………………62
ブランド価値…………………………… 104
不良企業………………………………… 26
不良債権リスク………………………… 139
ブルーミングデールズ………………… 86
分散……………………………………… 209
分散投資………………………………… 179

平均値…………………………………… 209
弁済可能性の判断……………………… 34

保守的リスクマネジメント………… 4,5
本格再生…………………………… 10,30,184
本業による収益力不足………………… 193

〔ま 行〕

マウントシナイ病院 111
マックスバリュ東海 69,77
マンビル社 109
マンビル人身損害賠償協定信託 113

民事再生法 15

ムダ,ムリ,ムラ 208

メイン・バンク 76
メデイアン 209

モード 209
持株会社 104

〔や 行〕

ヤオハンジャパン 69

優先株配当金 16
有望な市場への集中 196
有利子負債の圧縮 57
優良企業 26

預金借越 16
与信限度額管理 156

〔ら 行〕

ライフスタイル 29

リスク 3
リスク教育の徹底 178
リスク対応 133
リスク対応時間 13
リスク対応の評価 134,159
リスクテイク 5
リスクの深刻度 13
リスクマネジメント 3
リスクモデル 220
量的成長志向 69,76

連結キャッシュフロー計算書 99
連結損益計算書 97
連鎖倒産防止 133
連鎖倒産リスク 133,154
連鎖倒産リスク要因 134

ロス(Ross, J. E.) 25

〔わ 行〕

若手の登用 196
ワンマン・ルール 27,28

欧文索引

a new merchandising-allocation system 101
Allen Questrom 104
Altman, E. I. 17
Aregenti, J. 28
arrangement 14
assignment 14
attachment 14
Automatic stay 89,113

bankruptcy 14
Beaver, W.H. 16
Berkshire Hathaway 109
Bibeault, D.B. 17,21
business failure 14,17
buyer-planner-store process 101

Chock-Full-o-Nuts社 24
condor 23

Debtor in Possession 129
dinosaur 23
DIP Finance 89

eagle 23
economic failure 18
ERM 4,183
execution 14
external changes 21
external constraints 21

Federated Department Stores 85
foreclosure 14

government constraints ……………21	PLE ………………………………62	
Herald Square ………………………86	Prosperous Renaissance ……………87	
insolvency in a bankruptcy sense ……17	receivership ………………………14	
	reorganization ……………………14	
James Zimmerman ………………… 104	ROA ……………………… 119,122	
Johns Manville Corporation …… 109,112	ROE ……………………… 119,122	
	Ross, J. E. ………………………26	
Kami, M. J. ………………………26	Schuller Corporation ……………… 115	
KBR ……………………………51	Seas ………………………………24	
Kellogg Brown&Root ………………51	Slatter, S. ………………………18	
	social impact ……………………17	
LBO ………………………… 88,94	Sustainable ………………………39	
legal failure ………………………17		
	technical insolvency ………………17	
Macy's Corporation …………………85	The Dun & Bradstreet Corporation ……14	
Manville Building Materials	tortoise ……………………………23	
Corporation …………………… 112	turnaround executives ………………22	
Manville Forest Products Corporation 112	Turnaround Strategy ………………18	
Manville International Corporation … 112		
Manville Personal Injury Settlement	voluntarily compromise ……………14	
Trust ……………………… 113		
Manville Products Corporation …… 112	W. T. Grant ………………………24	
Platt, Harlan D. ……………………23	34th Street&Broadway ……………86	

＜著者紹介＞

太田三郎（おおた　さぶろう）

＜略歴＞
1948年生まれ
1976年　青山学院大学大学院経営学研究科博士課程単位取得
1985年　千葉商科大学商経学部教授（現在に至る）
1990年　フロリダ大学経営大学院客員研究員
2002年　東洋大学大学院経営学研究科非常勤講師（リスクマネジメント論）
2004年　博士（経営学）東京農業大学

＜学会・社会活動＞
危機管理システム研究学会会長(07年6月～09年6月)現、参与・常任理事
現、日本経営分析学会・経営行動研究学会・日本経営ディスクロージャー研究学会の理事
財団法人企業共済協会『企業倒産調査年報』検討会座長(02年～)
財団法人社会経済生産性本部『ERM懇話会』委員(08年10月～09年3月)

＜主要著書・論文＞
『企業倒産の研究』（単著）同文舘出版，1996年
『企業倒産と再生』（共著）商事法務，2002年
『企業の倒産と再生』（単著）同文舘出版，2004年(05年度　日本経営分析学会賞受賞)
「倒産の現状は「景気回復」にほど遠い」『週刊エコノミスト』2007年10月16日号
「経営者のリスクマネジメント」日本経営教育学会『経営者論』中央経済社，2009年4月

平成21年8月20日　初版発行　　≪検印省略≫　略称：倒産リスク

倒産・再生のリスクマネジメント
――企業の持続型再生条件を探る――

著　者　太　田　三　郎
発行者　中　島　治　久

発行所　同文舘出版株式会社
東京都千代田区神田神保町1-41　〒101-0051
電話　営業03(3294)1801　振替00100-8-42935
編集03(3294)1803　http://www.dobunkan.co.jp

©S. Ota
Printed in Japan 2009

印刷：三美印刷
製本：三美印刷

ISBN978-4-495-37861-5